JN080927

日本のオンライン教育最前線

アフターコロナの学びを考える

石戸奈々子［編著］

日本のオンライン教育最前線

contents

プロローグ
動き始めた日本のデジタル教育

石戸奈々子

2020年、日本のデジタル教育が大きく動きます。学校教育法等の改正により2019年度からデジタル教科書が使用できるようになりました。2019年6月28日には「学校教育の情報化の推進に関する法律」が公布・施行。学校教育情報化施策を国が総合的かつ計画的に策定・実施し、地方自治体に推進計画を定める努力を課す等を内容とし、学校教育情報化を大きく進展させるエンジンとなる法律です。

そして2019年12月、端末とネットワークを一体的に整備することで、多様な子どもたち一人ひとりに個別最適化された創造性を育む教育を全国の学校現場で実現させるGIGAスクール構想が始動しました。令和元（2019）年度補正予算額2318億円が計上され、いよいよ1人1台情報端末を持って学習する環境整備の準備が整ったと言えます。さらには、2020年度よりプログラミング教育の必修化も始まります。

いよいよ本番！ そんな最中に起きたのが新型コロナウイルス感染症拡大による全国的な、いや世界的な学校の臨時休業でした。子どもたちの学びを止めないためにどうすればいいか。世界中が次々とオンライン授業を導入する中で、日本は双方型のオンライン授業を実施するのはわずか5%にとどまりました（4月16日時点での文部科学省調査）。

その背景には学校のICT環境整備の遅れがあります。教育用コンピュータ1台当たりの児童生徒数は5.4人に1台（2019年3月時点）。10年前に7人に1台でしたが、1人1台を目指すと言いながら、遅々として進みませんでした。教室の無線LAN整備は34.4％にとどまっています。

学校の中でも外でもコンピュータやインターネットを使う児童生徒の割合は、日本はOECD最低。日本は学校ICT後進国だったのです。

産業界にしろ、行政などの公的分野にしろ、情報化・デジタル化の必要性や重要性が語られて久しい。効率性を高め、生産性や創造性を増し、知識やコミュニケーションを豊かにする。どの国においても、社会の各方面で情報化の効用が認知され、ICTが日用品化して、ごく自然に利用されるようになりました。

しかし、今回のコロナ休校における学校の対応はアナログ世界そのものでした。先生は各家庭に順番に電話で連絡をする。自宅学習用に紙のプリントが大量に用意され、先生方が一軒一軒ポスティングしてまわる。世の中はAI/IoTが支えるSociety5.0に移行しようとしている中、学校はデジタル化すら済んでいない、Sosiety4.0にすらたどり着いていなかった現実を社会が知ることとなります。

そのような世論が届いたからか、補正予算2318億円に加え、新型コロナウイルス感染症緊急経済対策予算に2292億円が盛り込まれ、2023年度の目標時期を本年度中に前倒しすることとなったのです。

もちろん環境整備完了を待つことなく、今この瞬間の休校対応にも取組まねばなりません。文部科学省（以下、文科省）は、平常時のルールにとらわれることなく、家庭の端末の活用や学校の端末の持ち帰り等の工夫により、ICTを最大限に活用することを求めました。これまでを考えると異例とも言える通知です。そして各自治体、各学校が試行錯誤しながらコロナ禍でのオンライン教育に取組むこととなります。

新型コロナウイルスという未曾有の出来事が、大きな危機感をもたらし、結果として学校ICT環境整備の動きを加速させたとも言えます。

さて、ここでこれまでの経緯を振り返っておきます。教育情報化は日本全体で取組む大きな課題であり、多くのプレイヤーの方々の尽力により、ようやくここまでたどり着きました。すべての関係者の皆様に心より敬意を表します。ここから記述する経緯は、筆者らが見てきた内容であることを予め断っておきます。

「医療技術は進化した。タイムマシンで19世紀の外科医が現在の手術室にやって来ても、何1つ仕事ができないだろう。だが19世紀の教師がやって来たら、きっと何とかやっていけるだろう。教授法はこの150年で変化していないからだ。」

MIT（マサチューセッツ工科大学）メディアラボのシーモア・パパート教授の言葉です。メディアラボと言えば、プログラミング教育で多くの学校が活用している「Scratch」を生んだ研究所。私は、そこで研究をしていました。

人工知能の生みの親であるマービン・ミンスキー、パーソナルコンピュータの父アラン・ケイ、教育用コンピュータ言語「LOGO」開発者のシーモア・パパート。世界中の異才が集まるメディアラボは、1985年の設立以来、デジタルの未来社会に対するビジョンを世界に対して打ち出してきました。そして、子どもとデジタルの関係を総合的に研究しているラボでもありました。その大きな成果の1つがScratchとOLPCです。

コンピュータの教育への活用に一石を投じたのがScratchの原点となるシーモア・パパート教授のLOGO言語と言えます。知識は外部から詰め込まれるのではなく、学習者自身が自ら構築することが重要だ。教示主義から構築主義へ。それがLOGO言語開発の背景でした。コンピュータプログラムやアニメーションなど個人的に意味のある作品を構築する時に、学習の効率が高まると言うのです。

そしてLOGOを活用した新しい学習方法をすべての子どもたちに提供するためにはすべての子どもたちにコンピュータを届けなければならない。パパートに触発されアラン・ケイ博士の「ダイナブック」構想が生まれます。1972年に発表されたアラン・ケイ博士の論文に描かれた2人の子どもたちがダイナブックを使っている様子のイラストはあまりにも有名な話です。

「コンピュータに子どもをプログラムさせたいのか、子どもにプログラムさせたいのか」パパート教授は問います。コンピュータを子どもたちのものにしたい。コンピュータを使ってつくりながら学習する環境をすべての子どもたちに提供したい。つまりプログラミング教育は学習者が主体的に創造的に学ぶツールであり、それを実現するための1人1台パソコン環境整備というわけです。本年度より必修化したプログラミング教育と1人1台コンピュータは一体の話です。そして、それは教育を大きく変革させる方法なのです。

メディアラボは、2001年より100ドルパソコンプロジェクト（OLPC）を推進します。私がはじめてメディアラボに足を踏み入れた年でした。その構想を朝食を取りながら聞いた時の衝撃は今でも記憶に残っています。1人1台100ドルのコンピュータで教育改革をするのだ。学校を建てられない地域にこそネットにつながったパソコンを通じて学ぶ機会を提供しよう。パソコンを学校にしようというわけです。

大いなる感銘を受け、それを日本でやろうと立ち上げたのがNPO法人CANVASです。2002年に発足。ちょうど国がe-Japan構想を掲げていた頃です。デジタル技術を活用した創造力・コミュニケーション力、すなわち21世紀型スキルを育む学習環境を産官学連携で推進してきました。

プログラミング教育やSTEAM教育等を設立時から推進し、協働で創造する学びを集めた博覧会イベント「ワークショップコレクション」には2日で10万人が参加する企画にまで成長し、民間ニーズは高まりました。2005年に策定した活動方針には、活動推進の暁には「デジタル技術子ども利用促進法」が策定されると記載しました。2019年成立した教育情報化推進法はそれに準ずるものだと考えています。

同じく2005年、CANVASの「子どもとデジタル技術の研究会」で「ランドセルPC」プランを出しました。学習、創作、コミュニケーション、遊びに使えるランドセルのように1人1台に行きわたる「ランドセルPC」が必要ではないかという提案です。2009年、「デジタルランドセル構想」として政府にペーパーを提出しました。

そして、2010年、その案を具体化すべく、学校教育の情報化を進めるため「デジタル教科書教材協議会」(DiTT) を設立しました。当初は、デジタルランドセル団体になるはずでした。「学校に入ったらランドセル」から「学校に入ったらデジタルランドセル」へ。

しかし、設立に当たり発起人をつとめてくださったソフトバンクの孫正義さんは小学生の象徴と言えば「ランドセル」ではなく、「教科書」だと言うのです。電子教科書だ。それは譲れないと。間をとって「デジタル教科書」の団体となりました。のちに、この運動を推進するに当たりデジタル教科書の法的位置づけの整理が攻めポイントであることに気が付き、孫さんのネーミングセンスに脱帽することとなります。

「1人1台の情報端末、教室無線LAN、全教科のデジタル教科書」の3点整備を掲げつつ、さまざまな政策を提言し、それぞれ政府のIT戦略や知財計画などに反映もされてきました。

DiTTを設立した2010年もまた、教育情報化が大きく動いた年でした。きっかけは2つあります。

まずは、政府が力を入れ始めたことです。文科省が4月、「学校教育の情報化に関する懇談会」を開催し、総合的な推進方策を検討し始めました。2020年に1人1台の情報端末とデジタル教科書が使える環境を実現するのが政府目標となったことはニュースでも大きく取り上げられました。これを背景に、総務省は「フューチャースクール」と名付けた学校情報化の実験を推し進め、文科省も「学びのイノベーション事業」を実施。両省が連携して全国20の学校で実証研究が行われてきました。

もう1つは、新しいデバイスが一斉に登場してきたことです。アップルのiPadのようなタブレット、アマゾンのキンドルのような電子書籍リーダーなどが立て続けに市場に出てきました。デジタル教育で役立ちそうな機器やツールの具体像が見えるようになってきたのです。

2010年は電子書籍元年とも呼ばれ、出版業界が大揺れとなりました。紙の書籍が急速にデジタル版に置き換わり、教科書や教材もデジタル版が増えていくだろう。そのような議論が起こりました。2010年前後は、パソコンやケータイが普及を始めた90年代中盤以来、20年ぶりにやってきた情報化の転換点に当たります。

教育の情報化も、パソコンベースから、タブレット端末やクラウドネットワーク環境を前提とする「スマート教育」への移行段階にあったのです。また、高速インターネットが全国整備され、地上デジタル放送が全国整備された頃でもありました。日本は世界に先駆けて通信・放送ともに高速デジタル網で覆われることとなりました。

しかし、日本は動きが遅かった。その時点から、デジタル教育の後進国でした。

アメリカ、イギリス、ポルトガル等が力強い足取りを見せました。さらに、韓国やシンガポールも国をあげて推進し、達成目標年を見ると日本の7～8年先を行っていました。

日本はe-Japan戦略など教育情報化の看板が掲げられてきましたが、OECD加盟国の中で公教育費がGNP比最低で、ICT予算も減少しているという状況。これを覆し、教育の情報化、デジタル教科書の普及を進める必要がありました。

そのような背景のもと、出版、教育、通信・放送、ソフトウェア、メーカーその他さまざまな業界から企業が集い、教育のデジタル化を推進する母体DiTTが発足したのです。もちろん、文科省や総務省など政府関係者と意見を交換するとともに、内外の教育分野の研究者や全国の学校の先生たちとも連携して活動していく体制を構築しました。

学校現場や生徒、保護者などの「利用者」、政府・自治体などの「官」、そしてDiTTなど「民」の三位一体で情報化を進めるスタンスです。

その後、教育情報化に力を入れる自治体や企業が増えていきます。大阪市、東京都荒川区、佐賀県武雄市、岡山県備前市は、いちはやく2014年度から15年度にかけて、域内の小中学生に情報端末を配布することを宣言し、施策を進めました。その後も続々と追従する自治体がありました。個々の学校レベルから面的整備へと駒が進みます。しかし、同時に環境整備状況に関して自治体間格差が広がることとなりました。

民間企業も本腰を入れてきます。マイクロソフト、インテル、内田洋行、NTTグループら先行して学校現場と手を組み教育情報化の事例を積み上げてきた企業のみならず、DeNAやリクルートなど新規にEdTech産業に参入する企業も増えました。大手教科書会社連合によるデジタル教科書化の動き、ベネッセなど紙の通信教育企業のデジタル化の動きも増えました。玩具業界も、幼児・子ども向けタブレットやスマホ玩具、プログラミング玩具が次から次へと発売され、市場を盛り上げました。

世界中とつながる。文字、音声、映像、データを駆使して知識を得て、考え、創作し、表現する手段が手に入る。先生や生徒が互いにつながり、教え合い、学び合う。論理力や思考力を養う。創造力や表現力、コミュニケーション力を育む。このためには情報技術の活用が不可欠です。デジタル技術により、どこに住んでいても、豊富な知識に接することができ、地球上の人たちと交流することができるようになるのです。

少子高齢化の進む日本は、少なくなる若年層の能力を高め、その活動領域を拡げていくことが最重要課題です。教育の水準を高め、機会を拡げるための社会投資が必要です。「工業社会から情報社会に切り替わる今、ふさわしい教育をわれわれ大人は提供できるだろうか。日本に最先端の教育環境を整えたい。豊かな教育を子どもたちに授けたい。詰め込み・暗記型の教育から、思考や創造、表現を重視する学習へと教育の中味にも変化をもたらしたい」。それがDiTTの願いでした。教育を強化する最重要アプローチが「情報化」なのです。

しかし、教育情報化の推進はそう簡単ではありません。子どもたちが使う情報端末も、デジタル教科書や教材も、学校のネットワークも、圧倒的に不足しているか、そもそも存在していませんでした。端末も教材もクラウド環境も、整備を進め、改良に改良を重ねていかなければなりませんでした。

進めようとすると必ず問われたのが教育情報化の「成果」です。どのような成果が上がったのか、どのような効果があるのか。もちろん、成果を実証することは必要です。

総務省の実証研究では、コンピュータを使った学習に対し、小学校高学年は「楽しい」が95%、「わかりやすい」が90%の評価を示すなど、学習意欲や学力向上への効果が期待できると示しています。とりわけ、授業が楽しくなるのは日本にとって大事なことです。算数は面白いかとの質問に対し、世界平均67%がイエスであるのに対し、日本は39%。役に立つかとの質問に対し、世界平均90%に対し、日本71%。日本の子どもは授業を面白いとも役に立つとも思っていないのです。授業をいかにワクワクするものにできるか。デジタル技術が役に立てるでしょう。

学力も大事です。文科省の調査によれば、算数の授業でICTを使った場合の理解度は82%、使わない場合は76%。有意な差が見られます。このような結果は、すでにたくさんあります。「授業の質が向上した、授業改善ができた、学習意欲が向上した、生活態度に改善が見られた」。そのような評価が多数あるのです。

コスト負担の問題もありました。学校のIT整備が遅れた原因は予算にあるという意見は強くありました。学校情報化の予算は年間1800億円ほど積まれていますが、地方交付税として使い道を自治体の裁量に任せているため、予定外の用途に予算の多くが振り向けられてしまい、計画どおり情報化が進まないといった実態がありました。そもそも日本は公教育にお金をかけていません。

公教育コストのGDP比は、日本はOECDの最下位。仮に全小中学生1000万人に5万円かけてパソコンを配るとすれば5000億円。これを高いとみるかどうか。かつての道路予算10兆円の20分の1です。道路工事を2週間休めば全員がデジタル教育を受けられる。未来に対し、その程度の投資を行う判断ができるかどうかという政治判断レベルの話でした。

もう1つの問題は、法律です。実はそもそも「デジタル教科書」は存在しなかったのです。学校教育法、教科書発行法、著作権法の3法上、教科書は「図書」と定義されており、紙でないと認められません。いくらデジタルが頑張っても教科書にはなれなかったのです。

このため、「教科書の法的な位置付け、検定制度との関わり、著作権法上の扱い」の3大テーマに取組む必要がありました。そこで、DiTTが2012年4月に「デジタル教科書実現のための制度改正」を掲げた政策提言を発出したところ、与野党及び政府が動き始めました。急速に議論が進み、5月には全閣僚が出席する会合で下記文章を含む知財計画が正式決定をみました。

「デジタル教科書・教材の位置付け及びこれらに関連する教科書検定制度といった教科書に関する制度の在り方と併せて著作権制度上の課題を検討する。」(総務省、文部科学省)

それまでタブーとされてきたテーマを政府はようやく「検討する」ことを約束しました。入り口に立ちましたが、それでも「検討」するにすぎません。これを「実現」するまでやらねばなりません。早速DiTTは教科書会社やメーカーなどの会員企業の他、衆議院議員、官僚、弁護士、経済学者などを招き、チームを形成して、「デジタル教科書法案概要」を策定、公表しました。

また、やる気のある人たちを募って、次のステージに進もうと「教育情報化ステイトメント」を公表し、賛同者を集めました。制度改正、予算確保、計画の策定と実行の3点を進めよとの提言に、多くの有識者が賛同を表明してくれました。特に、1か月足らずで全国50近くの自治体の首長が賛同の声を寄せてきたことに驚きました。

教育情報化は国・自治体だけでなく、教育現場や保護者を含む国民全体の課題です。幅広い意見を踏まえながら進めていくことが求められるのです。

ただ、本件は法律の問題であり、責任を負うのは国会です。2015年2月には超党派の「教育におけるICT利活用促進をめざす議員連盟」が結成されました。私ども民間アドバイザーも作業に加わり、「学校教育の情報化の推進に関する法律案」を策定し、国会提出を目指しました。元はDiTTが2015年6月、「教育情報化推進法の制定」を提言し、これを受けて2016年10月、議連として法案を制定する方針となったものです。ここに資金や人材が投下されるように、教育デジタル化政策のプライオリティを高めたい。そのための法律でした。

教育情報化が動いた2010年。大きな進展の方針が示された年でした。それから10年。デジタル教科書の導入、プログラミング教育の必修化、教育情報化推進法成立、GIGAスクール構想による1人1台パソコン整備。構想が実装されようとしています。

ここに至る長い経緯は、多くの関係者が奮闘努力し実ったものです。改めて敬意と感謝を表します。ただ、私たちの活動が数多くの批判や反対を受けてきたのも事実です。デジタル教科書の導入や推進法の制定に対し、時期尚早である、検証が不足しているなどの声を受けました。特に本来なら推進側であるはずの専門家からそうした声が多く、それがデジタル移行に対する阻害要因になっていた面があります。それに対する説得や調整にずいぶん時間と労力を費やしました。

日本の教育デジタル化が遅れた最大の原因は、アナログ時代の日本の教育が成功しすぎたからと考えます。工業社会の教育が情報社会の教育に移ることに対する漠然とした不安に覆われていました。

しかしコロナで気がついたのは、デジタル対応の遅れはもはや許されず、中でも子どもたちへの対応を急ぐべき、ということです。

本書は、コロナ禍における自治体、学校、民間、保護者、子どもたちの奮闘の記録を試みたものです。子どもたちの学びを止めない！ 共通の強い思いを胸に、多くの人たちが立場を超えて連携をしながら、試行錯誤の中で最善を尽くしました。

「未来を予測する最善の方法はそれを発明することだ。」

アラン・ケイ博士の言葉です。今こそ未来の教育をすべての大人が手を取り合い、創造すべき時です。

2020年は、教育DX元年となるでしょう。

Chapter 1

学校でICTを使うのが当たり前の社会に

GIGAスクール構想の課題と展望

インタビュー
高谷浩樹（文部科学省）

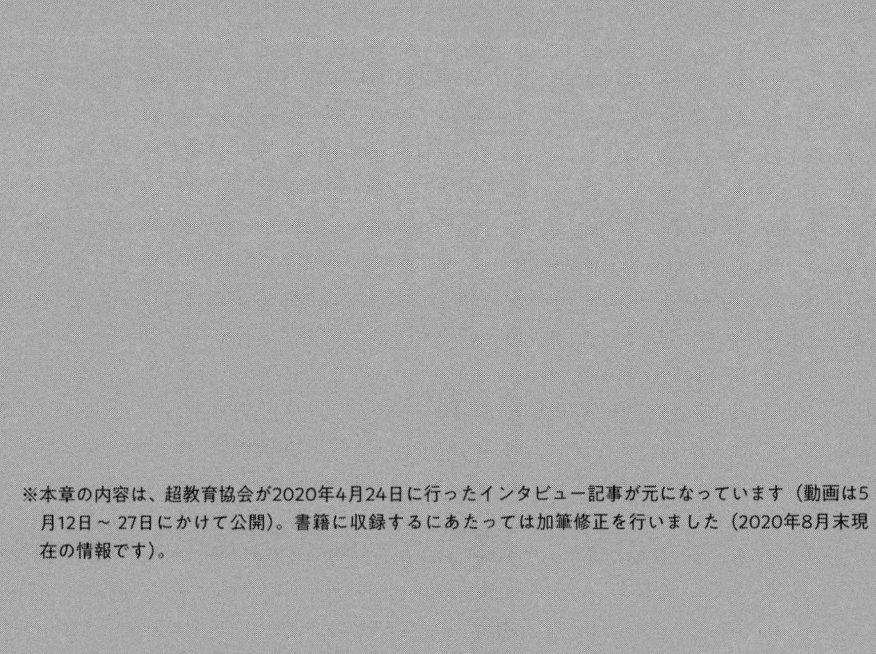

※本章の内容は、超教育協会が2020年4月24日に行ったインタビュー記事が元になっています（動画は5月12日～27日にかけて公開）。書籍に収録するにあたっては加筆修正を行いました（2020年8月末現在の情報です）。

文部科学省 髙谷氏インタビュー

髙谷浩樹（文部科学省 初等中等教育局 情報教育・外国語教育課長）＊取材当時

たかや・ひろき◎1994年、当時の科学技術庁入庁。同庁や省庁再編後の文部科学省では、研究振興行政を中心に担当。2018年より2020年まで、情報教育・外国語教育課長。

［聞き手］石戸奈々子

遅々として進まなかった学校ICT化がGIGAスクール構想により、ようやく進もうとしています。その指揮を執る文部科学省髙谷課長が、コロナ禍に自治体・教育委員会関係者に向けたメッセージは、魂の叫びとして大きな反響がありました。その発言の一部を初めにご紹介します。

今は前代未聞の非常時です。緊急時です。それにもかかわらず、危機感のない自治体が多いです。コロナは第2波、第3波がくる可能性が大いにあります。必ず長丁場になります。そのような中で、ICTやオンライン学習は学びの保障に当然ながら大いに役立つものです。ところが、取組もうとしない自治体がいらっしゃいます。

今、何をすべきか。使えるものは何でも使いましょう。家庭のパソコンやスマートフォンもあります。携帯各社も25歳以下の利用者に対して優遇措置をとってくださっています。

そして、それをできることから、できる人から使いましょう。緊急時ですから、一律にやる必要はありません。「いや、一律じゃないからダメなんだ」というのは、やろうという取組から、残念ながら逃げているというふうにしか見えなくなります。それは大きな間違いです。できる人から、できることから、取組まなければならない緊急時です。環境整備も同じです。

さらに、既存のルールにとらわれず臨機応変に対応してください。例えば、セキュリティポリシーガイドラインは、いつの間にかセキュリティを守ることが目的化してしまって、どんどんセキュリティが強まってしまいました。当然ながらセキュリティは強めれば守れますが、本来の目的であったICTを使うことが難しくなります。動画も見られなくなる。色々なものが活用できなくなる。これは最終目的ではないはずです。ルールを守ることが最終目的ではありません。まして、今は危機的な状況ですから、臨機応変な対応が求められます。それが危機管理です。

教育委員会の方々、学校の管理者の方々、管理職の皆様方には、ぜひ頭を180度変えていただきたい。なんでも取組んでみてください。

現場の教職員がICTを使うことを提案すると、「一律にできないから」「ルールに沿ってないから」と否定されるという悲鳴が数限りなく寄せられています。おかしいです。今の緊急時、しっかりとICTを使ってください。一番分かっている現場の先生方の取組を潰さないように、私たちはしっかりとサポートしていかなければいけません。

「この非常時にICTを使わないのはなぜか？」皆様方にはこの質問への説明が求められると思います。これまでは学校のICT環境を整備することに対して説明責任がありました。ところが、GIGAスクール構想、それから新型コロナウイルス感染対策で世の中が変わりました。これからはICTを使おうとしない自治体に説明責任が生じます。文部科学省に対してではありません。自分の学校の子どもたちに対して、なぜ使わないのかという説明責任が生じるのです。文科省も一蓮托生です。教育業界がみな一緒になって環境整備を進めなければなりません。

はっきり言って、今の一般社会から見たら、学校のICT環境はものすごく遅れています。私も、教育を担当して驚いています。皆さんも、今がおかしいんだ、間違っているんだ、ということを、ぜひご理解いただいて、対応してください。

やろうとしないということが一番、子どもに対して罪だと、私は思います。

（2020年5月11日にYouTubeで配信された自治体・教育委員会向け動画「学校の情報環境整備に関する説明会」より）

これに先立ち、髙谷課長にGIGAスクール構想についてお話を伺いました。（石戸）

GIGAスクール構想とは

石戸　早速ですが、GIGAスクール構想とは何か詳しく教えてください。

髙谷　学校では、これまでICTがなかなか取り入れられてきませんでした。それを抜本的に変えて、学校のICT環境をせめて他の社会と同じレベルにしたい、今の社会にふさわしい学校のICT環境にしていきたいというのがGIGAスクール構想の大きな考え方です。そして、先生方、子どもたちに、日々の学習のツールとして使ってもらいたい。その先には、1人1台子どもたちが端末を使い、クラウドも活用して、個別最適化された学び、誰一人取り残すことがない学びを実現したい、という考えのもとに始まっているプロジェクトです。

石戸　導入に向けた動きの状況はいかがですか。

髙谷　令和元（2019）年度の補正予算から、大規模な予算措置を始めました。まずは、校内LAN、校内のWi-Fi環境の整備ということから、自治体に整備をお願いしたところ、当初考えていたよりも、非常に多くの自治体が状況をご理解くださり、環境整備を進めてくださっています。

石戸　推進にあたっての課題はありますか。

髙谷　これだけの大規模な事業ですから、課題はもうたくさんあります。環境整備を進めようとしている自治体からしても、これまで全く経験のないことで、どう取組んでいったらいいか分からないという声があがります。構想はよく分かるが一体何をしたらいいのか、思ったよりもコストがかかるがどうすればよいか、そういったご相談があります。また、学校現場、個人個人の先生まで、まだGIGAスクール構想が浸透していないというのも、もう1つの大きな課題かもしれません。いったい国は何を考えているのか、ICTというものを入れたとして一体何に使えるのか。そのような声があります。

GIGAスクール構想実現に向けた予算

石戸　2019年度の補正予算の規模は、これまでの経緯から考えると夢のような話です。なぜそのようなことが実現できたのかに大変興味があります。どうして予算がついたのでしょうか。

髙谷　2年前に私がこの職に就いた時は、情報化関連の直接の予算は7億円くらいでした。その後、色々な動きがありました。中でも、今インタビューをされている石戸さんをはじめ、多くの方々がずっとご尽力されてきた学校情報化の議員立法という法律の成立が大きいです。この法律がちょうど2019年の6月に、超党派による共同提出で全会一致で採択されました。順調に進んでいることであればこんな法律は作られないのです。まさに学校のICT環境が、社会から、そして何より諸外国からも大きく遅れていたことを示しています。これまでなかなか進んでこなかったということに対して、さすがにここ1～2年で大きな危機感が国会でも、そして政府部内でも出てきました。国全体として、学校のICT環境を何とかしなければいけないという危機感がMAXに来たということです。それが、その後の補正予算によるGIGAスクール構想開始につながったのではないかと思います。

石戸　法律は大きく響いた訳ですね。

髙谷　その通りです。

石戸　よかったです。尽力したみんなが喜ぶと思います。2019年の補正予算では小5から中1の3学年分の1人1台端末整備でしたが、それに続き、今般の新型コロナウイルス感染症緊急経済対策予算により、全小中学生の1人1台環境が整備されることになりました。それは他の分野と比較して、かなり突出した破格の対応だったと思いますが、なぜそれが実現できたのでしょうか。

髙谷　今回の新型コロナウイルスは国全体の非常事態です。そして、子どもたちも学校に通えないという状況が生じました。もともとの令和元（2019）年の補正予算では、学校のICT環境が社会から、そして世界から取り残されているという問題意識から出てきました。ところが、このコロナの状況で新しい視点、新しい問題点として浮き上がってきたのは、子どもたちが家庭でICTを使って学べる環境の整備がまだまだ遅れていたということです。

学校ICT環境整備の実現に向けて

石戸　今の話を踏まえて2点お伺いします。1点目は、学校での環境整備はこれでうまくいきそうですか？　という質問です。もう1点は、まさに学校のICT化から家庭のICT化に議論が移りつつありますが、そちらもまたかなりハードルの高いテーマです。それをどのように捉えていらっしゃいますか？

髙谷　学校の環境整備がうまくいくかは全国の関係者の尽力が非常に重要です。これはまだ始まったばかりです。これからどういう環境を作っていくか、どういう端末を入れて、現場の先生にどう使っていただくか。ここまでしっかりと考えてプロジェクトを進めていかないと、GIGAスクール構想の完成には至りません。そこは、まだ自治体でも学校でも、どうしていいか分からないというような状況が続いています。それに関しては、まず、国として学校現場まで通じるようなメッセージをしっかりと出していく必要があります。また、もし学校現場や自治体が困っていることがあれば、しっかりと受け止めていきたいと思っています。

次に、家庭のICT化の話です。これは、家庭のご協力も当然必要になります。文部科学省としても、経済的になかなかICT環境を揃えられないご家庭にもしっかり環境が行き届くように令和2（2020）年の1次補正でも色々な施策を進めているところです。保護者の方々には、ICTは学びに非常に効果的なものですので、家庭のICT環境をぜひ子どもたちに使わせてほしいとお願いしたいです。

ICT活用が進まなかった理由について面白いデータがあります。OECDのPISAの調査によると、日本の子どもたちは、他の国に比べて学校や家庭での学びにICTをほとんど使っていません。コンピュータを使って宿題をする、学校の勉強のためにインターネット上のサイトを見る、校内の学校のウェブサイトを見る。これらについて日本は軒並み3％くらいしか使っていません。OECDの平均は2割を超えています。圧倒的に日本の子どもたちはICTを学びに使わないのです。その一方で、日本の子どもたちは、世界平均と比較して、チャットやゲームをする割合は圧倒的に高いのです。つまり日本の子どもたちは、ICT機器に慣れていないのではなく、ICT機器をゲームやチャットをするものとしか見ていない。それは、子どもたちだけがそう見ているのではなく、保護者の方、教育関係者はじめ大人、社会全体がそう見てきたからこそ、学校の学びとICTがつながってこなかったのです。これから、これをつなげていく必要があります。そのために、家庭で子どもがICTを使って勉強したいというのであれば、もちろん使わせてほしいですし、子どもがパソコンの前に向かっていたら、ゲームをしているのではなく勉強をしているのかもしれないということを理解していただきたいです。家庭での学習へのICT活用に、皆様にもぜひご協力いただきたいと思います。

学校の休業状況における学びの現状

石戸　家庭でのICT化の議論が注目を集めたきっかけは、新型コロナウイルス感染症による臨時休業です。そして、それは世界中の学校が同じ状況です。諸外国の状況を伺ってみると、各国創意工夫をしながら学びを止めない努力を進めています。日本の休業状況における学びの状況について教えてください。

高谷　文部科学省もホームページを作り、学校の休業でも活用できる色々なコンテンツの紹介などをしています。また、教育委員会を通じて、子どもの学びを継続させるための色々な方策の通知を出しています。学校もさまざまな取組をしておられます。ICTの活用が難しい学校は、紙の教科書や紙のプリントでフォローされています。学校の先生方が、創意工夫をして、学びの継続のための努力をしていただいていることに敬意を表したいと思います。しかし、その中でもっとICTを使う余地はたくさんあると思います。ICTを活用して双方向で子どもたちとやり取りをしている学校は5%という現実があります。まずは緊急時に家庭でオンライン学習環境を整えるため、令和2（2020）年度1次補正で、経済的にICT環境を整えられない家庭に学校が貸し出すモバイルルータ等の整備に147億円を計上しました。これで自治体の準備はある程度進むと思いますが、これまでICTが導入されてなかったにもかかわらず、「環境が整ったから、さぁICTを使いなさい」と言われても、先生方にとってハードルは高いと思います。だからこそ、ICTを普段使いしておくことが大事です。今回の休業、それから休業が終わった後の将来のことも考えてICTを活用いただきたいと思います。

石戸　今回の経済対策において財政措置だけでなく、遠隔教育の単位の制限が柔軟に対応できるようになったり、著作物が円滑に利用できるようになったり、かなり規制緩和も行われました。今後のICTの活用を考えるととても大事な措置ですので、一時的な措置で終わらず恒常化されるべきだと考えますが、いかがでしょうか。

高谷　基本的な考えとしては、学校のICT化を進めるために、どういう制度にすべきかを考え、当然それに向かって進んでいくべきだと思います。今回の臨時措置の今後の進め方は、それぞれ関係者と検討する必要がありますが、いずれにしてもICTの活用が進む制度、枠組、取組を進めていきたいと思います。もしここが困るということがあれば、先生方なり自治体の方から私どもにも声を届けてほしいと思います。感覚的にこの制度を変えればよいのではないか、ここの枠組がおかしいのではないかなど色々あるかもしれませんが、実際進めようとするとここがボトルネックだったということはむしろ現場にあると思います。そのような意見をいただき、あるべき姿を作っていきたいと思います。

関係省庁との連携

石戸　休業対応で、文部科学省としてさまざまな学びのコンテンツの紹介をするポータルを作られましたが、経済産業省もEdTechを活用した学びを応援するサイトを立ち上げています。経済産業省がこの分野に注力するようになり、フェーズが変わって盛り上がってきたと感じます。それは民間として非常に嬉しいことです。その一方で、先日開催された超党派教育ICT議連において、議員の先生方から、文部科学省と経済産業省の役割が逆になっているのではないかというご指摘がありました。他の省庁との関係について教えてください。

髙谷　日本の教育全体は文部科学省の担当です。全国どこでも、すべての子どもたちが等しく教育を受けられるようにすることは憲法にも書いてあります。それをしっかりと担保しなければなりません。

一方で、経済産業省の取組は、経済活動をしっかりとサポートすることが役割で、全国一律というよりはむしろ、民間の先進的な取組をもっと進めてベストケースを展開していくことに長(た)けています。教育についても、教育産業を所管している観点から、民間の面白い取組を伸ばしており、せっかくの取組ですので一緒に進めていきたいという話になりました。最初のうちは、お互いの進め方について、色々な試行錯誤がありましたが、GIGAは両省一緒にやっていかなければいけないとの想いで、協力して進めています。また、通信関係やプログラミング教育などは総務省とも一緒に取組んでいます。この3省の課長はしょっちゅう顔合わせをして、学校のICT環境整備をオールジャパンで進めています。文部科学省、経済産業省、総務省の役割分担を踏まえながら、今後ともうまく連携をしていきたいと思っています。

文部科学省としては、まずは学校の基盤としての環境整備を関係省庁と連携しながらしっかりと進めているところです。

アフターコロナ教育のあり方

石戸　コロナのレガシーというのは、教育 ICT 化の進展、しかもそれが学校の ICT 化だけではなく、家庭のICT化も進むということで、非常に素晴らしい動きだと思います。さらには、アフターコロナ教育の議論も生まれています。今回は、非常事態と言われていますが、非常事態ではなく、これが常態化する可能性もある。つまりこれまで当たり前だと思っていた学校に通って、教科書を開いて、生の先生が教えてくれる、そういう学びの場が成立しない可能性がある、そういうアフターコロナ教育についても、しっかりと考えておくべきではないか、という議論です。文部科学省としてアフターコロナ教育をどう考えていますか。

高谷　もともとGIGAスクール構想が始まったのは、新型コロナウイルス感染症の前でした。学校のICT化を進めるにあたり、もちろん端末を入れるだけではなくて、その後の教育のあり方をしっかりと考えていかなければいけないと思っています。その一方で、グループの中で、先生と向き合いながら、子どもの学びに向かう力を育むというのは教育の根本です。ICTの話と、対面授業の話が対立構造ととらえる向きもありますが、それは違います。ICTは、先生に替わるものではなく、先生が行う教育に取り入れることによって教育がグレードアップしていくものです。

今後は、たしかに対面でない教育が入ってくるかもしれません。色々なコンテンツやツールが入ってくるかもしれません。それらをうまく取り入れ、かつ従来の教育そのもののあり方を大切にしながら、どういう教育にしていくのか、教師はどうあるべきか、デジタル教科書はどうあるべきか、コンテンツはどうあるべきか、端末を含めた色々な道具が入ってくる環境はどうあるべきか、それらをすべてセットで検討していかなければいけません。

これらについては、中央教育審議会などでも、検討が進んでいます。ぜひそのような場での議論をご覧いただきながら、色々な声を聞きたいと思っています。文部科学省としても、さまざまなご意見を聞きながら、しっかり考えていかなければいけないと思っています。確実に言えることは、変わっていくことは間違いないということです。変えていかなければいけません。しかし、どう変えていくかは、現場の先生方ともしっかりと話をしながら、考えていきたいと思います。

これからの時代に必要な力

石戸　今は予測不能な時代、VUCA時代などと言われていますが、今まさにこんな事態が起こりうるとは誰もが想像していなかったかった出来事が起きています。そのような時代を生きるにあたり、髙谷さんが考えるこれからを生きていくのに必要な力とはなんでしょうか。

髙谷　予測できない変化を前向きに受け止めていく力を育むことは学習指導要領の方向性ですが、その中でも情報教育担当としては、やはり情報活用能力を強調したいと思います。ICT端末を使うだけが情報活用の能力ではありません。今の子どもたちは、Society 5.0の中を生きています。少なくとも私が子どもの頃は、100玉を握りしめて駄菓子屋に行って、その100円がチョコレートなどに変わることでチョコレートの価値の重みが分かりました。その体験を通じてお金のありがたみが分かります。今の子どもたちが生きている世の中は、キャッシュレスですから、カードやスマホを機械にピッとかざせば物が買えます。それは、キャッスレスで決済したデータが通信手段を使ってクラウドにいき、銀行口座のデータから100円が引き落とされているということなのですが、これがSociety 5.0の世の中だということを、子どもたちは実感していかなければいけません。そのためにも、学校教育がその世界を実感できる場でないといけません。昔の学校は最先端のものに触れることのできる場でしたが、今はそうでなくなっています。今の社会の縮図をしっかり学校で学べるようにするためにも、ICT環境を構築し、情報活用能力を育む必要があると思います。

教育の情報化が遅れた理由

石戸　冒頭で、社会が学校ICT化の必要性を感じたからこその予算がついたという話がありました。しかし、必要性でいうと、Society4.0の時代から必要性がありました。社会はすでにICT化どころか、AI・IoTの時代としてのSociety 5.0に向かっています。教育だけが2周くらい遅れてきました。それは、なぜなのでしょうか。

髙谷　今の一般社会から見たら、教育のICT環境はものすごく遅れています。私も、教育を担当して驚いています。日本はもちろん遅れていますが、OECDの調査を見ると、遅れているのは台湾や韓国などの東アジアの国々に共通して見られる傾向です。私もそれらの国々の関係者と意見交換をしましたが、東アジアの教育制度にも理由があると思います。しっかりとした学習指導要領やそれに基づいた教科書があり、そして大学入学という最終目標がある。先生方が教科書を使って授業をしていくシステムがしっかりと出来上がっているのです。これは、日本や東アジアなどが、他の国々より誇るべきところですが、そこにプラスアルファでICTを入れようとするインセンティブが残念ながら湧きにくかったのです。その結果、先生方は社会から2周、3周遅れた環境の中で頑張っておられます。働き方改革というけれど、社会より環境が2周遅れているわけですから先生の努力だけでは完全には無理なのです、そういう悪循環に陥り始めていました。それが、教育のさまざまなところに影響を与えはじめていて、社会全体としてこれ以上は看過できなくなったということではないでしょうか。

石戸　まさにこれまでの教育は、日本は世界に誇る教育を提供してきました。それもひとえに先生方が優秀で熱意をもって導いてくれたからだと思います。しかし、その成功体験が強すぎて変わることが難しくなっている。また、システムが強固過ぎて変えにくくなっているのではないかと思います。今、システム自体が変化を求められているかと思いますが、例えば入試改革もなかなかうまくいかなかった経緯があると思います。どうすると、このシステム自体を、今の時代にアップデートできるのでしょうか。

髙谷　難しい問題ですが、その解が今回のGIGAスクール構想だと思います。これまでさまざまな取組をしてきましたが、なかなか進まなかった。じゃあ、もう全部物を入れてしまおうというところに至ったのがGIGAスクール構想です。先生は真面目ですから、ものすごく努力されます。新しいツールが来たら、学びが深まるように使ってみようとする先生もたくさんいらっしゃいます。先生がまだご存じないだけで、自分の仕事も楽になるツールでもあるので、まずは物を入れます。まずは使ってみてください。それが変わる第一歩だと思います。

石戸　このGIGAスクール構想をトリガーにして変わっていくということですね。

髙谷　おっしゃる通りです。

BYODの導入に向けて

石戸　私たちは、1人1台パソコンを持って学ぶ環境を整えようという運動を始めた時に、「デジタルランドセル構想」として呼びかけを始めました。ランドセルは、学校に入った時に1人1台持つ象徴です。子どもたちが小学校に入ったら、ランドセルのように、1人1台パソコンを持って学ぶのだという意味を込めていました。今回の経済対策予算で一度は1人1台の環境が整備されるかもしれませんが、その後の買い替えの時期の対応が気になります。今後のことを考えると、各家庭でデバイスを用意するBYODも検討しなくてはいけないのではないかと思いますが、今後の展望を教えてください。

髙谷　もちろんBYODもあるべき形の1つで、可能性は高いと思います。学校に通ううえで、ランドセルなど、家庭が負担するものがあります。家庭で負担が難しい場合には就学援助制度があります。将来的にその中に端末が含まれるのかはもちろん検討の対象になると思います。そのためにも、まずは学校でパソコンは使うものだという認識が社会で広がらなくてはいけません。それが今回のGIGA

スクール構想の最大の目的の1つでもあります。そうでなければ、なぜパソコン経費を負担するのか？ となります。例えば、おじいちゃんおばあちゃんが、孫が小学校に入る時に、学校でパソコンを使うのであれば、パソコンを買ってあげようとなるかもしれません。そのように社会全体で、学校でICTを使うことが当たり前だとしていかなければなりません。

またもう1つ重要なのは価格です。学校ICT化にかかるコストは、誰が負担するのかという議論は色々なところで出てきます。今回は、政府が4万5000円という補助単価を決めた結果、端末業者の皆様には大変ご苦労いただき、この補助金額前後のモデルが出てきことに、大変敬意を表したいと思います。そのうえで、業界の皆様にしっかりと学校現場を支えていただけるよう引き続きのご協力もお願いしたいと思っております。

学校の皆様へメッセージ

石戸　学校の皆様へメッセージをお願いします。

髙谷　今回の新型コロナウイルス感染症対策では、どうやって子どもたちの学びを継続させようかと、本当に努力されていらっしゃることは重々承知しています。その努力に敬意を表したいと思います。そのような中で、ICTというと、取っ付きにくい、これまでの教育と相対するのではないか、面白そうだけど何をしていいのか分からないなど、色々な声があると思います。しかし、学校でのICT環境をぜひ使っていただき、子どもたちの学びを深めていただければと思います。先生が教えようと思わなくても、子どもたちはICTなどの機器を使えます。だから、子どもたちの文房具の1つとして使っていただきながら、そこにベテランの先生たちの教える中身を加えていただき、ベストミックスなICT教育を全国で普及していくということを願ってやみません。先生方をはじめ関係者の皆様、これからもよろしくお願いいたします。

Chapter 2

コロナ休校で、海外の学校はどう動いたか？

世界各国の取組から学ぶ

インタビュアー
石戸奈々子

※本章の内容は、超教育協会が2020年4月初めから5月初めにかけて行ったインタビュー記事が元になっています。書籍に収録するにあたっては加筆修正を行いました。なお、後日談は現地から届いたコメントです（2020年8月末現在の情報です）。

中国のオンライン授業

［公開］2020年4月24日（金）

中国では新型コロナウイルスの蔓延による学校休校直後から、5000万人の生徒が遠隔授業を受けられる体制を整備したというニュースが流れ、大変驚きました。今回はその中国でどのような遠隔教育がなされているのか伺いました。

「2月・3月は街には人はほぼ誰もいない状況でしたが、今の上海はコロナ前の日常に戻っています」。そう語るのは、上海在住の趙さんと呂さん。2人ともお子さんが上海市内にある公立小学校に通うお母さんです。

趙さんのお子さんは小学校2年生、呂さんのお子さんは小学校４年生。そして、上海では約3か月にわたる長期休校を経て、ようやく5月6日に開学すべく準備がはじまりました。

武漢が都市閉鎖となった1月末はちょうど冬休み中。通常であれば冬休みは2月中旬までです。しかし、1月27日に国家教育部より、2020年度春学期開始を延期する通知が出され、2月末まで冬休みが延期となりました。さらには、学校再開の目処が立たないことから「授業は止めても学びは止めない」というスローガンのもと、3月から遠隔教育に切り替える方針が打ち出されました。

遠隔になっても授業内容は通常通り。国語、英語、数学、音楽、美術、体育、道徳など時間割通り毎日6コマ行われます（写真1）。

上海市小学二年级在线教育播放时间表

时间	周一	周二	周三	周四	周五
08:50 开始	升旗仪式				
09:00-09:20	语文	语文	语文	语文	语文
09:40 开始	广播操				
10:00-10:20	数学	数学	数学	英语	数学
10:40 开始	眼保健操				
11:00-11:20	体育与健身	体育与健身	体育与健身	道德与法治	体育与健身
	午休				
14:00-14:20	英语	语文	语文	语文	语文
14:40 开始	广播操				
15:00-15:20	道德与法治	唱游	美术	唱游	美术
15:40 开始	眼保健操				
16:00-16:20	科教版自然	远东版自然	科学与技术	科教版自然	远东版自然
17:00-17:20	科学与技术				

备注

1. 自然课程分“科教版教材”和“远东版教材”两个版本，请学生根据所学教材版本，选择相应课程观看学习。

2. 杨浦、虹口两区及其他部分开设科学与技术课程学校的学生，选择科学与技术课程观看学习。

写真1　小学校2年生の時間割。遠隔になっても授業内容は変わらず、毎日6コマ行われる

スタートは朝9時から。通常であれば1授業35分、休憩時間10分ですが、遠隔教育では1授業20分、休憩時間40分です。休憩時間といっても、前半20分で視聴した映像を踏まえて、課題を行ったり、ラジオ体操や目の体操をしたりする時間です。

20分の授業映像というのは、上海市教育委員会が選定した先生の講義が上海市で一斉に流れます（写真2）。学校ごとに準備をしているわけではありません。子どもたちは、テレビ、パソコン、タブレット、スマホなど自由な端末で視聴します。

写真2　毎朝9時から上海市教育委員会が選定した先生の講義が一斉に流れる

特徴的なのはテレビで放送されていることでしょう。上海メディアグループが放送する約10チャンネルのうち、1チャンネルが臨時措置で遠隔教育チャンネルになりました。通常の番組を取りやめて、先生の講義映像の放送に切り替えたと言います（写真3）。教育委員会も約2週間で映像を準備したようです。お二方を紹介してくださった野村総研時代から上海にいる横井正紀さんは、「成功するのか分からないものをとりあえずやる。必要だと思うことをとにかく取組む。その姿勢が中国はすごい」と語ります。

写真3　教育委員会が約2週間で授業映像を準備した。映像は、テレビ、パソコン、タブレット、スマホなどの自由な端末で視聴できる

遠隔教育がスタートする前、自宅にあるデバイス環境のアンケート調査が学校を通じてなされました。テレビ、パソコン、タブレット、スマホの何を持っているのか？ どれが便利か？ どの放送局の番組が見られるか？ どのようなタイプのテレビか？ など家庭環境の把握に学校は努めました。

結果としてはデバイスを問わず視聴できるように準備がなされましたが、子どもたちにとっては、テレビをつけさえすれば授業が見られる環境はパソコンをセットするよりもハードルが低いかもしれません。授業の時間になるとテレビをつけて視聴し、また次の番組が始まる前までに画面の前に戻る。そのような生活を子どもたちは送っているようです。

参考までに、パソコンでは「上海市中小学空中课堂」というページから視聴できます。

上海市中小学空中课堂

https://ke.qq.com/act/shanghailive202002_pc/index.html?id=4&from=singlemessage&mmticket=

講義映像の視聴後に取組む課題は、DingTalk（釘釘）でやり取りします。DingTalkは中国で会社の総務的プラットフォームとして定着している企業向けアプリです。出勤管理、決済管理、稟議管理など一般に会社の総務機能が集約されています。さらにプロジェクト管理や顧客管理などの営業ツールも充実しており、社員の日常管理、業務の日常管理には欠かせません。これはアリババが開発し、一般的な利用に関して登録は必要ですが、無料で利用できます。このDingTalkの仕組を使い、学校のクラスを1つの会社のように見立て、DingTalkにあるさまざまな機能を利用した充実したコミュニケーションを実現しました。

DingTalk内で教科ごとにスレッドがあり、使用するテキストや参考文献、課題などはそこに掲示されます。**写真4**は、2年4組の画面です。子どもたちが課題に取組み、DingTalk内にアップロードすると、先生がフィードバックをくれます。子どもは、間違えた問題を解き直し、再度アップロード。先生からOKが出たら、その日のその項目の宿題は完了となります。

例えば、写真4では数学の宿題が掲示されています。「39ページに取組みましょう」。子どもたちは、紙の教科書で問題を解き、完成した宿題を写真に撮ってアップロードします。

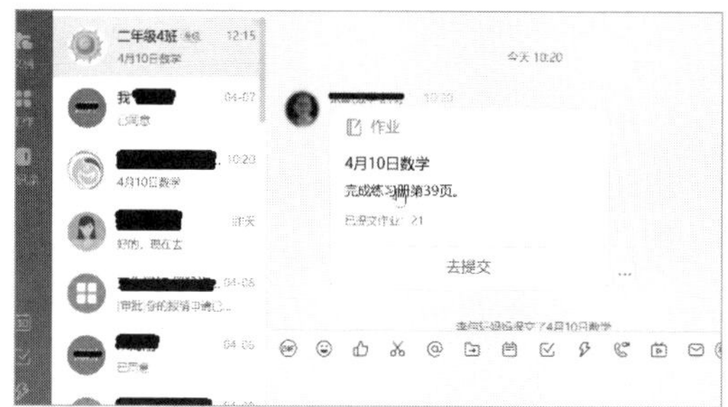

写真4　2年4組の数学の宿題提出の画面。先生のOKが出たら、その日の宿題は完了となる

提出した順番に生徒の回答が表示されており、先生はその中から毎回「優秀宿題」を紹介します（写真5）。

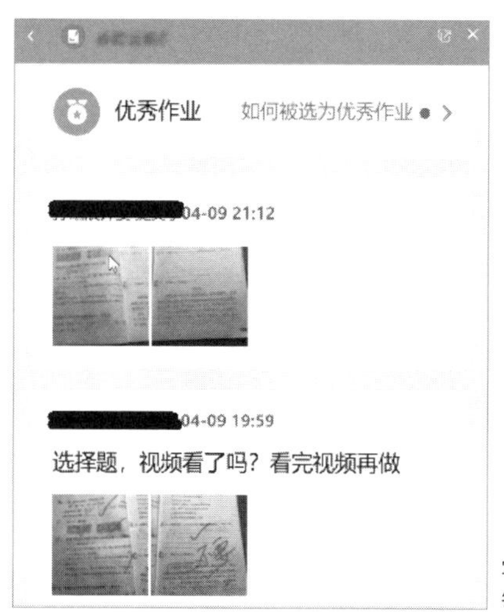

写真5　宿題は提出された順番に表示され、先生はその中から毎回「優秀宿題」を紹介する

英語のテスト画像のようにWordファイルで送られてくるものは、そのまま書き込んでデジタルで提出しても構いませんが、プリントアウトして解いて写真で送る子どもが多いそうです（写真6）。

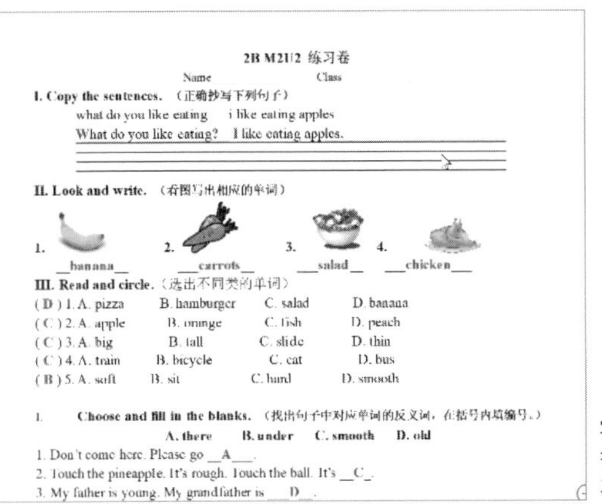

2B M2U2 练习卷

Name　　Class

I. Copy the sentences.（正确抄写下列句子）

what do you like eating　i like eating apples

What do you like eating?　I like eating apples.

II. Look and write.（看图写出相应的单词）

1. __banana__　2. ___carrots__　3. ___salad__　4. ___chicken___

III. Read and circle.（选出不同类的单词）

(D) 1. A. pizza　B. hamburger　C. salad　D. banana
(C) 2. A. apple　B. orange　C. fish　D. peach
(C) 3. A. big　B. tall　C. slide　D. thin
(C) 4. A. train　B. bicycle　C. cat　D. bus
(B) 5. A. soft　B. sit　C. hard　D. smooth

1. **Choose and fill in the blanks.**（找出句子中对应单词的反义词，在括号内填编号。）

A. there　B. under　C. smooth　D. old

1. Don't come here. Please go __A___.
2. Touch the pineapple. It's rough. Touch the ball. It's __C_.
3. My father is young. My grandfather is ___D__.

写真6　英語の課題は、Wordファイルに直接書き込んでも、プリントアウトして解いて写真で送ってもよい

課題をプリントアウトして写メで提出するというのは、確かにスマホさえあれば誰でも簡単に対応できそうな気がします。

今回の遠隔教育化で最も売れたのは、プリンターだと言います。プリンターの在庫が3月に切れました。タブレットも売れ行きが伸びましたが、スマホを持っている人は多い。それに対してプリンターがない家庭が多いものの、今回の遠隔教育はプリンターがないと対応が難しいため、多くの家庭が購入しました。

他にも、美術の時間では絵を描いて写真をアップロードしたり、音楽の授業では送られてくる音楽を鑑賞したりといった授業も行われています。

「熱はないか？」「上海市から出ていないか？」といった健康状態の報告も毎日することが義務づけられており、そちらもDingTalkを通じて行います。DingTalkは日常的に活用していたものの、このような使い方をしたのは初めてとのこと。

もう1つグループワークの課題の際に活用するアプリもあります。アプリ内で3～5人ほどのグループが複数設置されています。そのグループ内で、作ったものを共有し、お互いに評価をし合っています。今日も英語の朗読文章を撮影して送り合っていました。

呂さんのお嬢さんは、スマホを持っていませんでしたが、今は宿題をすべてスマホで行っているため、とうとう自分のスマホを持つに至ったそうです。

それ以外に、保護者と学校の情報共有のためにwechat（メッセージアプリ）を活用します。チャット室に先生から届きます。日頃から活用しており、もちろん遠隔教育中も重宝しています。

横井さんは、中国が迅速に遠隔教育に切り替えられたのは、それを可能とするインフラが中国に整備されていたからだと指摘します。

「DingTalkは多くの企業で導入されています。位置情報もすべて共有されるため、出勤状況がすぐに分かる。よって出勤簿代わりに利用されています。会社では、メールではなくwechatを活用しています。それらがすべてスマホ1台で対応できる。多くの人がこのような活用の仕方に慣れていたため、簡単に移行できました」。

また、中国の取組はICT化とはニュアンスが違うと言います。というのも、上海では紙とスマホとパソコンが常に融合しているからです。

「書類申請をする際に、紙にプリントアウトして、記載し、ハンコを押して送る、という行為は日常的にあります。だから、宿題をする際にも写メを撮って送るのは自然な行為であり、違和感がなく進みます。また、渋滞が多いのでオーディオブックも浸透しています。そして、その長さがだいたい10～20分。授業が20分になったのもオーディオブックの標準にあわせたという話であり、思いつきで決めたわけではありません。そのあたりが中国の生活のインフラだと思います」。

インフラといえば、遠隔教育へ移行するに当たり、家庭のデバイス・ネット環境は問題なかったのでしょうか？

「上海はネットやデバイスがない問題はないと思います。スマホはみんな持っていますし、ネットの普及率も高いので」。

しかし、3月1日に遠隔教育がスタートし、会社のネットにも影響が出たと言います。中国の幼稚園から大学生までの生徒数は約2.7億人。今ではその半数近くが午前中に遠隔教育に切り替わったというからそれもそのはず。

ネット増強のスピードも早いと言います。「次の日には、電波が悪かった田舎の山奥に中国移動（携帯電話事業者）が基地局を建てに行きました。子どもたちの教育環境を維持しようと、国をあげてさまざまな機関が協力をしました。インフラが整っていたということに加え、インフラを高速で整えたというところが中国のすごさです」と横井さんは続けます。

課題は何でしょうか？ 趙さんと呂さんは、口を揃えて、「遠隔教育の効果」「身体への影響」「親の負担」の3点をあげます。

時間割は同じですが、授業時間が短くなったり、また子どもたちへの負担軽減のため、途中から授業コマ数が減らされたりしました。その一方で、その分を課題で補っているため、授業が遅れているわけではありません。しかし、「実際どのくらい身についているのかが分からない」と不安を口にします。通学時との学習効果の差を気にしている保護者は多いと言います。

身体への影響に関しては、まず何よりも気になるのは運動不足。体操の時間があり、先生の動きに合わせて画面の前で体操はしているものの、10～20分程度と言います。そして長時間画面を見る生活における目への影響も気になります。

親の負担増は大きな課題であり、3月末に行われたある調査によると、1日当たりの子どもの勉強に親が付き添う時間は2～3時間が43.1％、5時間以上が6.2％という結果になりました。呂さんは共稼ぎ家庭のため、子どもは毎日1人で、家で、遠隔授業を受けています。お昼ご飯は隣に住むご友人に依頼をしています。遠隔授業が始まった当初は1人で取組むことはできませんでしたが、今はすべて1人でこなしているというから驚きです。

その一方で、「低学年の子どもにそれは無理！」と趙さんは強調します。趙さんのご家庭も共稼ぎ。趙さんのご両親にサポートを頼んでいます。頼める実家や友だちがない家庭は仕事を休む、もしくは辞めるといったことも起きているようです。

「とにかく負担が大きいから早く学校が始まってほしい」と呂さんと趙さん。子どもたちも「学校に行きたい」と同じ意見です。理由は、友だちもいるし、先生の授業を直接聞くほうが楽しいから。今の放送型の遠隔教育は一方向に講義が流れるだけなので、先生の授業を生で聴くほうが、コミュニケーションがあって参加意識が芽生えると呂さんは指摘します。

「小さい子は授業に興味がありません。テレビ放送を見ながらも、遊んだり、お菓子を食べたりしています。毎日寝坊して、遊んで、そりゃ楽しいでしょうけれどね」と趙さん。

さて、日本では学校の臨時休業を踏まえ、さまざまなEdTech企業が無償で教材を提供しはじめました。その状況は中国でも同じです。習い事もオンラインになりました。呂さんのお嬢さんが通うピアノ教室も、先生とZoomでレッスンをしています。バレエ教室もオンライン化したそうです。

しかしながら、子どもたちの時間は限られているため、今は学校の課題に追われており、無料提供されている教材は多いものの、そこまで手は回らないというのが実態のようです。

上海市が緊急事態宣言を出したのは死者1名、感染者数50名くらいの頃でした。「地下鉄の運行時間は19時まで。商業施設・図書館・カラオケ・床屋・ジム等の営業停止。14日分の健康状態を記録するアプリによる健康QRを表示しないと、公共交通機関への乗車やオフィス・商業施設への入室はできない。感染者の行動情報を得るための街中カメラの活用と、その情報の地図アプリでの可視化。自宅隔離措置のため自宅ドアのセンサー設置。ここまでやるのか？ と驚くほど街には誰もいなくなり、家にこもる生活を上海市民は選択しました。日本ではまだ街に人があふれている映像が上海にも届いており不安です」と横井さんは家族を残している日本の状況を心配しています。

日本でもこれから休校がいつまで続くのか見通しが立ちません。スマホと写メで対応するなど、上海のできることから取組む姿勢は参考になるのではないでしょうか。

SEQUEL 後日談

コロナ感染期に人の気配が消えた上海市の名所「南京東路」は、いつも通りの夏休みを迎えました。外灘（バンド）に行く道なりには観光客であふれていました。中国全土は健康QRコードや14日間移動情報など、自分の健康状態を第三者に提示するスマホのアプリが欠かせない毎日で、日本では考えられないほどITに支えられている社会生活となりました。コロナには引き続き警戒はしていますが、経済活動は元に戻り、学校も9月に新学期を迎え、登校する日常に戻りました。在宅教育も一段落。特に低学年のネット教育でご苦労されていたご両親はホッとされていることでしょう。

中国の小学生以下の在宅教育では、TVやスマホアプリ、またプリンターなどを併用した「ありもの」利用によって俊敏に構築されました。同時に、教育関連のアプリケーション利用も急増し、そのユーザ数は2020年3月現在4億2296万人と、2018年末から110.2％増加し、ネットユーザ全体の46.8％を占有するまでに成長しました。その一方で、中国の子どもたちの近視率が向上。2019年末と比べると、半年で、小中高校の学生の近視率は11.7％増え、うち小学生の近視率は15.2％増えています。

アメリカのオンライン授業

[公開] 2020年4月15日（水）

今回のレポートは、アメリカ合衆国ニューヨーク州郊外にあるウエストチェスター郡で現地の公立学校に通っているコウスケさん（中学1年生）と、しほりさん（小学4年生）のご兄妹です。マンハッタンから約40分のところに位置するこの町に、2年前に越してきました。日本人の駐在員が多く住んでいる治安のよい地域ですが、隣町がニューヨークで最初にコロナクラスターが発生した地となりました。

おふたりが通う学校は、日本人はほぼいない現地の公立校。州知事からの行政命令により休校になる1週間前から、登校が必須でない旨の通知がありました。しかしその時点では、ほとんどの子どもたちが変わらず通学していたと言います。しかし、その1週間は、授業開始時間が1時間遅くなるなど、時間割に変化がありました。学校にとっては、先生方のオンライン授業講習会の開催など休校に向けた準備期間だったのです。3月13日（金）に、翌週から休校になるため教材等を

すべて持ち帰るよう、子どもたちに指示がありました。

まずは中学校1年生（6th grade）のコウスケさんの様子を伺いました。コウスケさんがはじめに見せてくれたのが、学校区が用意した地域の全学校がアクセスできるホームページです（写真1）。

写真1　Mamaroneck Schoolsのホームページ
https://www.mamkschools.org/

「ふだんからこのページにアクセスするとすべての情報が見られるので、遠隔になってもこのページにアクセスして家でやるだけです」。教員、生徒、保護者専用のページにて、随時学校の様子が更新され、Google classroomを活用したパスワード付きの生徒のページには、生徒の出席状況、成績表、課題の提出状況など学校に関連するすべての情報が日々更新されているので、最新の学習状況が常に確認できます。そして、中学校では、Chromebookが1人1台用意されており（小学校は2人1台程度）、小学校3年生以上には、Gmailが個人に付与されます。

遠隔教育に移行してからの家庭学習は、時間割に沿って行われますが（写真2）、リアルタイムにオンライン授業を受ける形式ではありません。そもそも中学以上は担任制ではなく、時間割は一人ひとり違います。大学のように自分のスケジュールに合わせて授業を移動する形式です。遠隔教育では、毎朝、Google classroomでその日の課題が教科ごとに届きます。それを見て、好きな時間に各自こなしていきます。

写真2　時間割

具体的には、先生が録画した授業動画を見て、課題を解いて提出します。出席ボタンを押して、さらに課題を提出してミッション完了です。しかし、それでは課題を提出しない生徒もいるのではないでしょうか。コウスケさんは言います。「課題は日頃からポイント制になっていて、提出しないとポイントがもらえなかったり、ペナルティが科されたりするので、提出しない生徒はほとんどいません。課題を提出していないと、個別に先生から連絡もあります」(写真3)。

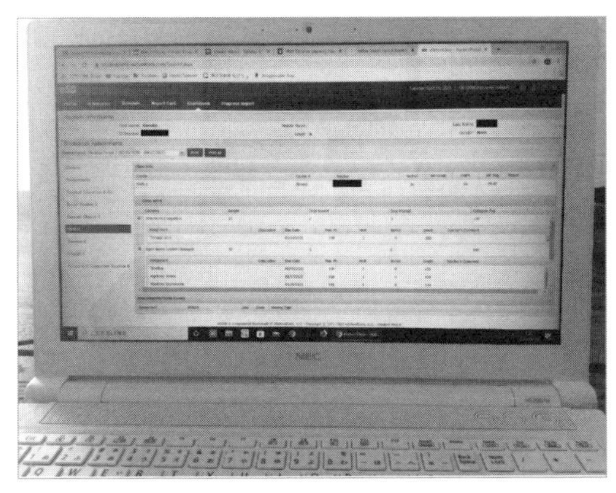

写真3　成績表。日々のポイントを入力するのは先生にとってかなりの仕事量

通常から日本の中間テストや期末テストのようなまとまった試験はなく、日頃の提出物や小テストで成績がつくそうです。幼稚園から高校3年生までの13年間分の成績表も学校区ホームページで保管されます。特に中学校以上の成績は、課題の提出状況など細かくデータで蓄積されていく仕組です。「日本で中間期末試験と担任制をなくした麹町中学校が話題のようですが、こちらではすべての学校が麹町中学校のような方式です」と、お母様のともこさんは語ります。

実技を伴う授業については工夫が見られます。例えば音楽ではコーラスの授業が行われました。楽譜と歌い方を習った後は、自分が歌っている動画を提出します。家庭科では、洗濯や料理などの実習もあります。例えば、その日のランチを作って証拠写真を提出する課題がありました。コウスケさんは、お母さんと一緒に鶏そぼろ丼を作ったそうです。体育の授業での課題は、外で30分間マラソンをすること。ニューヨーク州では不要不急の用事以外の外出は自粛を求められていますが、屋外でのちょっとした運動は他の人と距離をあけて行動していれば問題ないそうです。

課題の所要時間は日によって違うものの、平均4～5時間ぐらい。学校での授業ではグループワークが頻繁にありましたが、在宅になってからはあまりありません。クラスメートと時間をあわせるのが困難なためです。「しかし、ランチの時間にFaceTimeを使って友だちと会話をしたりしているので、在宅だからといってあまりストレスを感じません」。

とてもスムーズに遠隔教育にシフトしていますが、当初は「出席ボタン」と「課題提出ボタン」の2つを押さないと出席とみなされなかったものの、「出席ボタン」を押し忘れる生徒が多く、そのボタンがなくなったり、課題が多すぎるため週間スケジュールが変更になったりなど、学校も試行錯誤をしている様子もうかがえます。

小学校4年生のしほりさんの生活を見てみましょう。小学校では、休校初日から毎朝担任の先生よりビデオメッセージが届きます。先生方の生活が垣間見られるご自宅で録画動画のため、親近感が湧くと言います。

中学校と同じく、Google Classroomに教科ごとに課題が届きます。小学校においては、保護者にも毎日その日の課題がメールで届くと言います。こちらもリアルタイムのオンライン授業ではなく、課題提出が中心で、時間割はなく、個々のペースで学習するスタイルです。小学校では日常的に教科書会社が作成したYouTubeを授業でも見るようですので、遠隔でも同じ動画を見ています（写真4）。

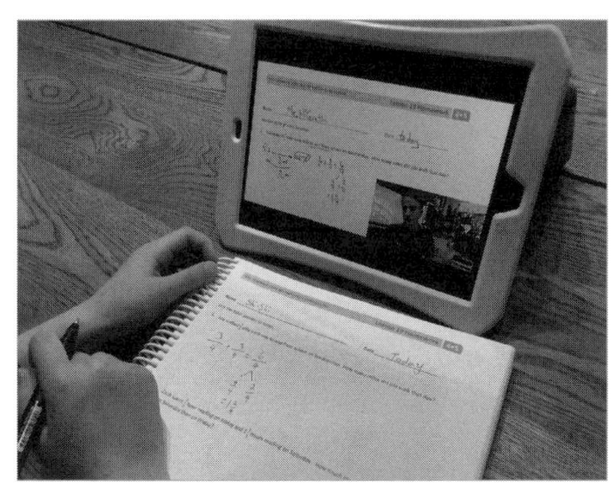

写真4　算数の授業で活用している動画
https://m.youtube.com/channel/UCMb3b2_-4jDpi2Mvac_pAMA

リーディングでは、好きな本で45分間の読書と通常の授業でも使っているRaz-Kidsというアプリで自己学習。ライティングは課題を提出すると担任の先生が添削してくれます。英語がネイティブ並みに話せない移民の児童を対象にしたENL（English for New Language）のクラスの先生が提出前にチェックしてくれます。学校では、音楽の授業の他に各自楽器を習っています。そちらも楽器ごとにレッスン動画が届くので、それを見ながら毎日のフルートの練習に取組んでいます。

他にも学校のサイトからさまざまな学習コンテンツにアクセスすることができます。休校6日目から、学校のライブラリーがe-booksを活用するよう連絡がありました。こちらは普段からすべての児童が自由に活用できます。休校7日目から、Zoomでクラス全員をつないだチャットが始まりました。先生が、児童一人ひとりに近況を尋ね、ワイワイガヤガヤと盛り上がったそうです。「友人と遊ぶことは自粛中なので、とても楽しみな時間！」。その後も週2回ほど、Zoomでクラス全員とつながってチャットを楽しんでいます。休校10日目には、小学校全教員の写真をスライド化した動画がYouTubeに限定公開されました。全員が"I miss you""We got this"など、メッセージボードで子どもを励ましていて、メンタル面のケアもしっかりとなされているそうです。

1日の所要時間は、まじめにやると丸1日かかるほど、課題の量が多いと言います。そこで、家で課題の優先順位をつけ、午後2時ぐらいまでで切り上げているそうです。

小学生だと保護者のサポートが必要ではないかと聞いてみました。「アメリカでは小学校中学年までの子どもを大人の見守りのないままに家に置いておくことはネグレクトだという暗黙の了解ため、どの家庭も誰かしらの大人のサポートがあります。子どもたちは普段から使い慣れているデバイスやソフトを使った学習なので、あまり違和感なくスムーズに在宅での学習に取組めているのではないかと思います」と、ともこさん。

コウスケさんとしほりさんの話では、普段の授業においても小学校では30%、中学校では70%くらい、宿題では小学校0～40%(学年が上がるとup)、中学校は70%ぐらいICTを活用していると言います。コーディングの授業、プロジェクト型の授業、エッセイを書くときなどに主に使います。特に中学校からは、各教科の先生が日頃からGoogle Classroomで宿題を提示されます。課題説明にYouTubeが使われていることもそもそも多かったようです。

保護者との連絡も同様です。はじめにコウスケさんが紹介してくれた学校区のホームページに、教職員、保護者、児童生徒に関するすべての情報が掲載されています(写真5)。保護者は、給食用プリペイドへの課金、転入届・欠席届など各種届出、遅刻早退連絡などもそこから行います。年度始めのクラス発表もネットで通知されます。日頃から、校長、担任、各専門教科、クラス委員等から頻繁にメールが届くので、普段から学校の様子が日本の学校よりもよく分かると言います。「今から考えると、連絡帳に記入して子どもが先生に届けたり、紙の手紙を配るシステムは非効率ですよね」と、日本で都内の公立小学校に通っていた頃のことを振り返りながら、ともこさんは教えてくれました。

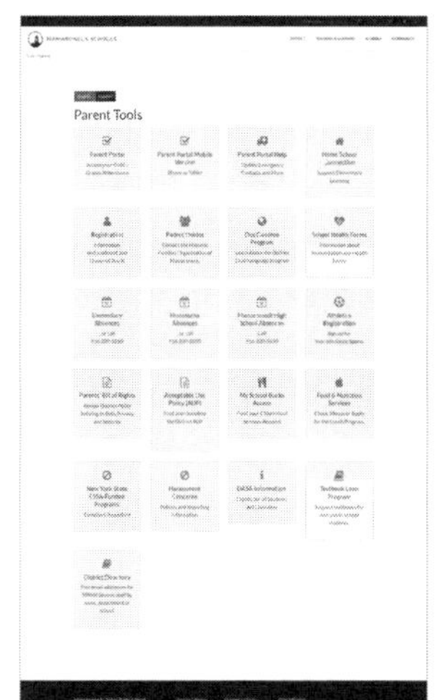

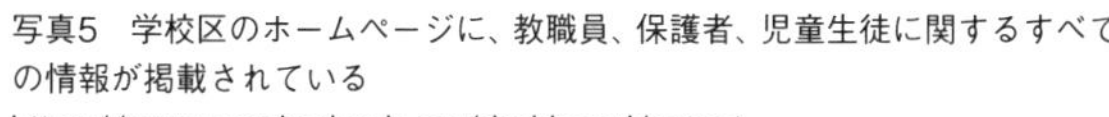
写真5　学校区のホームページに、教職員、保護者、児童生徒に関するすべての情報が掲載されている
https://www.mamkschools.org/dashboard/parent

そして、ともこさんは、遠隔教育がうまくいく秘訣は「先生と家庭が日常的にオンラインでコミュニケーションが取れていること」と指摘します。日頃から学校の様子が共有されていて、学校と家庭の信頼関係が構築されていたからこそ、遠隔教育へ円滑に移行できたのでしょう。

補足ですが、ともこさんがアメリカにきて一番驚いたのが、校長、副校長、教育委員会の各担当者、生徒の保護者、すべての関係者の氏名、メールアドレス、直通電話番号が公開されていることだったそうです。「日本ではプライバシーに厳しいですが、こちらでは個人情報は任意で非公開にすることもできるものの、ほぼ全員公開しています。そして、クラス担任のみならず、あらゆる先生に直接メールを送っていいことになっています。先生は学校の外からもメールできるので、夜でもお返事をいただけます。特にトラブルは起きておらず、とても便利です」。個人情報を公開することが合理的かつ便利であると認識されているというのは、大変興味深い話です。ちなみに、今回のコロナ対応についても、教育長から各家庭に直接メールが送られてきたそうです。

今回、遠隔教育を受ける環境がないご家庭には、休校が通知された2日後からiPadと利用制限がついたWi-Fiが無償貸与されました。ともこさんのご家庭はiPadを2台借りていますが、教育委員会が抱えるITエンジニアによるヘルプデスクがあり、トラブルがあった際は家庭のIT環境も含めサポートをしてくれたのが助かったと言います。

なお、おふたりが通っている塾も遠隔教育に早々に切り替わり、習い事も遠隔化の流れがきているようです。

最後に、日本とアメリカの公立小学校を体験したともこさんとコウスケさんに、今後どちらの学校に通いたいかお聞きしたところ、即答で「アメリカの学校」と答えられました。

「こちらでは先生方に余裕があり疲弊していません」と、ともこさん。例えば給食の時間は別の担当の人がくるなど、日本と比較して子どもを見る大人の数が多く、先生方の自由時間が多いそうです。その分、子どもたちへの指導が行き届き、保護者とのやり取りへも時間を割いてくれているのではないかと言います。ウエストチェスター郡はニューヨーク州でも経済的に恵まれた州であり、固定資産税の10%は教育費に充てられています。予算が潤沢にあり、教育に関心が高い地域というのも背景にあるかもしれません。

コウスケさんは「校則がほとんどなく自由だからこちらのほうがいい。それからコンピュータが使える！」と答えます。中1の1学期では毎日のようにプログラミングの授業があったコウスケさんは、コンピュータクラブにも所属しているそうです。勉強面では在宅での学習に不満はないようですが、やはり学校は早く再開してほしいと言います。「早く起きなくてよくなって今のほうが楽だけど、友だちに会いたいので、早く学校行きたい」。

「日本の学校のICT化が進んでいることを切望します。ICT化は子どもの授業の多様性だけでなく、先生方の事務雑務の負担を大いに軽減させることができます。このインタビューがアメリカの進んだ状況を伝えることで、日本がいかに遅れているか危機感を持ってもらえたら」と、ともこさんからメッセージをいただきました。

日本においても経済対策により、学びを止めないための施策が急ピッチで進められています。早期に環境が整うよう引き続き尽力したいと思います。

SEQUEL　後日談

今は8月の終わり。学校は9月からの新年度に向けて、新たな授業形態を準備中です。8月20日頃に校長が全保護者向けにZoom説明会を開催。直後に、①半日リモート、半日登校、②完全リモート、③NY州のホームスクール制度から、各家庭が1つ選択。学校での食事は一切なく、食事時の感染リスクを思うと賢明な判断です。

近隣の学校区ではクラスを2グループに分けて、月火はAグループは終日登校、Bグループは終日リモート・水曜は全員リモート・木金は月火の逆、というパターンが主流のようです。わが学校区では、①と②のリモートは別々に展開するそうです。②は完全リモートならではの授業構成を考えているらしく、そのきめ細かい対応に驚いています。わが家は①を選択しました。11月終わりのThanksgiving休暇で一旦仕切り直すそうです。

さてさてどうなるのやら。先生方をはじめ、みんな無事に乗り切ってほしいものです。

2-3

オランダのオンライン授業

[公開] 2020年4月30日（木）

大手広告代理店を退職し、オランダへ移住して起業した吉田和充さんは、10歳（小学校5年生）と6歳（幼稚園年長）のお子さんとユトレヒトで暮らしています。オランダは3月16日（月）からスタートしたロックダウンの6週目を迎えています。感染者数は依然として増加しているものの、重篤化する罹患者数は減少傾向にあり、医療崩壊は防げる見通しだと言います。

3月15日の夕刻に急遽ロックダウンの発表があり、同時に学校の休校も決まりました（写真1）。その時点では休校期間は4月頭までの予定でしたが、3月31日のルッテ首相の会見により、日本のGWと同じタイミングである2週間の連休明けまで全国一律に休校延長となりました。そして、4月22日に、正式に5月11日から学校再開のアナウンスがでました。ただし、保育所や特別学校を除いては、クラスの半数ずつ1日ごとに交代する等、工夫しながらの登校となります。

写真1　ロックダウン中のユトレヒト市内の様子

オランダは100人いれば100通りの教育方法があると言われるほどに、学校によって教育の方針や方法が多様です。「オランダの全学校に共通する話ではありません。あくまでも1つの学校の例と捉えてください」と話す吉田さんのお子さんが通うのは、日本でも注目度急上昇中の公立イエナプラン校です。日本では、オランダといえば（異年齢学級など特徴のある教育で知られる）イエナプランというイメージが強いですが、イエナプランは全体の5％程度で全国でも200校くらいしかありません。ユトレヒト市内では35校中3校。

さて、今回のコロナウイルス感染症蔓延による休校対応はどうだったのでしょうか。3月16日から休校となり、その2日後である18日から遠隔教育が始まったとい言います。2日後からスタートとは随分とスムーズな移行にみえますが、「他の学校は翌日から遠隔教育がスタートしていて、『うちは遅いねー』と保護者の間で話していました」という状況のようです。

遠隔教育といっても、リアルタイムのオンライン授業があったり、一斉の課題が提示されたりするスタイルではありません。通常の学校でもオンラインを活用して生徒ごとに違う課題に取組んでおり、それを学校ではなく家で取組むスタイルだと言います。そして、週3日ほど30分程度のZoomを活用したクラスルームが開かれます（写真2）。クラスルームは、生活に関する報告、課題の総評や解説、生徒からの質問への回答をする時間となっています。もちろん個別に先生に質問することもできます。友だちの誕生日を祝うこともあります。

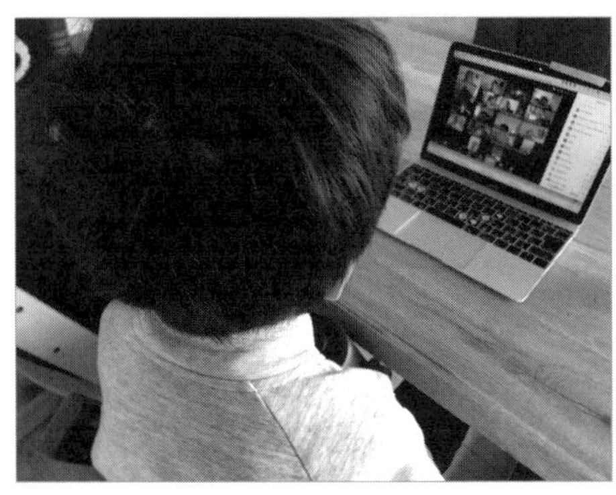

写真2　自宅でのオンライン学習の様子。週3日ほどZoomを活用したクラスルームが開かれる

課題の中にはプログラミングなどもありますが、各自で取組み、先生から個別にアドバイスをもらうことでオンライン学習が成立しているようです。先生はあくまでも「コーチ」であり、子どもたちに一方的に教える立場ではなく、子どもたちが興味を持つことを一緒に見つけ、それに寄り添うという立場です。そしてそれは、日常的な先生の立ち位置です。

通常からいわゆる一斉授業がほとんどないという背景が、このオンライン学習のスタイルにつながっています。そもそも全員共通の時間割はありません。児童ごとに各週の目標が科目ごとに定められています。そして、そのやり方を書いたものである時間割は、各自が毎週決めることになっています。

「目標も概ね統一した目標はあるものの、2学年が一緒に学んでいますので、進んでいる子もいれば遅れている子もいます。個人差がありますが、日本のように全員一緒に同じ到達点までいくことを求められないため、個々人のペースで進めます」。

毎週、「この科目はここをこの時間にやる」と自分で決めて取組むというのが通常の授業の進め方ですが、オンラインになってからは、大枠の時間割が送られてくるようになったそうです。しかし、進め方は変わらず自由。例えば午前中には3つの課題が提示されますが、朝の8時から開始し、9時半にはすべて終わらせている子もいるそう。

普段の授業の様子を聞いてみると、約半分がプロジェクト学習。残りの半分が課題を行う学習。課題学習のうち半分は自学自習。そして残りの半分が授業です。プロジェクト50%、自学自習25%、授業25%というわけです。授業といっても日本のように一方的に先生が講義をするのではなく、子どもたちの質問に答えたり、子どもたちが学習した課題の答え合わせをしたりする時間が授業となります。前述のZoomで行っているクラスルームが通常の「授業」に当たるものです。

オンラインになり、後者の課題学習は滞りなく実施されています。日常的に自学自習が基本となっており、先生から提示される目標に向かって毎週時間割を自分でつくり取組む習慣ができています。気になるプロジェクト学習ですが、遠隔教育になり、そちらはオンラインでは取組んでいないようです。

活用しているツールは、クラスルーム用にZoom、課題の連絡用にGoogleクラスルーム、そしてデジタル教材集であるファクタ（写真3）、デジタルドリル集のスナペット（写真4）、語学系の授業に活用するデジタル書籍、保護者と学校のやり取り用にWhatsApp。もちろん紙の教材や本もあります。さまざまなツールを駆使してオンライン学習に取組みます。こちらも今回の臨時対応というわけではありません。学校では1人1台タブレットを持って学んでおり、それらツールは日常的に学校で活用していたそうです（その後、セキュリティの問題からZoomの利用は禁止となりました）。

写真3　faqtaは、教科書や参考書のプラットフォーム
https://faqta.nl/

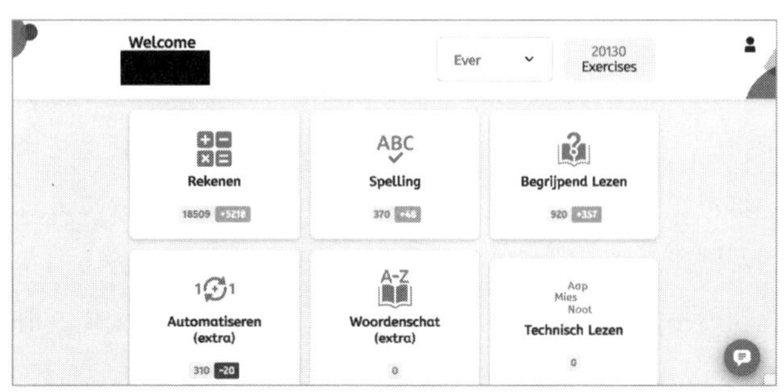

写真4　sanappetはさまざまな科目のドリル集
https://dashboard.snappet.org/Account/LogOn?returnUrl=%2f#

しかし、学校のデバイスはあくまでも学校のもの。家には持ち帰りません。普段はお弁当だけを持って通学する。そんな生活です。そこで、今回は家庭のデバイスで学習できるように改めて設定する作業が発生しました。その点は、親への大きな負担となったようです。家庭の環境整備に時間がかかり、日本のLINEのような機能であるWhatsAppには、保護者同士のやり取りも含めて1日200件くらいメッセージがきたと言います。補足ですが、今回の休校時における学校の対応に関して保護者の間で不満はなく、「大変な時にありがとう」という感謝の声がほとんどだそうです。

さて、吉田さんのお子さんたちの1日のスケジュールを聞きました。「ウチは日本人だから、まじめに学校の時間帯で生活することを意識しています」。

学校の課題を1時間半くらいで終わらせて、その後は、読書をしたり、オランダ語や日本語を追加で学んだりしています。運動不足を防ぐために、体育の代わりに外遊びの時間も取り入れて、8時半から2時半くらいまでは通常の学校と同じような生活を送っています。

例えば、これはある日の時間割。左側に曜日が並んでおり、右側には、「課題、言葉、読み、教科書・オンラインソフト、振り返り、Zoom」と取組む科目や課題が並んでいます（写真5）。

全体的にとても少なくみえますが、これが日常だと言います。通常であれば、これ以外の時間にプロジェクト学習がなされます。例えば、コロナ騒動の前は、「治

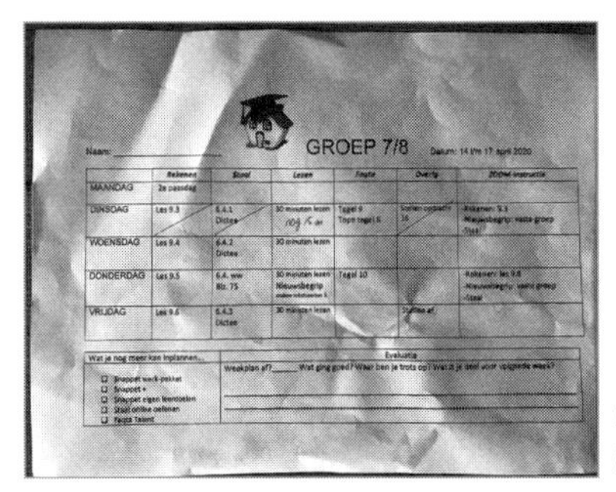

写真5　ある日の時間割。左側に曜日、右側には組む科目や課題が並んでいる

水」がテーマの際に、運河を管轄している国土交通省へ出向いて調査に行きました。他にも、「春」「雲」「地球温暖化」「イギリス」など年間に6テーマあり、1テーマあたり2か月かけて仕上げます。グループで、調べて、作って、発表します。

「体育やプロジェクトなどがないけれど、他は普段と何にも変わってない。でも友だちと遊べないのは残念」と子どもたち。

3月18日の時点でなされた調査によると、88％の学校が遠隔教育をほぼ完全に実現している、11％はまだ開発中、1％は実施していないという回答があったと言います。そして「もちろん学校ごとに全くやり方が違うというのがオランダの特徴ですが、その一方でこの学校のやり方は比較的主流であり、時間割通り講義をオンラインで先生が進めるような学校はほぼないと思います」と吉田さん。

そしてそれは、オランダのロックダウンのやり方にも共通していると続けて指摘します。「オランダのロックダウンはインテリジェンス・ロックダウンと言います。簡単に言うと自主性に任されているということです。それは教育でも共通していて、学校での学びも日頃から自主性に任されているのです」（写真6）。

これほどまでに個々に合わせた学習を実現し、さらには自ら学ぶ姿勢が育まれているというのは理想的な学びの環境に思えます。その評価はどのようになされているのでしょうか？「評価の仕方はポートフォリオ」だと言います。学校に入ってから大人になるまで、絵などの作品も含めてすべて自分のポートフォリオに蓄積されるようになっています。もちろんそこに成績も含まれます。その成績も、重視されているのは前年度からの成長率だと言います。科目ごとに折れ線グラフ

写真6　オランダのロックダウンはインテリジェンス・ロックダウンと言われる。あくまで個人の自主性に任されている。それは教育においても共通している

で毎年の成長が可視化されます。また教科科目だけではなく、「協調性」「積極性」「リーダーシップ」「プレゼン力」「計画性」「独創性」「共感力」といった項目も同様に評価されます。評価項目は42項目にも及ぶと言います。算数が100点ですごい！といった偏差値的な評価は一切せず、日本の通知表とはだいぶ違います。他者との比較ではなく過去の自分との比較。ですので、小学生でも学年を1年進ませたり、もしくは遅らせたりということはよくあることです。進路も偏差値で決めるようなことはしません。多岐にわたる評価項目をもとに、その子に最も適した進路を相談しながら決めます。ポートフォリオはその子のそれまでの生き方を示してくれるのです。このように幼少期からポートフォリオ文化で育っているため、ほとんどすべての経歴、活動、作品をいつでも提示できる状態で持っています。それをそのまま就活にも活用できますし、最近ではポートフォリオをLinkedIn（ビジネス専用のSNS）に掲載している人もいます。

オランダには、イエナプランの他にも、モンテッソーリ、シュタイナー、ダルトンなどさまざまなオルタナティブ教育の学校があり、さらにどの学校も、各思想のいいとこ取りをして導入していると言います。繰り返しになりますが、オランダは100人にいれば100通りの教育方法があり、保護者が各学校の教育方針を見て選択します。では、吉田さんがこの学校を選択した決め手はなんだったのでしょうか。

「日本の学校は正解を教えるスタイルだと思いますが、この学校は『あなたの

意見は何ですか？ なぜそう思うのですか？』ということを追求するスタイルだからです。また、もう1つの特徴として、他人との協働を大切にする点も良いと考えました」。

オランダでは学校を「子どもの未来を作る場」と考えていると言います。「学校は大人になったときの楽しみをみつける場。それが音楽でもスポーツでもなんでもいい。学校で好きなことや得意なことを見つけられなかったら、かわいそう。だから学校は色々なことにチャレンジして、楽しみを見つける場にしたい。子どもたちにとって学校が一番楽しい場所でないと」と言うのは校長先生の言葉。

オランダでは先生は「教える人」ではなく「コーチ」。社会が大きく変化する中で、「先生こそが社会のことを一番知らない」という前提に立ち、先生は子どもたちが好きなこと得意なことを自ら見つけることを手助けするプロのコーチに徹しているのだと言います。なお、オランダでは文科省の下にある日本でいう教育委員会が学校運営を担っており、先生は生徒に向き合うことに100％の時間を費やすことができるそうです。

さて、今回の遠隔教育の実施にあたり、各家庭の環境はどうなっているのでしょうか？「オランダはインフラ整備に潤沢な予算が回っていて、ヨーロッパでWi-Fiが一番安定しています。無料Wi-Fiもすごく多いので、ネットワークの問題はないかと思います。国民全体のITリテラシーも高いです」。しかし端末の問題はあり、250万ユーロの端末整備のための緊急財政措置もなされました。

写真7　近所の牧場。ロックダウン中は、人が周りにいない自然の中に遊びに行く機会が増えた

写真8　オランダの子どもたちの間で流行っている着ぐるみ。みんなで、着ぐるみを着てオンライン授業に参加する日も

日本の学校と比較してどうでしょう？「子どもだったら確実にこちらの方が楽しいですよね」と笑いながら語ります。「とても自由です。協働プロジェクトが多いので、まるで大人が仕事を進めているような感覚です。日本のように決められたことをやらなくてはいけないという発想がそもそもありません」。

日本ではプロジェクト型の学習と基礎学力が二項対立のように語られることもありますが。

「基礎学力は確実に日本人のほうが高い。当初はそれが気になったこともありましたが、なんのためにそれをやるのか？ という問いに戻りますよね。日本の企業と比較してオランダは常に新しいチャレンジがあり、勢いがあると感じます。生き生きしている企業やスタートアップがたくさんあります。何よりもこちらでの仕事は楽しい。学校は社会の縮図です。大人になった時の目標を今のような生活、今のような生き方にすると設定すれば、このオランダの学校が良いなと思います。だから、ここで育った後に日本の会社には入れないとは思います」。

コロナにおける国の対応も、諸外国と比較してリーダーシップがしっかりと発揮されていると感じるそうです。「リーダーシップが大事であり、それをどう発揮すべきか、ということを小さい時から学んできた人とそうではない人の違いが出ている気がします」。

学校も社会も自主性を重んじ、自分は何をやりたいのか、何をすべきかを突き詰めることを大事にしているということなのでしょう。

オランダの遠隔教育は、デジタル・アナログ問わずさまざまな教材を活用した自学自習を基本とし、コーチングの場としてのオンラインの活用。今回のために特別に体制が整備されたり、システムが構築されたりしたわけではありません。これであればできそうにも思えますが、それを可能とする自学自習の習慣こそが一朝一夕に築くことのできないこれまでの蓄積と言えるでしょう。

オランダの教育に関するお話は、遠隔教育のやり方のみならず、アフターコロナ時代の超教育構築に向け示唆に富む内容でした。

2-4

ドイツのオンライン授業

[公開] 2020年5月7日（木）

あやこさん家族が住むのは、南ドイツのバーデンビュルテンベルグ州、州都シュトゥットガルトから80キロほど離れたフロイデンシュタット市。人口3万人くらいの小さな街ですが、ドイツの中でもコロナウイルス感染者数が多い地域であり、3月下旬から街は完全にロックダウンしました。買い物に行っていいのも各家庭から1人のみ。スーパーの中では1.8メートルの距離を取らなければなりません。取り締まりもあるため、市民はしっかりとルールを守っています。

あやこさんは2006年にこの街に移住してきました。今は現地の公立学校に通うリサさん（小学1年生）、ケントさん（小学2年生）、マサトさん（小学6年生）の3人のお子さんがいます。ドイツでは小学校は4年制のため、マサトさんはドイツでは中等教育課程在籍となります。ドイツでは州ごとに教育内容も異なるため、あくまでも一例ではありますが、あやこさんのお子さんの通う学校の様子を伺いました。

同州で初の感染者が出たのは1月28日。しかし、その時にはまだ対岸の火事といった様相でした。その後も感染者数の爆発的増加はなく、そのままファッシング休暇に入ります。ファッシングというのは春を祝うお祭りで、この期間は冬休

みになります。可動式休暇ですが、今年は2月22日から3月頭でした。この冬休みが感染者数の増加の始まりとなります。多くの家族がイタリアやオーストリアで休暇を過ごしたのです。まずイタリアからの帰国者の2週間自主隔離が始まりました。その1週間後にはオーストリア、チロル地方からの帰国者も対象となります。

そして、冬休み明けからは、小中高校の登校は家庭判断となります。登校しなくても欠席扱いとならないということです。そして3月13日（金）の昼過ぎ、「17日（火）から休校になる」とアナウンスが入ります。しかし、そのわずか数時間後に訂正が入り、16日（月）からの休校が決定しました。

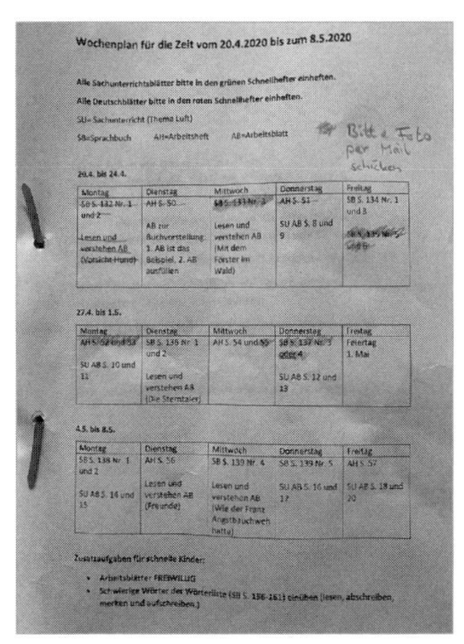

Wochenplan für die Zeit vom 20.4.2020 bis zum 8.5.2020

Alle Sachunterrichtsblätter bitte in den grünen Schnellhefter einheften.

Alle Deutschblätter bitte in den roten Schnellhefter einheften.

SU= Sachunterricht (Thema Luft)

SB=Sprachbuch AH=Arbeitsheft AB=Arbeitsblatt

20.4. bis 24.4.

Montag	Dienstag	Mittwoch	Donnerstag	Freitag
SB S. 132 Nr. 1 und 2 Lesen und verstehen AB (Vorsicht Hund)	AH S. 50 AB zur Buchvorstellung: 1. AB ist das Beispiel, 2. AB ausfüllen	SB S. 133 Nr. 3 Lesen und verstehen AB (Mit dem Förster im Wald)	AH S. 51 SU AB S. 8 und 9	SB S. 134 Nr. 1 und 3

27.4. bis 1.5.

Montag	Dienstag	Mittwoch	Donnerstag	Freitag
AH S. 52 und 53 SU AB S. 10 und 11	SB S. 136 Nr. 1 und 2 Lesen und verstehen AB (Die Sterntaler)	AH S. 54 und 55	SB S. 137 Nr. 3 oder 4 SU AB S. 12 und 13	Feiertag 1. Mai

4.5. bis 8.5.

Montag	Dienstag	Mittwoch	Donnerstag	Freitag
SB S. 138 Nr. 1 und 2 SU AB S. 14 und 15	AH S. 56 Lesen und verstehen AB (Freunde)	SB S. 139 Nr. 4 Lesen und verstehen AB (Wie der Franz Angstbauchweh hatte)	SB S. 139 Nr. 5 SU AB S. 16 und 17	AH S. 57 SU AB S. 18 und 20

Zusatzaufgaben für schnelle Kinder:

- Arbeitsblätter FREIWILLIG
- Schwierige Wörter der Wörterliste (SB S. 156-161) einüben (lesen, abschreiben, merken und aufschreiben.)

写真1　小学2年生の3週間分の課題一覧。1週間分ずつ、すべての課題プリントがファイルされて自宅に届いた

突如決定した休校ですが、その週末の学校の対応がとても早かったと言います。小学校では、次の1週間分の課題（主要3教科：ドイツ語、英語、社会・理科の混合科目）が入った分厚い封筒が家庭のポストに日曜日には届いていました（写真1）。

中学校では、休校後の1週間は先生から毎日メールで課題（ドイツ語、英語、算数）が送られてきました。当初は、休校は4月4日のイースターまで、つまり3週間程度の予定でしたが、3月末から感染者が急増。その頃から、中学校ではMoodleというプラットフォームを活用するようになります。学校のホームページからパスワードを入力し、自分のクラスのMoodleに入ると全教科の課題が掲載されています。当初はYouTubeの授業動画を見て問題を解くといった課題が主でしたが、イースター後からはオンライン授業も始まりました。といっても近況報告としての利用からスタート。はじめは授業はなし。その後、4月末に、5月25日までの休

校延期が決定し、それに伴いリアルタイムの双方向型オンラインでの講義が始まりました。さらには、全教科の課題の管理もMoodle上で行われるようになります（写真2）。

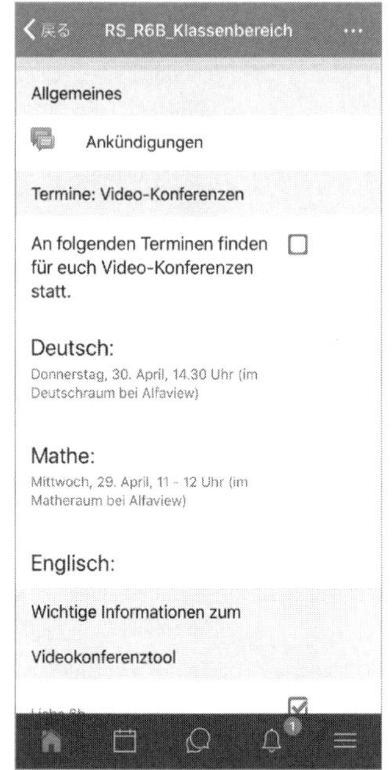

写真2　中学校で利用しているMoodle携帯用アプリのオンライン授業スケジュール
https://moodle.de/

小学校も、当初は課題のポスト投函でしたが、イースター明けからMoodleの利用を開始しました。インターネットにアクセスできない家庭に対しては引き続きポスト投函対応。2～3人が該当したと言います。はじめはクラス全体の交流はなく、先生のみと個別に交流する機会が設けられました。手段はZoom、Skype、電話。

しかし、さらなる休校延期に伴い小学校でも全教科がMoodleで管理され、課題提出方法もメールに切り替わりました。今はドイツ語、算数の他に、理科、社会、図工、音楽、体育の課題も出されています。リアルタイムのオンライン授業はありませんが、先生が投稿した動画を見ながら課題をこなしています（写真3、写真4）。しかし、先生の裁量で行われているため、担任が違えば方法も違うようです。

ロックダウン直後に、州政府が制作したコロナに関する子ども向けの解説動画が送られてきました。それにより子どもたちが状況を理解していたため、「外出したい」と言ったことは一度もないそうです。「多くの子どもたちがこの動画により、コロナとは何か？ なぜ学校に行けないのか？ どう過ごすべきなのか？ をきちんと理解できました。そのステップが初めにあったのはとても良かったと思います」。子どもたちの心のケアもしっかりとなされている様子です。

新型コロナウィルスについての教材
https://www.facebook.com/watch/?v=643304833068509

課題は毎日定められていますが、どのように勉強に取組むかは自由です。Moodleで課題を提出すると、翌日には添削して戻ってきます。絵を描き写真を先生に送る図工の課題、送られてくる曲を聴いて踊ったり歌ったりする音楽の課題もあります。先日は、「虹の絵と一言メッセージを作成して窓に貼る」というプロジェクト課題もありました。「Bleibt gesund（Stay healthy）」「Wir bleiben zu Hause（Stay Home）」「Wir lieben euch alle（We love you）」といったメッセージを書いていた子が大半でした（写真5）。

教科科目の宿題も普段から日本とは少々違うようです。「ドイツ語だったら、例えば『Z』という文字を習った日には、家の中を歩いてZのつく単語を探してこようといった生活と結びつけながら学ぶ宿題が多いです」。学校では、ディスカッションが重視されているため、先生からの一方的な講義よりも参加型の授業が多いそう。「算数の授業も、個人で問題を解くのではなく、チームで議論をしな

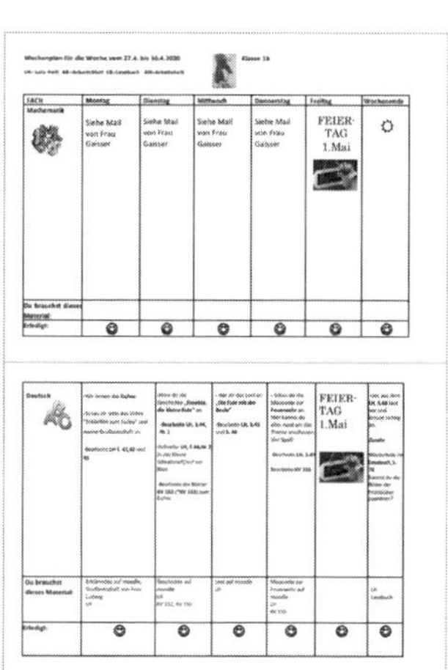

FACH	Montag	Dienstag	Mittwoch	Donnerstag	Freitag	Wochenende
Mathematik	Siehe Mail von Frau Gaisser	Siehe Mail von Frau Gaisser	Siehe Mail von Frau Gaisser	Siehe Mail von Frau Gaisser	FEIER-TAG 1.Mai	
Du brauchst dieses Material:						
Erledigt:						
Deutsch	[illegible]	[illegible]	[illegible]	[illegible]	FEIER-TAG 1.Mai	[illegible]
Du brauchst dieses Material:	[illegible]	[illegible]	[illegible]	[illegible]		[illegible]
Erledigt:						

写真3　小学1年生の1週間の課題の一例。時間指定はないが、曜日ごとにやるべき課題が掲載されている。「ドイツも小学校ではさほどデジタルを使った授業をしていたわけではないため、先生たちも今試行錯誤しているように見えます」とのこと

写真4　理科の課題

写真5 「虹の絵と一言メッセージを作成して窓に貼る」というプロジェクト課題

写真6 ビデオカンファレンスツールAlfaviewを使った算数の授業の様子

がら答えを導きます。いくつの解き方を見つけたかといったことを発表しています」（写真6）。残念ながらこのような友だちとのディスカッション型の授業はとても少なくなりました。そんな状況からか、「友だちと会いたいし、みんなでやる勉強のほうが楽しいから、学校に行きたい」と子どもたちは嘆いているようです。

休校が長期化するにあたり、ドイツ政府からパソコン等の端末を持たない家庭の子どもに1人当たり150ユーロを支給し、全生徒がオンライン教育を受けられる環境を整備するとアナウンスがありました。支給方法は各学校への現金支給。「貧困家庭の子どもが教育の機会を奪われる状況を生み出してはならない。デジタルテクノロジーの利用は21世紀の教育のあり方であり、今後も推進されるべきである。そういう考えから、合計5億ユーロ以上の支給が決定されたようです」。

また、ロックダウンが始まる数週間前に市内のすべてのエリアでWi-Fiがつながるようにネットワークが整備されたと言います。そのことは4月3日の市長のSNSへの投稿で知ったそうです。「通信費もかからないので、150ユーロ支給されれば、オンラインでの学習が可能だと思います」。

通常の端末の使用状況をたずねると、小学校では使っていないものの、11歳以上の子どもが通う中学校では、日常的に1人1台タブレットやパソコンを持って授業を受けています。課題もWord等を使い、メールで提出することが多いと言います。

さて、あやこさんは、ドイツに移住し、日本の小学校と比較してあまりにも授業が少ないので当初は戸惑ったと言います。ドイツは家族で過ごす時間をとても重視する国です。日曜日はすべてのお店が閉まり、平日も家族でランチを食べる習慣のある家庭があります。労働時間が短く、学校も午前中で終わります。学童の制限も厳しく、両親とも午後まで働かなくてはいけない理由のある家庭以外は申請が通りません。

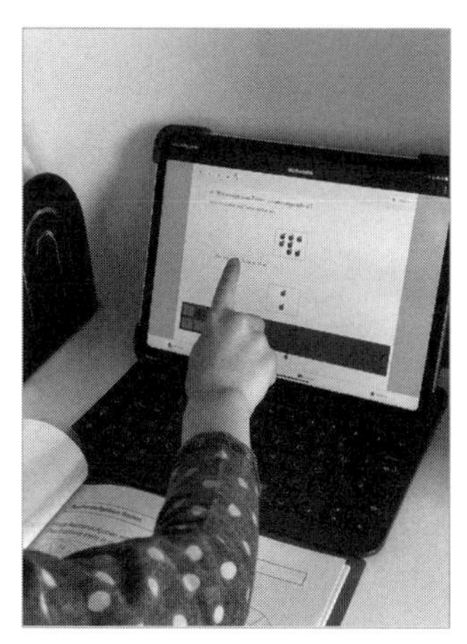

写真7　オンライン教材Sofatutorを利用しながら算数の課題を解いている様子
https://www.sofatutor.com/

そこで、学校入学時に授業の補填として有料のおすすめソフト（SofatutorやAnton）が案内されており、日々それを使っています（写真7）。「ロックダウン後はそれを使う頻度が増えたといったところでしょうか」。日本の良いところは学校で完結していることだ、とあやこさん。「ドイツは70%くらい学校で習ってきて、残りは自分次第というやり方です」。

コロナによる休校で民間企業がたくさんのデジタル教材を無料で提供し始めましたが、日常的に活用しているソフトが非常に良くできており、それ以外の教材を使うことはありません。学校は午前で終わるため、日頃から宿題が多く、家で学習する習慣が身についています。そのため、休校時の家庭学習もさほど難しくなかったと言います。もちろん学習面だけではなく、家での過ごし方、家族との過ごし方に慣れているため、親子ともにストレスにはなっていません。「家族で過ごせる時間が増えて良かったね、と話しています」。

余談ですが、ドイツでは働き方の自由度が高く、多くの女性が子どもが学校にいる間のみ働いているそうです。ベースの労働時間が短く、残業は能力のなさの

写真8　バレエのオンラインレッスンの様子

証明という意識があるため残業する人も少ない。「男女問わず、子どもがいる家庭の働き方が柔軟だなと感じます」。

さて、学校が午前中で終わるため、習い事も盛んです。そして、それらもすぐにオンラインに切り替わりました。ギター、ピアノ、歌、バレエ、どれもスカイプです（写真8）。

リサさん、ケントさん、マサトさんもこれまで片道2時間以上かけて通っていた日本語補習校もオンライン授業に切り替わりました。通学の負担が軽減され、オンラインの恩恵にあずかっているようです。

家族の時間を重視し、学校の時間は極めて少ないドイツの子どもたちは、小学校卒業後どのような進路をたどるのでしょうか。ドイツでは小学4年生から進路が大きく分かれます。中等教育の学校は、ハウプトシューレ（基幹学校：9年生または10年生まで）、レアルシューレ（実科学校：10年生まで）、ギムナジウム（進学校：12年生または13年生まで）の3種類から選択をします。以前のように大学進学進路と職業訓練進路に明確に分かれているわけでもなく、成績と希望次第で学年を飛び越すこともコース変更も可能ですし、基幹学校や実科学校を出た後に大学進学への道も開かれているため、進路変更の柔軟性が担保されていますが、最初の大きな分岐点であることは事実です。

しかし、中等教育に優劣はないと言います。あくまでも子どもの適性に合わせて選択するのです。個性を大事にしており、自分のやりたいことを自分の力に合ったやり方でやるのがドイツの教育。だからこそ、小学校でも飛び級、落第もあります。さらに突出した力がある子どもは午後に特別学校に通う権利が与えられます。ケントさんは特別学校にも通っていますが、そちらは今は休校中。

「日本の感覚だとギムナジウムに行ったほうがいいのかなと思いましたが、ここでは進路は本人に決めさせるべきだし、無理をさせるのは親のエゴであり本人に良くない、と言われます。ドイツはみんな違うのが当たり前なので、親もプレッシャーを感じることなく過ごしやすいです」。

ドイツでは伸ばす子は伸ばす、遅れをとっている子はサポートをする。あくまでも一人ひとりに適した授業を提供するのがドイツ流学校。

個別最適化した学びの提供にICTは大きな武器になります。これから本格的にスタートするドイツのオンライン教育の導入の仕方に引き続き注目していきたいと思います。

SEQUEL 後日談

その後、休校措置は6月中旬まで続き、6月15日より小学校、中学校は隔週で通学しての授業が始まりました。小学校は2学年ずつ隔週登校、登校時間はクラスごとに15分ずらして、校内でも十分なソーシャルディスタンスがとれるよう対応していました。自宅学習の週は、休校中と同様に課題をこなしました。また、この頃には貧困家庭への150ユーロ支給も済み、すべての子どもがインターネット接続可能なデバイスを手にしています。

7月下旬から9月中旬まで夏休みに入りました。経済活動の懸念から欧州内の国境封鎖が解かれ、自由な移動が可能となりました。これにより国境をまたいだ旅行者が増え、それに伴い感染者数も増加しはじめています。

政府は、学校閉鎖を可能な限り回避できるよう全ドイツで比較可能なクラスター戦略に基づく衛生計画の作成が重要としていますが、感染者が増加する中で通常通りに新学期が迎えられるのか懸念しています。

マレーシアのオンライン授業

［公開］2020年4月6日（月）

留学生の比率が8割を占めるマレーシアのインターナショナルスクールに通う高校2年生のKさん。日本の公立中学校を卒業後、単身でマレーシアに渡り、全寮制の学校で学んでいます。

Kさんによると、マレーシアでは3月9日頃からコロナウイルス罹患者が急増したそうです。そして、3月16日。学校が休校となり、すべてオンライン授業に切り替えると全生徒にGmailで通知がきました。提示された移行期間は2日間。生徒にとっては、母国に帰国し、家庭での学習環境を整える準備期間。学校にとっては、授業の進め方を検討し、研修をする準備期間。Kさんは、政府の要請で寮が閉鎖となったため、3月19日に日本に帰国を決めました。出国できるギリギリのタイミングだったそうです。なお、移行期間の2日間もGoogle Classroomで提出できる簡単な課題が出されていました。

オンライン授業はすべて通常のスケジュール通りにZoomで遂行されていると言います。当然、全員が出席を義務づけられています。マレーシア時間の8:30（日本時間9:30）に先生が用意したZoomに入ります。科目ごとに固定のリンクが送られてきており、生徒たちは前の授業が終わり次第、次の授業のZoomに切り替えて出席します。午前4コマ、午後2コマ。これが毎日続きます。

1時間目（8:30-9:30）
2時間目（9:30-10:30）
3時間目（10:30-11:30）
〜休み時間　11:30-12:00 〜
4時間目（12:00-13:00）
〜ランチタイム　13:00-14:00 〜
5時間目（14:00-15:00）
6時間目（15:00-16:00）

授業の内容は先生の裁量で決めるため、さまざまとのこと。例えば、写真はデザインテクノロジーという科目の授業の様子です。今は、コーヒーショップのインテリアデザインに取組んでいると言います。「椅子などの家具がどのように活用されているのかを学び、模型を作るためのレイアウトをパワーポイントでデザインしています」。

生徒は自分が取組んだパワーポイントを画面共有し、それに対して先生が一人ひとりアドバイスをくれる。また、個人で作業を進めつつも、常にクラスメートとGoogleドキュメントや通話などさまざまなツールを駆使して共有し、アイデアを出し合いながら課題に取組む。通常と同じ授業がオンラインで行われているそうです。

ディスカッション型の授業がないのか、たずねてみました。

「課題が出て、生徒同士で話し合って答えを導き出すというのはオンラインでもできます。英語や歴史などの文章を考える授業でよく行います」。例えば、歴史の授業では「第二次世界大戦におけるヒットラーの考え方」という題が提示されました。Zoomで各々が意見を表明しつつ、参考サイトなどをシェアしながら、グループで意見をまとめて1つのエッセイを書いたそう。

実技型の授業はどうなのでしょう？

「音楽や体育の授業もZoomで行っています。音楽の授業では、通常の授業から自分の担当楽器を決めて演奏をしてきました」。それを踏まえて全員でオンライン合奏しているというから驚きます。まず先生から課題曲が与えられ、クラス全員でリズムや演奏方法をどうするかを話し合います。Zoomで同時に演奏をしてもタイムラグが生じるため、各々が演奏動画を録り、提出をし、合体動画を作ったそうです。

「ICTを使うことで、みんなで協力するという面で広がりがありました。普段の音楽の授業だと個人練習だったり、自分の楽譜を書いたりすることが多かったのですが、オンラインではそういったことはなく、1つの音楽を簡単にみんなで作ることができました」。ちなみに、Kさんはパーカッション担当なのでドラムを叩いたそう。

一方、体育はなかなか難しいようで、先生から家でできるエクササイズメニューが伝えられ、生徒はそれを行っている様子を動画や写真で提出するそうです。「各エクササイズのコツは先生が実際に動画で見せてくれます」。

他にも、講義型の授業ももちろんあります。生徒は講義中に質問やコメントを書きこむことができます。そこに先生が回答をしてくれるため、双方向のやり取りが成立しています。初めに問題を与えられ、生徒が各自で解きつつ、分からない問題を先生に質問する授業もあるそうです（写真1）。

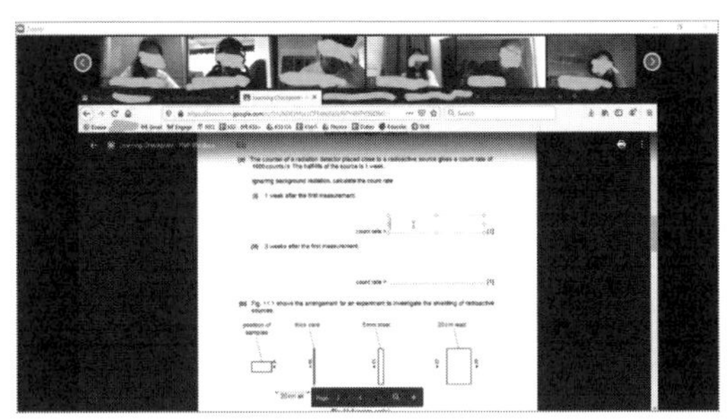

写真1　講義型の授業でも、生徒は分からない問題を先生に質問できる

Kさんに、これまでと全く変わらない授業が行われているのか？ と聞いてみると、「普段と変わりません」と即答でした。これだけスムーズに移行できるということは、日頃からパソコン等ICTを活用した授業が行われているということでしょう。その実態を教えてもらいました。

「入学時に全員パソコンやタブレットを購入し学校に持っていっています。また自分のGmailアカウントを作成し、GoogleクラスルームやGoogleドキュメントを使って宿題を提出したり、授業変更などの連絡がメールで届いたりなど、いつもパソコンやインターネットを通してやり取りをしています」。

学校にパソコンはあれど、めったに活用しないというのが日本でよくみる光景。使用頻度について突っ込んで聞いてみると、基本的にはどの授業でも活用しているようです。

「先生が授業中に投影するパワーポイントのデータを自分のパソコンで表示し、その横にノートをとったりします。ちょっとした小テストもパソコンで行って提出するなど、頻繁に使っています」。

もちろん保護者への連絡もすべてデジタルです。学校が保護者専用のポータルサイトを用意しており、生徒の成績やテスト結果もすべてそこで管理されています。今は新型コロナウイルスの影響に関する情報が定期的に発信されているそうです。

日本の中学校では紙の配布物がたくさんあったはず。マレーシアの学校ではないの？

「一切ありません！ 全部Gmailやポータルサイトで情報配信されるので、必要ありません」。パソコンのOSも自由というので、せっかくなので日本でよく課題としてあがる、端末が不統一だと授業の進行が難しくトラブルが起きる話についても質問してみました。「トラブルは起きないですよ。というか、起きないと思います（笑）」。

さて、オンライン授業に話を戻します。私も現在、留学生率6割を超える大学院の授業のオンライン化を進めていますが、時差と家庭のネットワーク環境が課題です。その点はどうしているのでしょうか。「帰国できず、マレーシア近辺に残った生徒が多かったため、時差の問題も接続ができない問題も意外と起きていません」。

しかし、各授業で、1人か2人はネット接続が良好ではない生徒がいるそうです。その場合には、最低限Googleクラスルームに課題を提出すれば出席扱いとなり、またGmailやハングアウトで先生がいつでも質問に答えてくれるそうです。

普段のリアルな授業とオンラインの授業ではどちらが快適か聞いてみると、「場合による」とのこと。「人間は、勉強をせざるを得ない環境にいたほうが勉強に向かえますよね？ オンラインだとその環境が作れないのでモチベーションが上がりにくいです。しかし、先生に質問するのはオンラインのほうがやりやすいです。ただ、それも先生にもよりけりで、オンラインのほうが質問しやすい先生も、対面のほうがコミュニケーションをとりやすい先生もいます」。

補足ですが、日本の学校からマレーシアの学校に移り感じた違いも、ICTの活用より、先生との距離が近くすぐに相談や質問ができるという点だったそうです。

オンライン授業の課題はなんでしょうか？

「一部の生徒は、授業とは別のことをしてしまうことです。ミュート機能を使えば何をしているかは分からないので。基本的にはビデオはONにすることにはなっていますが、色々と理由をつけて参加していない学生もいます」。

授業をサボる術（すべ）を見つけるべく試行錯誤するのは古今東西共通かもしれません。メリット・デメリットがあるものの、生徒たちの間では、「学校にいなくても授業を簡単に受けられるのはすごいですし、質問もできるから満足しているという声が多い」と概ね好評のようです。

最後に質問。休校はいつまでですか？

「未定です」。これも世界共通ですね。

オンライン教育のノウハウも国境を超えて共有し、コロナウイルス終焉の先に世界中の学びのアップデートを実現したいものです。

SEQUEL 後日談

マレーシアの学校には8月の終わりから生徒たちが戻り始めましたが、戻れない子は引き続きオンラインで授業を受けているようです。実は僕はコロナとは関係がないのですが、9月よりオーストリアのザルツブルグの学校に変わることにしました。僕が通うザルツブルグの学校は9月2週目から通常授業で新学年がスタートするため、僕もそれに合わせて出発します。

コロナ禍での渡航は、これまでと異なる対応が必要で大変です。通常であれば入国にはビザは必要ないため、オーストリアに行ってからビザや在留届を申請することができるのですが、今留学生はオーストリアの短期滞在ビザを取っていないと入国が難しいため、大使館に申請して事前に取得しました。
さらに、通常であれば何も気にしなくていいトランジットですが、今回乗り換えるフランクフルトで入国できるかどうか、ドイツ連邦警察に事前に取得したビザや書類をメールで送り、問い合わせています。すると、「この書類を見れば拒否する理由はないが、当日の入国審査をする担当者の判断による」という返答のプリントアウトを持って、トランジットをしたほうがいいというアドバイスをいただきました。あとは出発前日にPCR検査を受けて、陰性の結果を持って72時間以内にオーストリアに入れれば、その後は14日間の隔離は必要なく授業に参加できます（ただし、オーストリアの短期滞在ビザを持っていないと隔離が必要です）。

海外に行くことがこんなに大変になるなんて思いもしませんでしたが、これも良い経験だと考えて捉えています。

Chapter 3

コロナ休校で、日本の学校はどう動いたか？

日本各地の取組から学ぶ

ファシリテーター
石戸奈々子

※本章の内容は、超教育協会が2020年5月20日から不定期で開催したオンラインランチシンポの記録が元になっています。書籍に収録するにあたっては、最新情報や動向を盛り込み、大幅に加筆修正を行いました（2020年8月末現在の情報です）。
オンラインランチシンポには延べ3779人の方に視聴いただき、多数の質問・意見をいただきました。登壇者との対話は、視聴者の質問・意見を踏まえたものであり、登壇者・視聴者・ファシリテーターによる共創の場でした。視聴いただいた皆様にも心より感謝申し上げます。

緊急時だからこそ、長の決断でできることをやる

広島県教育長に聞く ～学びを変える オンライン教育の取組

［日時］2020年5月20日（水）12時～13時

［講演］平川理恵（広島県教育長）

ひらかわ・りえ◎リクルート社勤務後、1999年に留学支援のベンチャー企業を起業。2010年4月から8年間、2つの横浜市立中学で校長を務めた。2018年より現職。

平川さんが教育長に就任した当時の広島県の教育用PC整備状況は全国42位でした。持ち前のリーダーシップで、従来型の「チョーク＆トーク」授業から一刻も早く脱却し、ICTを活用した個別最適化された授業を実現すべく奮闘していた最中に、学校の一斉臨時休業の要請がありました。しかし、そこでめげることなく奮起するのが真のリーダー。長たるものリスクをとって決断すべし。ピンチをチャンスに。平川リーダーは想いを強めます。

学びの機会の確保と心身のケアのためにもオンライン上で仮想教室を実現することを目指す。それが平川さんが導き出した答えです。そのための三種の神器が「アカウント」「デバイス」「通信手段」だと言います。そこで県内の児童・生徒全員にあたる約30万人分の「G Suite for Education」のアカウントを配付。約1割のデバイスと通信手段を持たない家庭に対し、端末やポケットWi-Fiなどを貸与する予算の確保。次から次へと実行に移します。

オンラインの一番の強みは「つながる」ことだと言います。不安を抱える生徒にそっと寄り添う。それを可能とするのがICTです。しかし、平川さんが目指しているのは、単なるICTの導入ではありません。それを通じて、従来の物理的に学校に登校して画一的な授業を受ける学びを、生徒中心の学びに転換させること。生徒自身の「やりたい！」を大事にしながら、学校だけではなく、地域や企業とつながって学びたいことを学ぶ。そのような学びを実現してはじめて、平川教育長の教育改革が完成するのでしょう。　（石戸）

緊急時こそ、トップの心構えと決断が大事

今回お伝えしたいことは次のとおりです。「緊急時、できない理由を並び立てるより『できるとしたら』と質問を変える」です。今、教育委員会において、スタッフにこのように伝えています。

今はなかなか難しい時代で、オンラインについては、セキュリティとか、個人情報保護といった課題があります。ただ、コロナ禍の今は緊急時なので、それをできない理由として並び立てるのではなく、「できるとしたらどうすれば」という心構えで取組んでいます（写真1）。

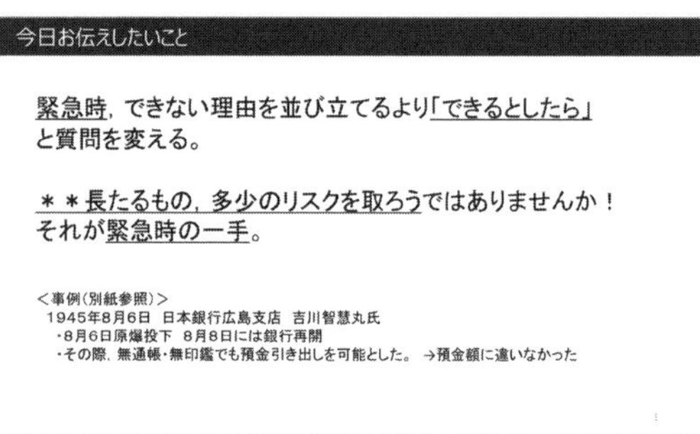

写真1　緊急時におけるトップの心構え

緊急時の取組においては、「長」たるもの、多少のリスクを取って対処する必要があると考えています。例をあげると、原爆投下後の広島の復興において、銀行が大きな役割を果たしました。1945年8月6日に広島に原爆が投下されたのち、もう8月8日には日本銀行広島支店が再開されました。その際、無通帳・無印鑑でも預金の引き出しを可能にしました。原爆で通帳・印鑑がない中、経済の血液であるお金を流通させることで少しでも復興を早くしたい。そのための英断でした。驚いたのは、そうして引き出された金額と実際の預金額については、ほとんど差異はなかったそうです。「善を善で返す」がなされたわけです。通常時ではありえないという時こそ、トップの決断が生きてくる。そのように思うわけです。

そのうえで、どのようにオンライン教育に取組めばいいのか。まず、これまで

の学びを振り返ってみると、「40人が物理的に学校に来て、教室に入って、はじめて学びが成立する」というものでした。このスタイルには、例えば、不登校の生徒が増えているといった課題もあるし、教室に来ているが、授業についていけなかったり、物足りなく思っている生徒がいるといった課題もあるわけです。

そこで、なるべく個別最適な形で、子どもたちの実態に合わせた学び、あるいはプロジェクト型の学びを、どうやって子どもたちの興味を惹く形で取り入れるかをずっと模索してきました。

こうした状況でのコロナ危機だったので、ピンチをチャンスに変えて、個別最適な学びあるいはプロジェクト型の学びが進むのではないかという考えもありました。

生徒が安心して自己実現できる環境を

このコロナ危機での対応の基本的構造を説明します。「感染リスク」と「学びの機会確保&心身の問題」という対立構造がある中で、臨時休業中の代替案として、オンライン上の仮想教室を作っていく必要がある。このために必要なのが「アカウント」「デバイス」「通信手段」の三種の神器であると考えます（写真2）。

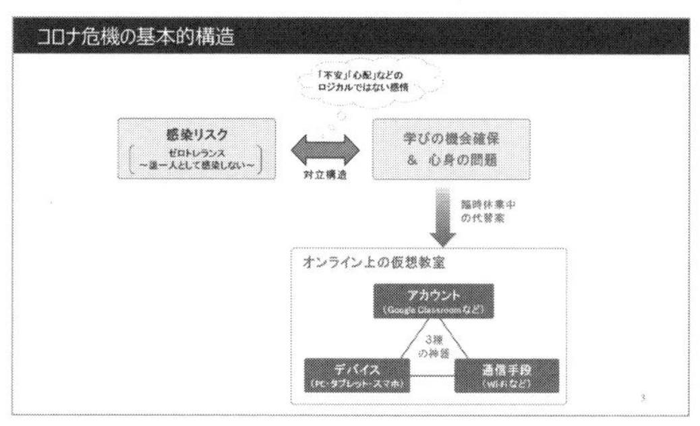

写真2　オンライン上の仮想教室は「アカウント」「デバイス」「通信手段」で形成される

休校中、オンラインでの学びを作り出すために、デバイスや通信手段を必要とする生徒に貸し出すための予算も準備できましたが、（現時点では）調達しようにも市場にモノがありません。なので、当面は、家庭にあるモノを活用させていただいたり、できる範囲で進めていこうということで、まず県立学校ですべての生徒のアカウントを取得して取組を進めました。オンラインによる学びは、いつでも、どこでも「つながる」という強みがあります。実際のやり取りにおいては、「双方向の手段」と「一方通行の手段」の両方があると考えております。

こちらの写真3がアフターコロナ、今から3～4年後の個人的な学びのイメージです。生徒中心の学びにしていくというものです。例えば、地域スポーツであるとか、劇団などの地域文化であるとかとつながりを持って生徒が学べる。場合によっては企業のインターンシップをつうじて自分がどのようなことに興味があるのかを知りながら、自己実現につなげていく。こうした形が望ましいと考えております。

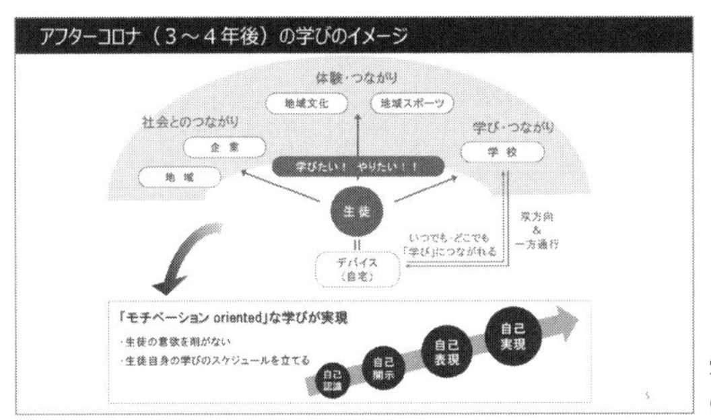

写真3　アフターコロナ（3～4年後）の学びのイメージ

生徒の意欲を削がないということでは、「自己認識」「自己開示」「自己表現」「自己実現」できる学びが必要です。自己開示するためには安心できる環境が必要で、管理的な教育システムでは経験的に難しいと考えております。この観点から、広島県では（2023年度入学者から）高校入試も変えることにしました。具体的には調査書の比重を大幅に下げ、不登校の生徒も不利にならないような配慮もし、さらに、自己表現をみるために受検者全員に「面談」を実施することにしました。子どもたちを中心とした学び、安心して学校生活を送れるような環境づくりを進めていきたいと考えています。

デバイスをはじめデジタル環境整備を急ぐ

広島県のデジタル環境整備ということでは、私が着任したころは全国の順位は恥ずかしながら下から数えたほうが早いという状況でした。教育用PCの整備状況は全国42位、普通教室の無線LAN整備率は全国44位と、かなり遅れをとっていました。また、日本はOECD加盟国の中でもデジタル機器の利用率が最も低いです。

とにかくこれではいけないということで、1人1台環境の整備に取りかかりました。文科省でもGIGAスクール構想を進めていらっしゃるということで、そういう意味では追い風であると考えております。

私が教育長になってからの経緯はこの写真4のようになります。就任してから初めの9か月で県内約150校を訪問したところ、やはり従来型の授業、いわゆる「チョーク&トーク」が多く、「これではいけない」ということで翌年度、広島県教育委員会に個別最適な学び学習課を新たに設置しました。個別最適な学びを研究し、学校での取組も始めています。

これまでの経緯

年　月	広島県教育委員会事務局	県立学校・市町教委
2018年4月	広島県教育長に就任。 初めの9か月で県内150校を訪問。「現場主義」 →もっと「学び」を変えたい	
2019年4月	広島県教育委員会に個別最適な学び担当課を新設置 2020年からBYODで1人1台の実現が決まる。 県立高校81校中35校が導入決定。 （2021年には全校で学年進行が決定）	
2020年3月		（3月2日）休校 ・4月から県立高校全校でG-Suite導入準備
2020年4月	広島県教育委員会に学校教育情報化推進課を新設置 （16人の指導主事を置く）	入学式・始業式後 ・全生徒の家庭でのデバイス、WiFi状況をアンケート ・生徒・教職員のG-Suite入室。いつ休校になっても大丈夫なように準備 （4月16日）休校 市町教育長に30万人分G-Suiteを付与の件話す。 現在プロセス中。

写真4　平川氏が教育長になってからのデジタル化推進の経緯

広島県では、コロナ対応とは別に、2019年4月にはBYOD（Bring Your Own Deviceの略：個人所有の端末の持ち込み）で1人1台環境を整えていくことを決め、2020年度から県内高校35校（新入生）で導入することが決定していました。

今年（2020年）4月からはG Suite（グーグルが提供する統合型Webアプリサー

ビス）の導入準備も決まっていました。そういう意味では、いくらか準備ができていたといえます。ただ、実際には3月2日から休校になってしまいました。ですから、この段階で休校が長くなることを想定し、家庭でのデバイス、Wi-Fi状況の把握を急ぎ、対応の準備を進めました。そして現在、デバイスや通信環境のない生徒に機器の貸し出しを進めているところです。

入学式・始業式後の4月16日から再び休校になりました。市町立学校においてもオンライン、クラウドサービスの活用が進むよう連携を始めました。現在、県内23市町のすべてにおいて、クラウドサービスの活用に向けて、さまざまな取組が進められているところです。

短期・長期の両面で対策を

BYODで生徒1人1台環境に取組むには、パソコン等を持っていない生徒への経済的支援が必要です。

経済的支援については、この写真5にあるような支援を行います。高校においては、「学びの変革環境充実奨学金（給付）」という制度で、生徒に年間3万5000円（3年間で10万5000円）を給付します。これについては今年3億円（3万5000円の9000人分）を予算化しています。ただ、ICT給付金だと支払いが12月になるということでそれでは遅いということで、「入学準備金（貸付）」も準備しました。

生徒１人１台のパソコン等購入に係る経済的支援

生徒一人一台の学生用PCの導入（BYODによる導入）にあたっては，
学びのセーフティーネットの観点から，経済的支援が必要となる → 奨学金を活用？

	R元.9補正予算 （入学前の支援制度を新たに創設）	R2当初予算 （在学中の支援制度を新たに創設）
区　分	入学準備金（貸付）	ICT給付金（給付）
目　的	中学3年生を対象に，高等学校等の入学準備に必要な経費（制服，教科書，学用品〔PC端末を含む〕等）の一部を貸し付け	高等学校の授業で使用する生徒用PC端末の購入に必要な経費の一部を給付
対　象	中学3年生	高校生
金　額	5万円，10万円，15万円	全日制：35,000円／年 ⇒ 3年間で105,000円 定時制：29,500円／年
時　期	入学前	申請年度の12月頃

9

写真5　生徒1人1台のパソコン等購入に係る経済的支援

実際には紆余曲折ありましたけれども、正直ここからだと思っております。コロナ危機においても第2波、第3波がくることも予想されます。長期的には先生の役割も変わってくるでしょう。こうしたことを踏まえ、「ブルームの分類学」（写真6）に沿った形での教員研修も計画しています。先生にファシリテーターになっていただき、オンラインでもPBL形式（Project Based Learningの略：課題発見・解決学習）で授業ができるようにしていきたいと考えています。

ブルーム分類学（タキソノミー）のレベルに応じた
思考を高度化する本質的な問い

レベル	スキルを求める発問
創造	価値を判断する、または基準をもとに活用する
評価	部分を結びつけて新たな体系を作る
分析	各部分を識別し，パターンを見つける
応用	１つの状況から別の状況にあてはめる
理解	情報の意味を理解する
記憶	情報を記憶または認識する

写真6　ブルームの分類学

まとめますと、短期ではウイルスおよびデジタルと共生すること、長期には先生方にファシリテーション力をつけていただくことに取組んでいきます。

DIALOGUE　対話

石戸　ここからは、文部科学省の髙谷浩樹さんにも加わっていただき、議論を進めていきます。視聴者から公立学校のICT環境整備が進まない自治体の保護者、市民はどこに、どのようなアプローチをするのが効果的ですかという質問をいただいています。

高谷　予算化をするということでは、知り合いの議員さんなどにPTAが声を合わせて伝えるなど、現場からお話ししていただくこともよいかと思います。

石戸　教員にどのような研修をされているのでしょうか？

平川　G Suiteの研修をはじめ、1人1台環境でのデバイスやアプリの使い方を研修として実施しております。さらに長期的にみた場合には、先生のファシリテーション力も必要だと思いますので、それに関するオンラインでの研修などもやりたいと考えております。

高谷　先生方には、さまざまな教材の1つとしてICTが出てきたということで、他の教材同様にお使いいただければと思います。

石戸　オンラインおよびG Suiteの導入については、どのような効果を期待されましたか？

平川　現状においてまずは、健康観察です。朝に連絡がなければ電話するとかですね。生活においてはリズムが大事なので、まずはこうした健康観察で活用しています。また、ステイホームしている子どもと担任が「1行日記」みたいな形でやり取りすることでケアすることにも取組んでいます。

次にデバイスや通信環境が整った段階では、より進んだ取組につなげる考えです。現状では、在宅勤務している保護者がネットを使うと子どものパソコンの画面がフリーズしてしまうといった問題が起きています。オンラインだけではなく、リアルな学校業とのハイブリッドで取組む必要を感じております。今後のコロナ危機の状況をみて工夫していく考えです。

石戸　オンライン教育は保護者の負担が大きいという意見もありますが、いかがでしょうか？

平川　これまでやっていなかったという点では、やはり保護者の負担はあると思います。保護者の方のICTリテラシーも異なるので、例えば慣れていないご家庭の場合は、子どもに学校のパソコンルームに来てもらうといった施策なども必要かなと思っています。

石戸　学校ICTが進まなかった理由はどこにありますか。

平川　お金の問題があります。これについては国の補助を生かしていく、その際に首長や議会の理解を得て、どこにそのお金を行政としてかけるかを適切に判断して（お金の問題を）解決していくことが重要だと思います。

高谷　誰かがやろうとしないと進まない、そこが問題だと思います。今は、もう国全体としてしっかり進めていこうとなっていますので、逆にやらないことへの危機感が高まると考えています。

石戸　広島県のような動きが全国に広まることを願っています。

3-2

できることからなんでも取組む、できないことをできるようにする

熊本市教育長に聞く～全小中学校でのオンライン教育の取組

［日時］2020年5月26日（火）12時～ 13時
［講演］遠藤洋路（熊本市教育長）

えんどう・ひろみち◎高知県生まれ。文部省入省後、熊本県教育庁に社会教育課長として出向。青山社中株式会社代表取締役共同代表を経て、2017年より現職。

熊本市は、ICT環境がない家庭には学校の端末を貸与し、市内全小中学校でオンライン授業を開始しました。さらには、テレビ番組で学習支援、YouTubeで動画配信、学校ホームページで情報発信、LINEを活用した悩み相談対応など、「子どもたちとつながるために、できることはなんでもする」のが熊本流オンライン教育。

かといって、思いつきで取組んでいるわけではありません。オンライン授業の実現に向けた5ステップを定義し、着実に前進する方法を提示しています。

セキュリティ等は問題が起きたら対応する、数少ないトラブルのために全員を規制するという考えはない。ICT機器の活用において利用制限を最低限にするというのも同市の方針です。先生と子どもたちを信頼し、任せる。そしてどのような結論も、オープンな話し合いの中で導き出すのです。

過度な平等や完璧を求めず、ある程度のリスクを取りつつ、まずはやってみる姿勢、情報を積極的に発信しみんなで解決に向かう手法が、非常時の迅速な対応にもつながっているのだと感じました。

熊本市が学校のICT環境を整備したきっかけは熊本地震でした。災害に左右されず子どもたちの学習を継続する環境を整備するためにはICTは必須。また、校内の工事も必要なく、学校外でもICTを活用できるセルラーモデルが好ましい。その判断と経験が今回の休校措置への対応でも活きたと言えるでしょう。（石戸）

ICT導入の目的を重視して研修を実施

今回は、熊本市のオンライン教育の取組ということでお話をさせていただきます。ここでは、4つのトピックを用意しています。①熊本市の（休校前の）教育ICT整備、②休校とオンライン授業の開始、③オンライン授業のモデルと学校の取組、④これから、です。

まず、教育ICT整備についてですが、熊本市ではiPadのセルラーモデル（LTEの電波を使っていつでもどこでも通信ができるモデル）を3人に1台の体制で、2018年度から3年間かけて整備しています。教職員および特別支援学級については、ともに1人1台体制で導入を進めてきました。この導入にあたっては研修を重視しており（写真1）、すべての教員に研修を実施しています。また、管理職や各学校の情報化推進チームを対象にした研修もそれぞれ実施しています。

写真1　小学校における研修の様子

このように何段階もの研修をすることで、円滑に導入できるよう進めてきました。それぞれの学校においては、「推進リーダー」「サブリーダー」「推進メンバー」といったチームを編成して取組んでもらっています。さらには、熊本大学とかNTTドコモとか、外部の専門機関にも役割を担っていただき、教育委員会と一緒に産学官連携で推進しています。

研修で強調しているのはICT導入の目的です。「主体的・対話的で深い学び」

のための授業改善である、教員が（ICTを）使うのではなく、子どもが使うことで、子どもたちが授業の主役になるということを研修で伝えてきました。

休校中は「子どもたちとつながるために、できることはなんでもする」

休校前にまず、いくつか学校を選んでオンライン授業の検証を行うなどの準備をしてきました（写真2）。そのため、全国一斉休業となった時に、すぐに対応できたと思います。3月中の休校では、すべての小学校5年生（92校）と中学校2年生（8校）でタブレット端末（iPad）を用いた持ち帰り授業を開始しています。

2月26日(水) ロイロノート＋Zoomを使った授業の検証

写真2　オンライン授業の検証の様子

4月にはすべての家庭のネット環境調査を行い、4月半ばからは全部の小中学校でオンライン授業を開始できました。ネット環境調査ではだいたい3分の1のご家庭でネット環境がないということが分かりましたので、ちょうど3人に1台あったタブレットを貸し出して授業を受けてもらうことにしました。

オンラインの授業そのもの以外にもいくつか取組んだことがあります。例えば、NHKや民放4局に協力いただいて、テレビ番組でも授業の動画を放送しました。また、可能な学校ではYouTubeでの動画配信にも取組んでいます。それから、学校のホームページでの情報発信も行っています。

さらには、LINEを使った悩み相談事業も実施しています。コンスタントに1日

30～40件ほどの相談が来たという状況です。このラインでの相談で特徴的だった機能が「みんなに相談」という友だち同士で相談できる（利用者が利用者に相談できる）というもので、同じ悩みを持つ当事者からアドバイスがもらえるようにしました。友だち同士の助け合いができたと思っています。

このほか、学校の図書利用カードで（私立の）電子図書館を利用できるようにする、博物館をYouTubeなどで利用できるようにするなど、子どもたちとつながるために、できることはなんでもするという姿勢で取組んできました。

5段階のスモールステップでオンライン化に取組む

続いて、オンライン授業を実際にどのようにして進めてきたかを説明します。

まず、取組み方です。先生が一方的に伝えるのではなく、双方向のやり取り、コミュニケーションとなるようにしています。実際にどうやるのを示したのが写真3です。スモールステップごとの5段階に分けて、1つずつ着実に取組む形で進めました。

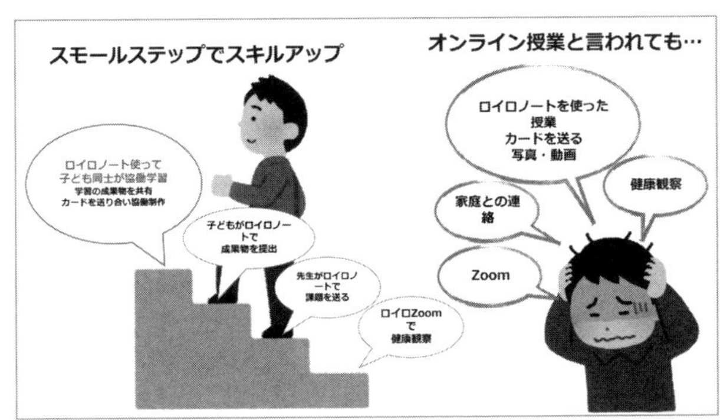

写真3　着実に進めるために、5段階に分けてオンライン授業に取組んだ

ステップ1は健康観察ということで、文字によるやり取りです。ステップ2は文字に加えて写真でもやり取りができる、そしてステップ3は先生からの課題の提示と子どもからの学習したものの提示ができるというもの（例えば、自己紹介

を動画に撮って今日の15時までにロイロノート（自分の考えをカードに書き出し、作ったカードを先生に提出したり、クラスで共有したりできるアプリ→174頁参照）の提出箱に提出してください、あるいは、課題をロイロノートのカードにまとめて提出してください、など）です。このステップ3から「学習」になっています。

続くステップ4は子ども同士の学び合いができる（回答を共有して学びを深める）、そしてステップ5は子どもたちが発表できる（例えば、英語の授業で学習したことを動画コンテンツにまとめてZoomで発表する）、というようになっています（写真4）。

オンライン授業のスモールステップ

ステップ1	健康観察・連絡手段	ロイロノートで文字（カード）によるやり取りができる。
ステップ2	健康観察・連絡手段	ロイロノートで文字（カード）だけでなく写真等によるやり取りができる。
ステップ3	健康観察・学習課題提出	ロイロノート等を使って、教師から課題の提示、子供から学習したものの提出ができる。
ステップ4	健康観察・学び合い	ステップ3＋提出されたものをもとに子供同士の学び合い、教え合いができる。
ステップ5	健康観察・学び合い・発表	ステップ4＋子供がZOOM等を使って学んだこと、まとめたことを発表することができる。

写真4　スモールステップごとの具体的な内容

このように、スモールステップで取組んでいます。どの学校も（5ステップを）全部できたというわけではありませんが、できることをやるというように着実に取組んでいます。保護者からは、「自宅でタブレットが使えて、先生や友だちの顔が見られることで、子どもに張り合いがあるようです」などの感想が寄せられています。

オンライン授業の取組において、その実績を調べてみて興味深かったのは、日ごろの授業でできていなかったことは、オンライン授業でもできなかったということです。例えば中学校ではステップ3止まりのところが多かったのですが、その理由は通常の授業でも学び合いはあまりできていなかったためのようです。オンライン授業に取組むことで、日ごろの授業の課題が浮き彫りになったとも言えるのではないか、と思います。

このように休校中にオンライン授業からは、以下の事柄が実感できました。

・「できるところからやる」ことが全体のレベルアップにつながる
・オンライン授業には不登校の子どもも参加しやすい
・日ごろの授業のやり方がオンライン授業にも反映される
・ICT活用が進んでいる学校ほど、家庭でのタブレット利用に関する問題が少ない
・「学校で授業する意味（学校でしかできないことは何だろう）」をより深く考えるようになる
・（子どもも先生も）自ら考え行動する力が問われる（そうせざるを得なかった）

1人1台のiPad整備を遅くても2021年2月までに実施へ

こうした取組を生かして、これからどうするかですが、まず1人1台のiPad整備を遅くても2021年2月までに実施する予定です。また、子どもたちの学びについて、学校での授業においても、オンライン授業においても、いずれも改善していきます。

先生に対しては、在宅勤務やオンライン研修ができるようにしていきますし、学校行事やプレゼン発表会でのオンライン活用もICTによりスムーズに実現できるようになるのではと考えています。

オンライン授業の取組では、デジタルかアナログか、紙かコンピュータか、教室での授業かオンライン授業か、といった二択ではなく、やはり両方が大切なんだと認識し、それぞれに取組んでいくことになると思います。登校とオンラインの組み合わせ（ハイブリッド）ということでは、学校でも自宅でも授業が可能ということで、欠席・不登校といった概念自体が変わると思います。今後も災害等で学校に来られない事態になったとしても、柔軟に（オンラインに）切り替えられる体制ができるのではないかと考えています。

一人ひとりの学びにあわせたオンライン授業を今後も継続

石戸　「やれることはすべてやる」という姿勢が表れた実践であり、そのスピード感に感銘を受けました。熊本市は、環境整備に当たり、セルラーモデルを選択したことも特徴です。それが結果として、オンライン教育での論点の1つである家庭におけるICT化にもつながっていると感じます。なぜiPadのセルラーモデルを選択したのか理由を教えてください。

遠藤　iPadを選んだ理由は、タブレットとして完成度が高かったからです。いろんな活動に使えますし、使いやすさもあります。小学校1年生から中学校3年生までの活動に十分対応できると思ったので選びました。子どもたちに十分活用してもらうために、フィルタリングの制限はしていますけれども、機能の制限は極力なくしています。これが授業の改善につながると考えています。

セルラーモデルを選んだのは、以下の理由です。選定しはじめた3年前は熊本地震から1年後で、まだ市内でも壊れた建物を解体したり、新しい建物を建設したり、という時期でした。そのため、工事する時間が取れなかったのです。セルラーモデルでは工事は必要ないので、物理的・時間的にもよいだろうと考えました。加えて、家で活用することを最初から想定していたので、「学校の外で使える」ことも重視して選定しました。

石戸　セキュリティを懸念する声が多く聞かれますが、どのような対応をされていますか？

遠藤　セキュリティについては皆さん気にされますが、まずは子どもたちが自己管理できるようにすること、これも教育だと考えています。学校のタブレットのセキュリティをいくら強化したとしても、（子どもは）家のスマホを用いてセキュリティを気にしないで使うこともできるわけです。それなのに、わざわざ学校のタブレットで悪さをする必要はないでしょう。学校のタブレットはLTE（セルラーモデル）なので、どのサイトを見ているかが分かります。自分で管理してくださいと伝えたうえで、最低限のフィルタリング以外は各自に任せています。もし、問題があったら、個別に指導するということにして、一律での規制はしていません。

石戸　みんながてきないからやらないのではなく、できることから取組んでいく、そして試行錯誤して改善していくという姿勢を徹底しているのですね。

遠藤　私たち行政の仕事は、「できないところ（できない家庭）をできるようにする」です。「みんなができないからやらない」というのは逆ですね。やらないということは、私たち全体が遅れる、という認識を持たないといけないとも思います。

石戸　ICT活用が苦手な先生に対して、研修以外のサポートはされましたか？

遠藤　ICT支援員の方々20人を組織して各学校を順番に回ってもらい、個別に教えてもらっています。学校を巡回している時に「分からないことをなんでも聞いてください」と呼びかけて、個人の相談にも応じてもらっています。また、教育センターも熱心に各学校に出向いて、手取り足取り教えています。各学校の利用状況をモニターしていて、例えばこの学校はロイロノートが使えていないとなったら、出向いてその使い方をサポートするといったことを実施しています。

石戸　テレビ局との連携の話も大きく話題になりましたが、コンテンツの制作はプロに任せたのでしょうか？ 教員が作ったのでしょうか？

遠藤　テレビの番組はテレビ局の人と一緒に作っていますので、演出等はテレビ局の人がやっています。10校ほどの各学校で実施しているYouTubeの動画については、それぞれの学校の先生方が作っています。双方向のやり取りに取組んでください、子どもと対話してください、とお願いしている中で、「動画もやりたい」という学校が自主的にやっています。

石戸　オンライン授業の成果の評価はされていますか？

遠藤　6月1日から本格的に授業を再開しますので、その様子を見ないと、どの程度オンライン授業による学習が定着しているかは分からない状況です。（講演会が実施された5月下旬の）今、各学校に対して、どの程度オンライン授業で学習の定着ができているのかを把握してくださいとお願いしているところです。

現時点では、ステップ5まで行けているところでは学習の定着、（オンライン学習という）スタイルの定着はできていると思いますが、そこまで行っていないところでは厳しいのかなと考えています。また、学年とか家庭とかで差が出てくることもあると思いますから、それをしっかり把握したうえで解決していくのがこれからかなと考えています。

石戸　学習の定着のみならずさまざまな評価指標があるかと思いますが、どのような評価軸でオンライン授業の成果を図る予定でしょうか？

遠藤　学習の定着についてはオンラインですごく評価がしやすくて、例えばドリルがどこまで進んだか一人ひとり分かりますし、みんなの発表を一覧で見ることができるので各自どこまで理解しているかということは評価しやすいと思います。

一方、自分で自立的・主体的に学んで行動する、というところの評価の基準を数値化するのは難しいと感じています。これについては、登校した時にオンラインで難しかったことを振り返ってフォローできると思いますので、次にオンラインでやる時にはよりよい形で先生が対応できるのかなと考えています。

また、オンライン授業では、不登校の子どもの参加があったということが報告されています。学校に行くのは大変だけどオンラインなら対面で授業を受けられた、という子どもがいました。

石戸　オンライン授業を行うことで改めて考えたこと、見えてきたことは何でしょうか？

遠藤　まず授業って何なの、ということです。登校する学校での授業の良さということでは、子ども同士の相互作用、先生と子どもの相互作用がより発揮しやすいという面があると思います。周りに人がいる状態の方がやりやすい活動があるということです。

一方、家で1人で取組む方が集中できる、自分のペースで学習できるという活動もあると思います。これらを見極めることで、学校での授業の役割がより分かりやすくなる、課題も浮き彫りになると思います。

石戸　熊本市のようにスピード感を持って取組むにはどのようにすればよいでし

ょうか？

遠藤　休校になる前から、何のためにICTを導入するのか、その目的は何なのかを、徹底的に伝えてきたので、その延長線上で（休校時のオンライン授業が）自然に実現できたのかなと考えています。また、先ほども少し述べたように、「全国で一斉に休校します」という前から熊本市は準備をしてきました。前から準備をしてきていたので、気持ちのうえで違ったのかなとも思います。

口幅ったいことを言うようですが、教育委員会はこうやって運営するんだというメッセージをあえて発信することで、同様の活動を県や国全体に広めてほしいと考えています。1つのモデルとしてあえてこんなふうに（文科省との付き合い方とか、教育委員会での意思決定の仕方とか、などを）やっていますとオープンに示すことで、日本全体の教育行政が少しでもよくなればと思うのです。

石戸　最後に、学校が再開したあともオンライン授業を継続するのか、学校のあり方はどう変わるのか、今後の運営方針について教えてください。

遠藤　オンライン授業はこれからも継続したいと思います。特に学校に来られない状況の子どもとか、今回のようにみんなが学校に来られない場合に必要でしょう。また、一人ひとりの学びにあった学び方という選択肢の1つとして、オンライン授業が有効である場合も多々あると思います。

3-3

生徒の学習支援にクラウドサービス「Box」を活用

尼崎市教育長に聞く
～ICTを活用した学習支援の取組

[日時] 2020年6月3日（水）12時～13時

[講演] 松本 眞（兵庫県尼崎市教育長）

まつもと・しん◎静岡市生まれ。2005年文部科学省に入省。内閣官房等を経て、2018年4月に尼崎市教育長に就任。妻と3人の男の子とともに尼崎市内に在住。

尼崎市がすごいのは学校のICT環境整備が進んでいない中で、ICTを活用した休校中の家庭学習支援を実現したことです。学校のパソコン整備状況が全国平均5.4人に1台であることで、日本が教育情報化後進国と指摘されている中、尼崎市はなんと10人に1台。松本教育長は、休校が決定した直後から方針を明確に定め、具体的なプランを設計し、そのつど発信しながら進めてきました。特徴的なのは市内2000人の先生の創意工夫を重視するため、家庭学習においても「担任」を中心に据えたこと。「誰も経験したことのない状況下での課題解決は現場での創意工夫に限る。これはイノベーションの基本」と言い切ります。そしてICT環境整備が進んでいないことやネット接続が難しい家庭が5%存在する状況を理由にICT活用をあきらめない、というのが尼崎市の方針でした。

さらに、日本の公教育の常識に2つの変化が生じると指摘します。それは「ICT活用の常識変化」と「公費負担と家計負担の常識変化」。学校はICTを前提とした指導案づくりが求められ、学校の授業は大きな変革を迫られる。これまでも家庭負担の教材等ありましたが、今後はそこに端末や通信費が入ってくる。家庭で負担するものの優先順位を考える必要がある。そして、教育の機会均等は「形式的」ではなく、「実質的」に保障していく必要があると言います。

今回の対応を一時的な対処とせずにどう恒久的に位置づけていくのか、今後の尼崎市の挑戦に注目していきたいと思います。私の元には、「自分の地域ではオンライン教育等の対応が一切なされていない」という嘆きの声がよく届きます。ICT環境整備は当然迅速に進めるべきですが、その一方で環境がないことを言い訳にはできない。尼崎市の取組からそう強く感じました。

（石戸）

中学校のICT環境の整備の遅れが課題

私はもともと文部科学省の人間で、尼崎市教育長に就任して3年目になります。尼崎市は兵庫県の中で一番大阪寄りで、人口45万人の中核市です。学校は幼稚園から高校まで71校園あり、先生は約2000人います。勤労青年も多く、夜間中学校などで働きながら学ぶ環境を大切にしてきた歴史があります。ただ、地方から苦労して働きに出てきた人が多いので、経済的に厳しい人が多く、就学援助認定率が22.1％と、全国と比較すると5ポイントくらい高くなっています。生活保護率も4％と高く、不登校率も全国より1％から2％くらい高いです。

ICT化の状況では、残念ながら、整備されているとは言えません。教育用PCの児童生徒比は約10人に1台の割合です。全国平均の5.4人に1台には到底及ばず、また、兵庫県下41市町村の中でもワースト6位という状況です。こうしたICT環境の遅れには、財政的な背景があります。沿岸部の工業都市なので、地盤沈下して海抜0メートルの地域があるなど水害対策に多大な経費がかかったこと。公営のボートレースが栄えていた頃の過剰投資のつけが今来ていること。各地から集まった労働者が今は高齢化して扶助費が増えていることなどです。

学校のICT環境については、小学校は教室までLAN回線があり、タブレットPCが40台、大型テレビがあります。一方、中学校はLAN回線がなく、大型テレビもない状況です。これは改善が必要ということで、2018年の着任直後からICT環境整備に着手していますが、45万人都市だけに簡単にはいきません。2018年には仕様書の作成に向けコンサルとも契約し、予算要求に向けて動き出しましたが、実際に動き始めたのは2019年。人材や予算の確保をして、今年度から調達していくという流れでしたが、途中で自然災害や生徒指導事案、新型コロナウイルス感染症の拡大などがありました。それが調達にも影響して、時間がかかってしまい、苦労して準備しているところです。

臨時休業中の学習支援をどうするかが焦点に

そのような状況の中、今回の新型コロナウイルス感染症の拡大で、学校が臨時休業となり、生徒の授業をどう実施していくか、大きな問題になりました。3月は本来であれば各学校で、その学年で習ったことの復習をする期間ですが、早い春休みが来てしまったイメージでした。また、授業もさることながら、学校では「卒業式をどうするか」も大きな焦点となりました。成績処理を早くしなくてはならない、進学先への引き継ぎをしなくてはならない、学校関係者に感染者が出た場合どうするかなど、課題が次々に出てくる状況です。その整理に追われていました。4月の途中から、学習支援を本格的に考えなければという危機感が出てきて、5月には新学期の学習内容も進めておかないとまずいという意識でした。

そんな危機意識を持っている時、4月初めに横浜市教育委員会の記事が出ました。授業動画を撮影しているというもので、「もう動き始めている自治体があるのか！」と驚きました。多くの自治体では、4月からは学習補助について本気で考え始めていて、我々も内心焦っていました。そこで色々な情報を見ながら、ICT活用のメリットデメリットを整理していきました。まず動画の作成は魅力的ですが、よくよく考えると動画作成にかかる労力は多大で、コンテンツの質を保つのも難しい。また、動画を作成したところで、現場が使ってくれるかという思いもあって、それならば民間の動画コンテンツを集めたほうがいいという発想になりました（写真1）。

そこで、まとめ動画サイトを教育委員会のページに作りました（写真2）。各教科の単元で使えそうな情報をまとめ、各家庭で使ってもらうための家庭学習の支援ツールという位置づけでした。

ただ、このようなツールで4月後半から5月を乗り越えられるとは思っていませんでした。5月は新しい学年の学習内容に進んでもよいという判断をしました。新しい単元を家庭で学んでもらう可能性があるので、いかに家庭学習の負荷を下げるかが一番のポイントになります。教科書は自宅学習用に設計されていない集団教育のためのツールなので、教科書のみで自習することは難しい。尼崎市のICT環境を考えるとプリント配布が限界でしたが、せめて学習のインプットの部分の負荷だけでも下げるためにICTを活用できないかと考えました。今振り返ってみると、この気持ちを持つか持たないか、あきらめるかあきらめないかが大きかったと思います。

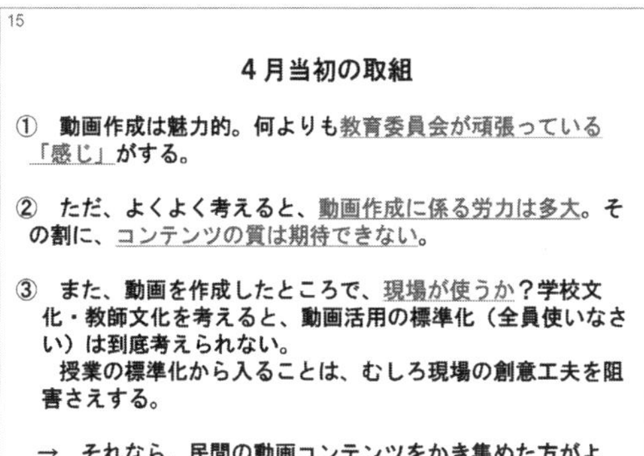

写真1　民間の動画コンテンツを学習支援に活用するという発想に

写真2　尼崎市教育委員会の家庭学習支援サイト

クラウドシステム「Box」を学習支援に活用

当時、学習環境のICT化ではさまざまな考えが錯綜していました。例えば、リアルタイムの遠隔授業は魅力的だけれど、家庭には家庭のリズムがあるでしょう。テレビ放映は、テレビ局との調整もあるし、コストもかかる。YouTubeなどを活用した指導主事による授業動画の配信もありえますが、そもそも教育委員会がコンテンツを提供しても現場が使うのかどうか、などです。そんな思いを抱えながら、4月中旬に指導主事と話していた時のことです。指導主事から、研修で先生が資料を共有できるようなクラウドシステム「Box」を導入しようと考えていることを聞きました。詳しく聞くと、容量制限なしで動画もアップできるし、生徒のアカウントも不要ということで、これを研修だけに使うのはもったいない、学習支援に使えるのではないかという発想になりました（写真3）。

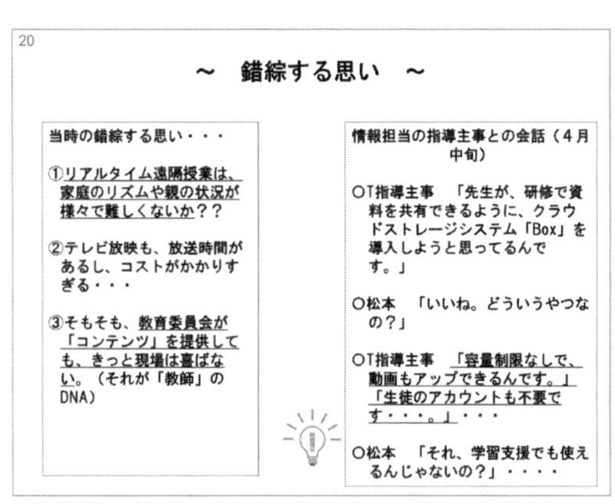

写真3　ICT活用をあきらめない中で思いついた「Box」の活用

そうなるとかなり設計が見えてきました。「子どもたちが、興味を持って自宅で学習を進めることができる環境を整えること」が、目指すべき姿です。このコンセプトに向けて、今ある資源を最大限活用し、やれることは何でもやるという考え方に立ちました。何より、学校の魅力を大事にしながらICTを活用できるのが魅力で、クラウドのプラットフォームを準備して、コンテンツは先生がつくるという発想のもと、先生一人ひとりの創意工夫を後押しするという設計にしました。また学校の魅力は勉強だけでなく、生活の張り合いやモチベーション、友だちとの助け合いが重要で、それを作っているのは担任に他ならない。ですので担任が創意工夫できるツールを教育委員会が準備し、管理職や教育委員会はそれを応援するという発想に立つという設計にしました。

ただし、実現するには問題がありました。各家庭のICT環境です。そこでGoogleフォームを使い、家庭のICT環境に関する緊急アンケート調査を実施しました。アンケートの結果、8割近い家庭から回答があり、現在は受信できないが環境を整備することは可能と答えた8.6%を含め、95.1%がインターネットを使っての動画教材等が受信可能であるという結果でした。それでは、受信が不可能と答えた5%をどう考えるか。その時、私は、「5%に対しては個別に丁寧に対応すればいい」と決心し、自分の思いをまとめて教育委員会の幹部にメッセージとして発信しました。以下がそのメッセージの抜粋です（写真4）。

23

<逆転の発想>
・95%が家庭で受信可能ならば、大丈夫。
・残り5%に対しては、個別に丁寧に対応。

【4月22日市教委幹部向けメッセージ　～大事なことはしっかりとメモにまとめて～】

今回の・・・臨時休業によって、・・・・**日本の公教育の常識に変化**が生じつつあります。
代表的なものの**1つは「ICT活用の常識の変化」**、もう**1つは「公費負担と家計負担の常識の変化」**です。
「ICT活用の常識の変化」は、・・・・否応なく、学校の授業は大きな変革を迫られます。各教員はICT活用を前提とした指導案の作り直しが求められることは確実です。
次に**「公費負担と家計負担の常識の変化」**です。高校は、今回を機に間違いなくBYOD・・・になります。・・・小中学校は・・・・学校の端末を持ち帰って学校の端末を持ち帰って学校のシステムにアクセスしたり、ファイルをダウンロードしたりという作業が現実味を帯びてきました。・・・その際の通信費については、基本的に各家庭のWiFiで対応することが基本となり、通信費が支払えない家庭などに対しては、ルーター貸与や就学援助など個別に対応していくことになることが想定されます。
・・・・**「Box」を活用して全児童に課題等を出す教師を応援し、推奨するスタンスを取ってもらいたいという強い気持ち**があります。・・・**これまでは、クラスで1人でも通信環境がなければ実現してこなかった（させなかった）仕組みが、原則として通信環境が各家庭にあることを前提とした授業展開を行い、通信環境のない子供に対しては、個別に対応をしていくという考え方に変化**していく・・・・**各校長先生には、通信環境のない家庭があるから動画などICTでの課題等の提供はやめるべきというスタンスは、絶対に取ってもらいたくありません。**
このような発想は、日本の教育環境の進化を止めることにつながり、世界から見た日本の教育環境の劣化を決定づけます。・・・・
・・・・・もちろん、私自身、紙のワークシートを否定しているものではありません。
自宅学習は最終的に評価につなげなければならず、ワークシートに記入させることは、子どものアウトプット（表現）を確認するためには、現時点で最も有効なツールだと思っています。・・・・

写真4　教育委員会へ向けて送ったメッセージ

メッセージではまず、日本の公教育の常識に変化が生じている、1つは「ICT活用の常識の変化」で、もう1つは「公費負担と家計負担の常識の変化」であるとして、今は変化のタイミングに来ていることをアピールしました。そして、「Box」というストレージシステムを活用して、課題を出す教師を応援し、推奨するスタンスを取ってもらいたいという強い気持ちがあることを伝えました。

続けて、これまでは、クラスに1人でも通信環境がなければ実現してこなかった仕組みが、原則として通信環境が各家庭にあることを前提とした授業展開を行い、通信環境のない子に対しては個別に対応していくという考え方に変化していくでしょう。だから各校長先生には、「通信環境のない家庭があるからICTでの課題の提供はやめるべきというスタンスは絶対にとらないでください。このような発想は、日本の教育環境の進化を止めることにつながるし、世界から見た日本の教育環境の劣化を決定づけます」と訴えました。

その一方で、中高生には受験の心配があります。学習塾も自粛となり、図書館等の自習スペースの利用もできない。受験はインプットが極めて重要なので、その支援ツールとして効率的に学ぶために、民間のオンライン学習支援システム「スタディ・サプリ」を提供しました。これは市長の後押しもあって、全市立中学校、高校の生徒に提供することができました。

以下が、学習保障の取組の全体像です（写真5）。臨時休業期間中は、単なるインプットは「スタディ・サプリ」を使って効率的に学んでもらい、思考力や表現力の部分は担任が作成したワークシートや動画などを活用する。学校再開後はリ

写真5　臨時休業中から学校再開までの学習保障の全体像

アルな世界で学べることを大事にして、そこにICTをかけ合わせていく。このような全体像を設計しました。

こうした取組を積極的に発信することによって波及効果をねらおうということで、教育委員会で「GP（グッド・プラクティス）だより」を作成し、各学校に周知する取組も行っています。

「Box」の活用状況ですが、小学校で最初は20校だったのが、現在は34校に広がっています。中学校では9校、高校は2校です。使用ストレージの容量も伸びている状況です。また、各先生がどんなコンテンツを作っているか見ると、PDFもありますが動画が圧倒的に多いです。活用パターンはメッセージ動画が多いですが、授業動画や学習の進め方を解説する学習支援動画も多いです。また、テレビ会議システムを活用して、オンライン朝の会やオンライン教育相談を実施している学校もあれば、学校同士でワークシートを共有するという使い方、オンライン研修など色々な活用パターンが出てきているので、我々としてはどんどん広めていきたいと考えています。

「Withコロナ」「Afterコロナ」に向けたICT活用における共通認識

最後に、「Withコロナ」「Afterコロナ」に向けて私が思っていることをまとめます。文部科学省が「GIGAスクール構想」を進めている中で、教育委員会や管理職がICT環境の整備や活用を進めないことは、子どもたちの学習環境の充実を止めているという意味で、責任問題になるということを認識すべきです。そのうえで、3つの共通認識を持つべきと考えます。

まずは、公平性の再定義ということで、形式ではなく実質を重視した学習環境の保障が大事ということ。先程の、インターネット受信環境がない5%の家庭に対しどう対応すべきかということですが、5%というとクラスに1人か2人です。その1人か2人のために全体の環境を止めるなど、形式にとらわれると進化しないので、できるところはまず進めて、5%に対しては色々な支援をすることで実質的に教育の機会を保障していく、そういう発想をとるべきと考えます。

公立学校は、「最後の砦」として、あらゆる家庭環境のお子さんに対して学習機会を保障する役割を担っていることは当然です。日本全体の教育環境を、世界から見ても遅れたものとしないためには、教育の機会均等は「形式的」に保障するのではなく、「実質的」に保障していく姿勢こそ、今求められているものと考えます。

2つめの共通認識は、家庭負担としての通信料の概念を持つことです。諸費で家庭が負担している教材費はたくさんありますが、その中に通信料が上乗せされます。これは社会や家庭にも理解をいただかないといけません。だからこそ、公の就学援助とか生活保護を充実させていく必要があるし、家計負担の見直しもしていかねばなりません。今後、ランドセルなど実態として高額な費目も含め、家計負担の軽減およびポートフォリオの見直しに向けた検討を進めていきたいと考えています。

3つめの共通認識は、「教育情報セキュリティ」の考え方の見直しです。教育委員会でもセキュリティに関して一定の理解を持つ人を置いて、自治体の行政事務のセキュリティに単に従うだけでなく、学校の使い方を考えた自分たちのポリシーを作っておく必要があります。それが、学習におけるインターネット活用には不可欠という認識を持っています。

DIALOGUE 対話

教育委員会の役割は現場の先生たちを応援すること

石戸　尼崎市では環境整備が進んでいなかった要因として財政的な背景のことを指摘されていましたが、他にどのような要因があったと思われますか？

松本　今回の一連の対応を踏まえ、学校でのICT活用が進まない理由として「教師の意識の問題」が指摘されてきましたが、それは的を得ていないと思います。

予算やセキュリティなどを言い訳に環境整備を進めてこなかった教育委員会をはじめとする管理部門全体の責任は大きいと思います。一朝一夕にICT環境整備が進むわけではないからこそ、毎年の計画的な整備がいかに重要かを痛感しています。そして、教育委員会は、学校が通常再開された後も、ICTを当たり前に活用する環境を全力で進めなければならないと思います。

石戸　休校中は新学年の学習内容はあまり進めず、夏休みの短縮等で対応するという学校もあるようですが、どのような考え方で進めましたか？

松本　新型コロナウイルスとの闘いは長期戦となることも予想され、学校再開の目途も不明の中では、まずは、自宅学習において新学年の学習内容を進め、定期的に子どもたちの学習状況をフォローする。そのうえで、学校再開後に定着度の確認、さらには、長期休業期間の短縮や放課後の活用等により、子どもの負担にも配慮しながら、補充学習を行うほうが現実的であるという考えに立ちました。

石戸　Boxの利用状況、Box以外のICTの利用状況についてもう少し教えてください。

松本　使用ストレージの容量は、4月30日時点で9.3ギガバイトほどだったのが、5月19日には112.8ギガバイトとなるなど目に見えて伸びている状況です。また、学校のセキュリティの運用方針を見直し、YouTubeなどの動画配信システムの活用も可能としました。これまでに寄せられた学校でのICT活用事例を整理すると、①「子どもたちへのメッセージ動画」、②「学習支援動画」、③「テレビ会議システムの活用」、④「ワークシート等の共有」の4つに分類できます。圧倒的に多いのは動画で、その中でも学校や先生と子どもたちをつなぎ、子どもたちのモチベーション喚起を目的とした動画が多いです。

石戸　セキュリティが厳しくクラウドが使えない学校が多数ありますが、今後どうすべきでしょうか？

松本　「学校情報セキュリティ」の考え方は、自治体情報セキュリティの考え方の影響を強く受けており、クラウド活用が認められていない自治体がほとんどです。しかし、今後はクラウドの活用を前提としていかなければ成り立たないことは明らかです。尼崎市も臨時休業に際し利用制限を緩和しました。

石戸　自分の地域ではオンライン教育が始まらないという嘆きの声がたくさん聞かれます。教育委員会が反対している地域もあると言います。どうすれば突破できるでしょうか？

松本　今の学校文化を考えた時に、このコンテンツを使いなさいと上から強制しても広がりません。学校は一人ひとりがプロ意識を持った職人の集まりなので、その人たちに「やるぞ」という気持ちを持ってもらわないと絶対に進まないと思います。基本的には、教育委員会や管理職がそういった先生たちを応援する姿勢が重要です。粘り強い努力が必要で、プラスFacebookやメディアでの発信をすることで、教育にICTを使わないといけないという社会的な認識が広まっていくことも意識しています。

石戸　最後に、一言お願いします。

松本　教育用PCが10人に1台の我々のような自治体でも、やれることはたくさんあります。まずできるのは、ICTを積極的に活用したいと思っている先生方を応援することです。色々なところで活用事例を広めて、ムーブメントを作っていくことが必要だと思っているので、引き続き各方面でグッドプラクティスの共有を一緒にしていければと思っています。

「1人1台」の端末環境を整備し、子どもたち全員に届く学習支援を

京都市教育長に聞く
~「オール京都」だからこそ成し得た取組

［日時］2020年7月15日（水）12時～13時

［講演］在田正秀（京都市教育長）

ありた・まさひで◎京都市出身。1981年京都市教育委員会採用。総務部長、教育次長を経て、2015年4月から京都市教育長。現在2期目。

京都市は、地元の放送局と新聞社とがタッグを組んだ教育プロジェクト「京都・学びプロジェクト」を早々に立ち上げ、オール京都での学びの機会の創出に取組みました。すべての子どもたちに教育の機会を！と考えると、テレビの活用が効果的。そこで教科書に準拠した各学年の各教科での学習内容をダイジェスト的にまとめて放送します。限られた時間での放送となるため、「知識を伝える」ではなく、「自分で学習するための学び方を伝える」ことに重点をおいた番組の制作とされました。また学習の習慣づけを意識した番組構成としたこともポイントです。放送後は動画配信も開始。オンタイムで約2万世帯が視聴、動画配信総再生回数は5万回。京都市内に限らず、放送エリアである府内市町村の子どもたちも活用したそうです。

インターネットの活用に際しては、セキュリティ制限を緩め、YouTubeやZoomを見られるようにし、理科実験動画の配信や児童との交流に力を入れます。孤食になりがちな児童と教員のZoomランチミーティングというのは、すばらしい取組です。

小6・中3、ネット環境がない家庭への貸し出し用端末3.5万台を9月に先行調達するとともに、年度中には1人1台を実現させると言います。

家庭学習支援のためにオンライン環境を強化し、学習指導員を各校2～3人ずつ配置するなど学習保障のための人的体制を整備し、授業時間を5分短縮させることで、7コマ／日授業とするなど教育課程の再構成をする。もちろんその過程においてはさまざまな困難があったと思いますが、すべてにおいて抜かりなくシステマティックに取組まれている点が印象的でした。（石戸）

教育委員会・テレビ局・新聞社による インターネット環境に左右されない学習支援

新型コロナウイルス感染症拡大にともなう一斉休校中に京都市教育委員会（以下、教育委員会）が実施したこと、そして、その取組によって見えてきたインターネット環境に左右されない学習支援、Withコロナ時代に向けた教育環境の充実、子どもたち一人一人の学びの保障の重要性について説明します（写真1）。

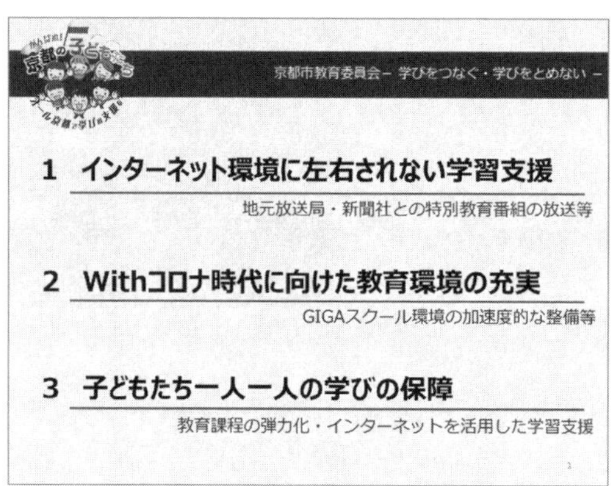

写真1　京都市教育委員会の取組の方向性

2020年2月27日夕方、政府から一斉休校が要請され、3月5日から一斉休校に入りました。その際、家庭事情により自宅学習ができない子どもたちを学校で預かる「特例預かり」も実施しました。3月の休校期間中は、小学校163校（2020年3月時点）で1日平均約1万人を預かりました。本市の各学年の児童数は約1万人ですので、毎日1学年分の児童を預かったことになります。

一斉休校が長期に及ぶこととなり、子どもたちの学びをいかに保障するか、「待ったなし」の状況になってきました。そこで、教育委員会では、児童生徒の学習機会の確保に向けて、KBS京都（テレビ局）と京都新聞社と共同で、特別教育番組の制作に取組みました（写真2）。

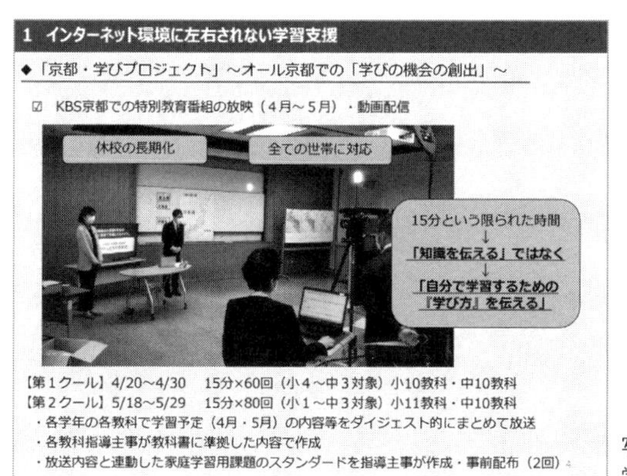

写真2 「インターネット環境に左右されない学習支援」として地元メディアと協業

実は、教育委員会では3月から、子どもたち全員に届く学習支援の手立てはないかと、学習動画の配信などを検討していました。一方、テレビ局や新聞社では、保護者からの声もあって、メディアの立場で学習支援ができないかと検討しておられた。そうした背景もあって、三者で話し合い、インターネット環境がない家庭が一定数あることにも考慮して、特別教育番組の放映を決定しました。

子どもたちに「学び方を伝える」番組を4～5月で約140本を放映

特別教育番組の内容は、教育委員会の各教科の指導主事が、小4から中3を対象に、4月に学習予定だった教科書の1単元～2単元分の学習内容をダイジェストとしてまとめたものです。これをテレビ局に撮影してもらい計60本制作し、4月20日から30日の平日に放映しました。

5月には対象学年を小1から小3にも拡大し、計80本を放映しました。15分単位の短い時間で、知識を伝えるよりも、子どもたちが自分で学習できるよう学び方を伝えることを重視しました。これは新しい学習指導要領で重視される「主体的な学びを通じた深い学び」を意識したものです。

番組制作に加えて、各教科の指導主事が家庭学習用課題のスタンダードを作成し、各校からすべての児童生徒に配布しました。5月はテレビの放映内容と連動させるなど、より効果的な家庭学習となるよう工夫しました。

放送スケジュールにも工夫しました（写真3）。小学校低学年向けの番組は午前中の早い時間帯にし、学習の習慣づけも意識しました。約2万世帯がオンタイムで視聴しました。

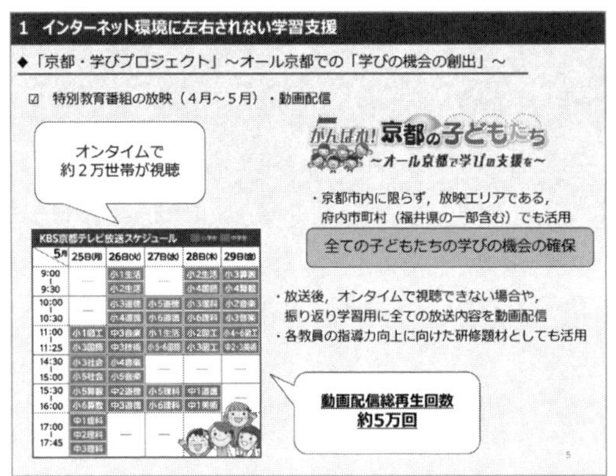

写真3　特別教育番組の放映スケジュール

また、放送終了後には、児童生徒対象の専用サイトで放映した内容と同じ動画を視聴できるようにもしました。この動画の総再生回数は約5万回にも達し、多くの子どもたちが家庭学習に活用しました。多くの教員も研修資料として活用したと聞いています。京都市以外も放送エリアでしたので、福井県の一部の市町村からも問い合わせがありました。もちろん、近隣の各自治体で広く活用してもらえるようにしました。

子ども向け新聞の特別紙面でも学習支援「オール京都」での取組だからこそ成し得た

一方、京都新聞社との協業では、毎週日曜日に発行されている子ども向け新聞「ジュニアタイムズ」の4～6ページ程度を活用しました。特別紙面として、KBS

京都で放映した教育番組の内容を繰り返し学習できるよう工夫したほか、ステイホーム中の各家庭で楽しく学習に取組める内容としました。休校期間中に7回発刊され、毎回、京都市立学校の児童生徒約9万人に無償配布してもらいました。大変にありがたいことでした。

紙面には、例えば家の中でできる親子体操や、学校給食を家で再現できるレシピも紹介しました。学習だけでなく多様な学びの機会を意識して制作しました（写真4）。

写真4　京都新聞ジュニアタイムズ特別紙面の内容

番組や紙面の制作は時間との勝負でしたが、多くの皆様のご協力をいただき、行政だけでは成し得ない、まさに「オール京都」で対応できたと感じています。

ネットを活用した学習支援では、教員と児童のランチミーティングも実施

インターネット環境に左右されない学習支援を展開する一方、ネットを活用した学習支援の必要性も高まってきました。そこで、4月からは各学校でネットを活用した学習支援にも積極的に取組みました。具体的には各学校で、オンライン会議システムのZoomミーティング（以下、Zoom）やYouTubeを活用できるように整備しました（写真5）。

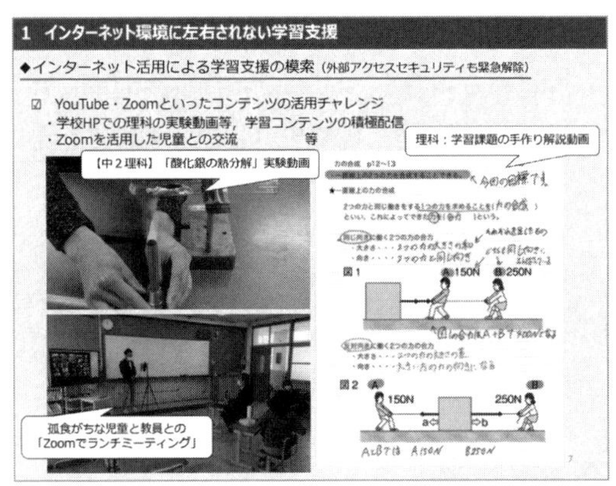

写真5　ネットを活用した学習支援

各学校で多くの教員がまさに奮闘し、理科の実験動画、学習課題のプリントの解説動画など、工夫をこらした、児童生徒の学びが深まる動画をZoomやYouTubeで配信しました。

また、保護者の仕事の関係で孤食になりがちな児童と教員が、Zoomで対面しながらお昼ごはんを一緒に食べるランチミーティングも実践しました。感染リスクの関係で家庭訪問が難しい中、児童の様子も確認することもでき、大きな有用性を感じることができました。

GIGAスクール環境を加速度的に整備
10万2000台の端末で「1人1台」を実現

次にネットの活用促進も含めたWithコロナ時代の教育環境の充実について説明します。京都市では、GIGAスクール構想の実現と、新型コロナウイルス感染症の第2波、第3波を見据えたオンライン学習環境の整備に取組んでいます。具体的には、進学を控え重点的に対応すべき小学校6年生と中学校3年生を対象にWi-Fi端末を約2万台、ネット環境がない家庭向けのLTE端末を約1万5000台、9月末までに各学校に順次配備します。まさに、GIGAスクール環境の加速度的な整備です（写真6）。

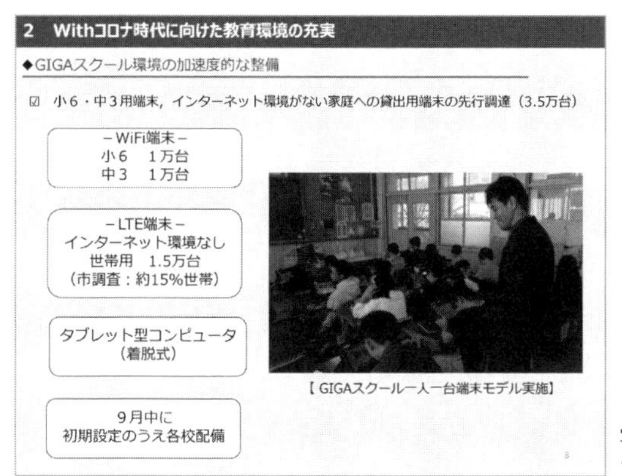

写真6　GIGAスクール環境を加速度的に整備する

さらに、小学校６年生・中学校３年生以外の学年や教職員用、予備機器分である6万7000台、合計10万2000台を令和2（2020）年度中に整備する予定です。これにより、通常時には児童生徒「1人1台」の端末を活用して授業をすること、また長期の休校時に児童生徒に貸し出すことも可能になります（写真7）。

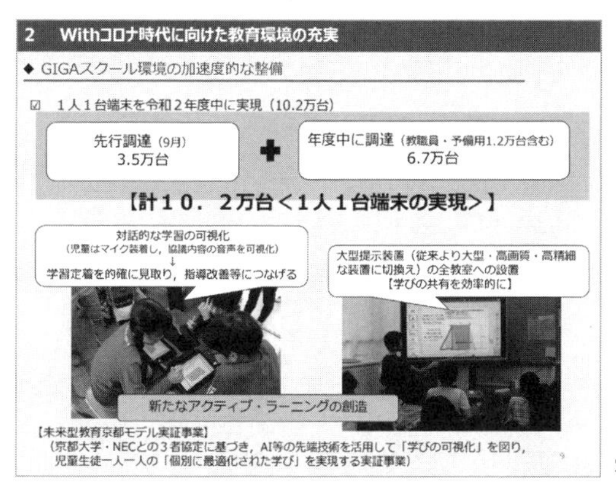

写真7　児童生徒に「1人1台」の環境を整える

また、GIGAスクール環境の整備と合わせて人的な体制強化も図ります。学習指導員を全校に2～3名配置するほか、新しい生活様式に基づく学校運営、例えば教室のこまめな消毒など、教員のサポート体制強化のために校務支援員を市内全校に配置します。さらに、文科省が措置する加配教員を活用し、本市独自で実施している中学校3年生での30人学級に加え、小学校6年生での少人数指導等きめ細かい学習指導を実施します。

一方、教育委員会におけるオンライン環境の整備も喫緊の課題です。現在、運用しているシステムでは、教職員以外が外部からアクセスできないこと、また容量の問題で各学校からの動画配信に対応ができなくなってきています。

そこで、外部サーバーを新たに導入し、強靭な動画配信システムを構築します。サーバー容量を現行の4倍の1000ギガバイトに増強し、動画の同時視聴可能人数を無制限とし、今後、各校がオンライン授業を円滑に実施できるようにします。また、教職員以外の外部からのアクセスも可能とし、家庭学習に役立つコンテンツを一元的に提供できるようにします（写真8）。

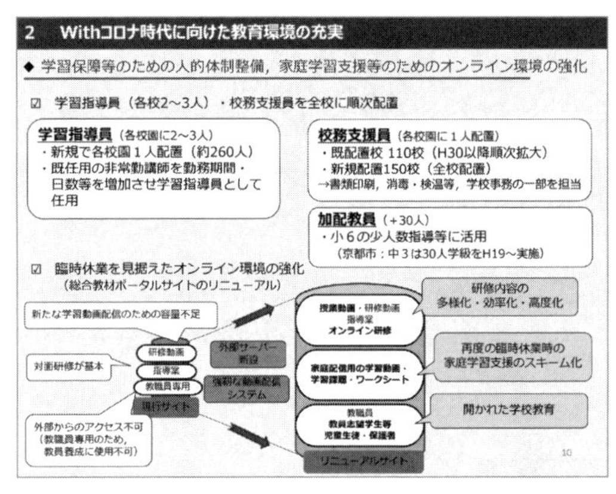

写真8　人的体制強化とオンラインでの教育環境の整備に取組む

子どもたちの学びを保障　短縮授業で授業時数を確保

2か月間もの一斉休校を経験したことで、今後の教育課程のあり方について、弾力的な対応が重要であることも分かりました。京都市では、授業1コマの時間を5分短縮したうえで、7コマ授業を週1～3回、子どもたちの負担に配慮しながら実施する考えです。授業時間の短縮により生まれた時間を活用し、個々の児童生徒に応じた補習や土曜学習も実施します。授業時数を確保し、各学年で履修すべき内容は今年度中に履修するようにします。

新型コロナウイルス感染症の拡大防止の観点から学校行事の厳選重点化も図ります。夏休みなどは10日程度短縮し、7月中の本来夏休みであった期間は午前中授業を実施して授業時数を確保する予定です。

第2波、第3波を見据えて　新しい生活様式での新しい学び方とは

京都市立学校の教職員のコロナウイルス感染は、6月の教育活動再開以降（7月14日時点）、確認されていません。しかし今後は何が起こるか分からない。学校ごと、学年や学級単位など限定的な休校も想定されます。その時の学習保障をどうするのか、「学びをつなぐ・学びをとめない」ことも新たな課題です。

そこで、教育委員会内に休校時のオンライン授業サポートチームを各課横断的に組織し、例えばテレビで放映した特別教育番組のような、全市共通のコンテンツ制作に取組みます（写真9）。

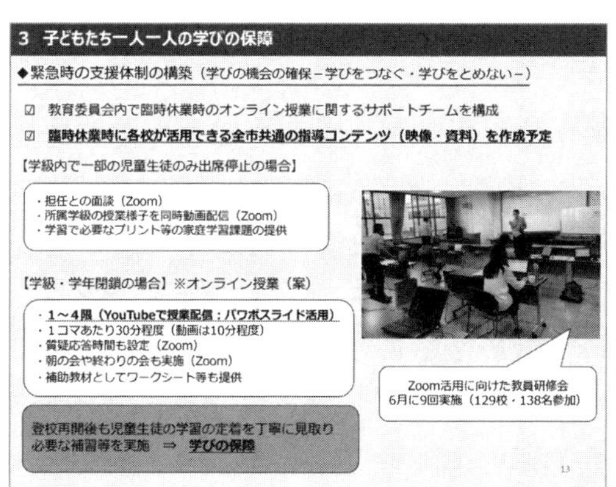

写真9 「学びをとめない」ためには緊急時の支援体制の構築も不可欠

また、双方向型のオンライン授業の実現に向け、Zoomの段階的活用も積極的

に進めていきます。例えば、密を避けるために学級を3分割した際、教員が同じ授業を3回実施するのではなく、1回の授業をZoomで同時中継するなど、新しい生活様式の中での新しい学び方を実践しています（写真10）。

写真10　Zoomの段階的活用で双方向型オンライン授業にも取組む

京都市の教育理念は「一人一人の子どもを徹底的に大切にする」です。学校と教育委員会が一体となって、子どもたち一人一人の学びを保障していきます。一人一人の子どもが自己の可能性を最大限に広げることができる社会を実現したい、それに教育が大きな役割を果たすことができるよう、今後も努力していきたいと考えています（写真11）。

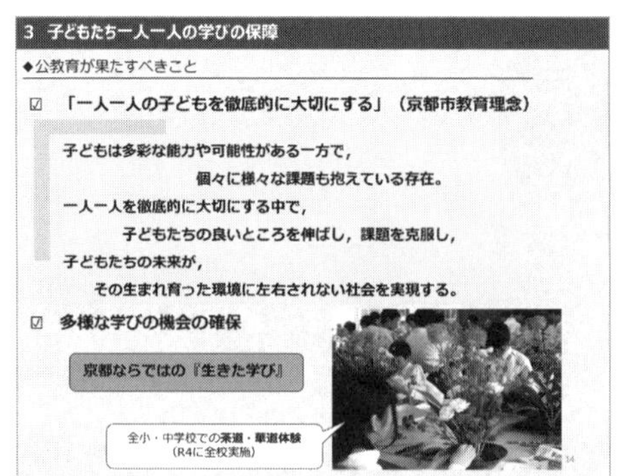

写真11　京都市の教育理念

DIALOGUE　対話

「1人1台」の環境整備で、オンライン教育をさらに拡充

石戸　テレビ局と新聞社との連携は、どのように実現したのでしょうか？

在田　公立学校としては、すべての子どもに届く手立てを考えなければいけませんでした。そんな時にテレビ局、新聞社、教育委員会が同じようなタイミングで、「集まって何かやりませんか」となり、そして、すべての子どもに届けるなら「放送が最も適しているのではないか」と意見がまとまりました。

また、ネット環境がない家庭の割合を調べたところ15%でした。公立学校を所管する立場の教育委員会としては、そういった家庭を置いて先に進むことはできない。それで「まずはすべての家庭に届く取組を」と、テレビ放送に決めました。

石戸　以前から3団体での連携の枠組があったのでしょうか？また、新聞社や放送局は無償の協力だったのでしょうか？

在田　3者同時連携の取組はありませんでした。ただし、京都新聞には以前から、小学校での英語教育に関する記事を掲載していただいていましたし、KBS京都には毎年、小学校の駅伝大会などを特別番組で放送してもらうなど関係はあります。制作の予算は、放映権料などは全くなしで、実費のみでご協力いただきました。

石戸　教科書に準拠した教材の構想や、全市共通の動画作成などで、著作権処理でご苦労があったのではと思います。どのように対応されたのでしょうか？

在田　各教科書会社に個別の許諾のお願いも必要なことがあり、緊急事態宣言下でもあったことから、何度も連絡を試みてやっと許諾をいただいたところもあります。

個々の教員が授業で使うのなら問題ないのですが、教育委員会が配信するとなると大変でした。今後は、教育委員会による市地域の教育機会の確保という視点を踏まえて、著作権を幅広くフリーにしていただくといったことも課題になると考えています。

石戸　外部からアクセスできないセキュリティの問題も、各自治体の課題です。今回、セキュリティを緊急解除されていますが、今後も継続していくのですか？

在田　今後も継続します。今回、サーバーを増強する中で、これまでとは異なるセキュリティ対策を講じたうえで、各家庭で視聴できる環境を整えていきたいと考えています。

石戸　各自治体の教育委員会は予算の確保、ICT導入への理解など多くの課題があります。これだけの対応を実現できた理由はどこにあるのでしょうか？

在田　国の調査によると、京都市の教職員はコンピュータを指導に活用できる比率が全国トップレベルだそうです。また京都市は早い段階から、教育委員会の中に情報教育や学校の取組を支援する組織がありますので、そのようなことも相まって、今回の取組がうまく進んだと思っています。

また、京都市は、東京に次いで私立学校が多い土地柄です。一斉休校の中で、私立のオンライン授業の取組が色々報道されました。私学でできているのに市立校では全国でも5～6%ぐらいしか実施できていない、なんとかできることからやっていかなければならないという想いが非常に強く、教員の機運も高まったと思います。

石戸　コンテンツに関する質問です。家庭学習では学習習慣がある子とない子の差が広がるという指摘があります。また低学年の子は、学び方からスタートしなければならない。具体的にどのようなコンテンツを作られたのでしょうか？

在田　特別教育番組は、小学校6年生の社会科が最初の放送でした。憲法の3原則の話について、内容の解説ではなく教科書のどこに書いてある、こう調べたら分かりますよ、という形で投げかけました。15分しかないので、調べ方や学び方を教えるだけの内容です。算数でも理科でも、考え方や実験の仕方は示しますが、知識を教えることはしていません。もっと知りたい時は、教科書の何ページ以降を見てください、そういうコンテンツです。

石戸　短縮授業や土曜日の活用方法についてもう少し教えてください。

在田　京都市の取組では、土曜日の活用は、授業ではなく補習が中心です。基本的には平日の時間帯で7時間という授業時数を確保します。5分の短縮授業はこれまでも、家庭訪問週間の時などに実践しています。教職員が必要なところをどう端的に教えるか、授業実践力を磨くためにも有効です。

石戸　番組に対して、子どもたち、保護者からはどんな意見がありましたか？

在田　番組については、「子どもたちが真剣になって見ていました」と喜んでいただいているご意見も、ひと月60～80タイトルでは物足りないというご意見もありました。私立学校のようにオンライン授業を毎日してほしいというご意見も多くありました。1人1台端末になれば実現できますので、準備をしています。

石戸　オンライン授業で苦労したエピソードはありますか。例えば参加に消極的な児童生徒や家庭とのやり取り、教材作りなど、今後の参考になることがあればお聞きしたいです。

在田　各家庭のオンライン環境を確認して、環境がない家庭には、事前にどういうフォローができるかがまず大切だと思いました。一方通行にならないように配慮しながら開始する必要があります。

低学年の子どもは長い時間じっとしていられないこともありますので、興味を引く話から入るとか、最初から授業ではなくランチミーティングなど、環境に慣れてから授業に入るなど、配慮が大切です。さまざまな学校の実践例を吸い上げて、共有する必要があると思います。

石戸　今回の一連の取組を通じて、改めて課題に感じたこと、京都市としてのアフターコロナ教育のビジョンをお聞かせください。

在田　1人1台端末の環境整備の見通しが立ちましたので、これを活用して家庭とも連携しながらオンライン教育に取組んでいきます。学校では、子どもたちが共同で新しいものを作るとか、学校でしかできない学びをより磨き上げることに注力します。そして、アフターコロナ時代の新しい学びの形を作り上げていきたいと思います。

3-5

遠隔授業が不登校の子どもにどう影響をもたらしたか

青森市教育長に聞く
～不登校の子どもたちへの対応

［日時］2020年7月22日（水）12時～13時
［講演］成田一二三（青森市教育委員会教育長）

なりた・ひふみ◎1979年から中学校教諭として勤務。2011年より市教委事務局教育次長、市内中学校長、私立高等学校副校長を歴任。2016年6月より現職。

青森市はこれまでさまざまな不登校対策を講じてきたものの、大きな効果が見られず、不登校生徒数は横ばいの状況が続いていました。しかし臨時休業中に、多数の不登校の生徒が遠隔授業に参加をしているという報告があがってきたのです。それを受け調査に乗り出すと、不登校生徒・児童のうち遠隔授業に参加した割合が74.6%にも及ぶことが分かりました。さらには、学校再開後も遠隔授業参加者のうち92.5%は学校に登校するようになりました。成田教育長はその様子を「にわかに信じがたかった」と表現します。「みんなが登校しないので、自分が登校しないことが負担にならない」「新しい学習形態に興味がある」「周囲の子どもの目を気にしなくてもいい」「勉強するのは嫌ではない」。どれもスクールカウンセラーに子どもたちが語った言葉です。これまで学びたいのに学べない環境にいた子どもたちは、オンライン授業により、学ぶ権利を取り戻したのです。

青森市は、ICTの活用に対する理解が深く、また前向きでもありました。しかし、これまでは導入に踏み切れませんでした。その理由に地方の財源問題があると指摘されます。そんな青森市ですからGIGAスクール構想によりすでに1人１台導入が決定しています。引き続きオンラインと対面のハイブリッド教育を継続する青森市が、全国的課題でもある不登校の問題にどのような対処方法を見出すのか期待したいと思います。（石戸）

不登校の生徒・児童も含め、96.8%が遠隔授業に参加

青森市は青森県の中央部に位置し、人口約30万人を擁する県庁所在地です。小中学校は、青森市教育委員会が管轄する学校が、小学校43校、中学校19校の合計62校、他に私立の中学校が2校あります。

青森市のみならず日本全国の市町村において、不登校問題は避けて通れない重要課題と認識しています。青森市でも、20年以上にわたりさまざまな不登校対策に取組んできましたが、なかなか目に見える成果を得られない状態が続いていました。

平成15（2003）年度から令和元（2019）年度までの青森市の不登校の発生率を示したグラフです。概ね中学校では3%前後、小・中学校合わせて約300人の不登校が発生しています。平成28（2016）年頃から、中学校では徐々に下がっている一方、小学校では逆に上がっており、さまざまな取組にもかかわらず、残念ながら著しい成果は数字には表れていません（写真1）。

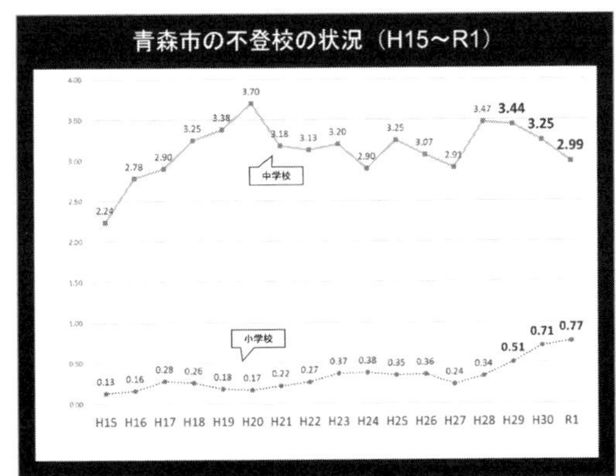

写真1　この15年間、不登校率はあまり改善が見られていない

こうした中、新型コロナウイルスの影響で青森市も3月2日から5月10日まで一斉臨時休業を実施し、その後2週間の分散登校期間を経て、5月25日から通常登校を再開しました。ほぼ3か月間、休みが続いた状態でしたので、この間に学習の

遅れが生じないよう、「同時双方向型のオンライン指導」である「遠隔授業」を実施しました。

3月中旬に、ある中学校から「Zoomを使えば、健康観察や子どもとの会話など双方向コミュニケーションが取れる」と提案があり、そこで、この学校の中学2年生を対象に実施してみたところ、「ほぼ90%の家庭でオンライン通信が可能」という報告でした。それを受けて臨時休業期間中の3月下旬、小・中学校4校を推進校としてZoomを使ったオンライン授業を実施し、4月5日からこの4校で本格的にオンライン授業を開始しました。

市内の他の58校についても、4月5日から推進校4校に担当者を集めてオンライン授業の研修を行い、翌週から試行的に、そして4月20日から5月22日までの約1か月間は62校全校で本格的に遠隔授業を実施しました。対象は小学校5年生〜中学校3年生としましたが、一部の学校では、独自の工夫によって小学校1年生からオンライン授業を実施したり、1日に5〜6時間の授業をしたり、さまざまな取組が行われました。

こうした取組でオンライン授業の参加率は高まっていきました。全校が遠隔授業に取組み始めた4月20日時点では青森市では78.4%でしたが、最終日の5月22日には87.5%まで比率が高まっています。このほかに、9.3%の子どもが「家庭に通信環境がない」という理由で登校して遠隔授業を受けていましたので、5月22日時点では合計96.8%の子どもが遠隔授業に参加していたことになります。残りは3%あまりですが、通常授業でも何らかの事情で欠席する子どもが多少はいますので、ほとんどの子どもが遠隔授業に参加していたととらえることができます(写真2)。

中学校では不登校生徒の4分の3が遠隔授業には参加

遠隔授業の実施中、各学校からはほぼ毎日、その日に実施した教科数、時間数、対象の学年などの報告を受けていました。その中で入ってきたのが、令和元(2019)年度末の段階で学校が「不登校」と認識していた子どものうちかなりの数が、遠隔授業に参加しているという報告です。中学校では不登校の生徒の74.6%が遠隔

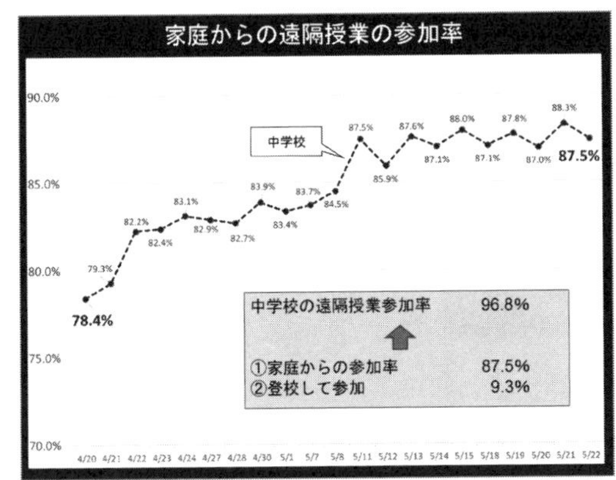

写真2　遠隔授業の参加率は、家庭と学校からを合わせて96.8%に達した

授業に参加していました。しかも、この74.6%の生徒について、通常登校が再開された5月25日以降を2週間追跡したところ、92.5%の生徒が登校していることが分かりました（写真3）。

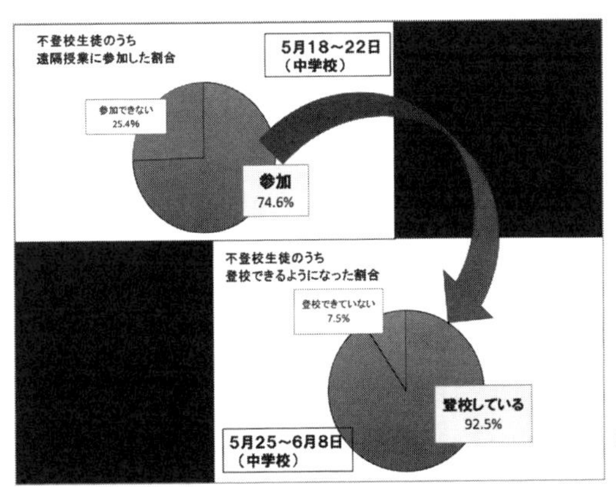

写真3　遠隔授業実施後、不登校生徒の92.5%が登校するようになった

この「92.5%」という数字は、私も報告を受けた時、にわかに信じられない思いを持ちました。不登校の子どもは、春先は登校できていても次第に登校しなくなる傾向があります。この92.5%もいずれ下がっていくだろうと考えたのです。

そこで、遠隔授業に「参加した」子どもの登校率がどのくらい維持されているか、1週間ごとに調べました。92.5%の登校率が翌週には84.2%に下がりましたが、夏休み直前の7月17日までの推移をみると、その後の下がり幅はあまり大きくありません。私たちの誰もが「これは例年とは少し違う」という思いを持ちました(写真4)。

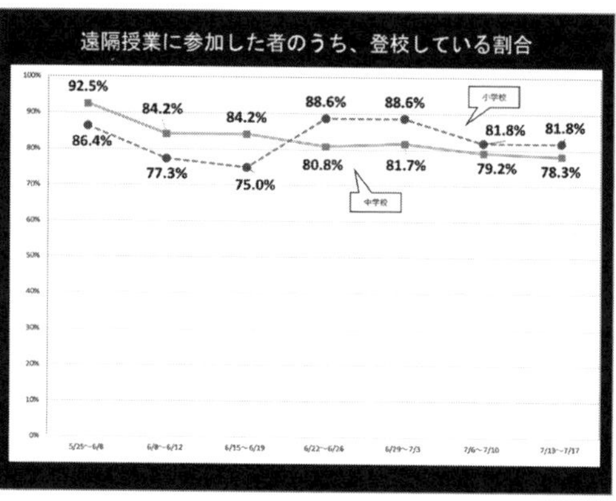

写真4　登校再開から2か月経っても、登校率の低下はそれほど見られない

次に、遠隔授業に参加した・しないにかかわらず、昨年度末に不登校ととらえていた子どもの登校率の推移について調べたのが写真5のグラフです。こちらも、当初の81.4%から翌週は10%ほど下がった後は、ほぼ横ばいの状況が続いています。

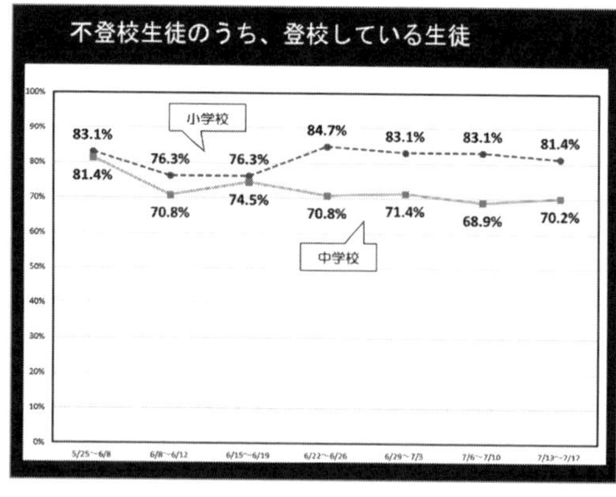

写真5　不登校の子ども全体でみても、登校率はそれほど下がっていない

昨年度（令和元年度）の不登校の子どもの登校率を、今年度のデータと重ねて比較もしました。今年度は1週間ごと、昨年度はひと月ごとに集計していましたが、夏休み直前の中学校の登校率では、昨年度の約40％に対し、今年度は約70％と約30ポイント高いことが分かりました（写真6）。

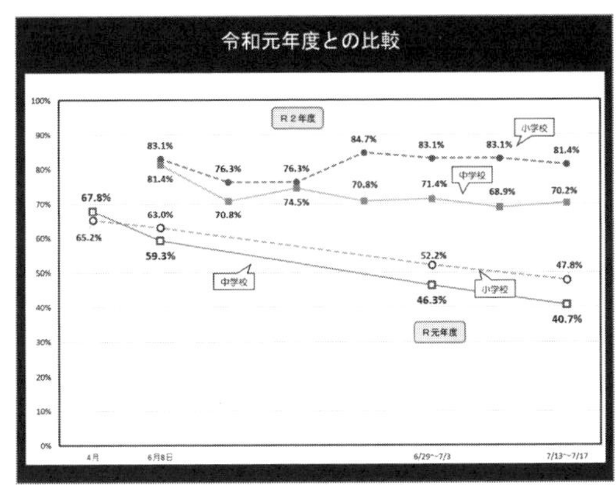

写真6　昨年度と比べると、落ち込み方に顕著な差が見られる

昨年度の登校率は最終的に小学校、中学校とも約20％まで下がってしまっています。今年度はこれを何とか70～80％の水準のまま維持できれば、と取組んでいるところです。

遠隔授業の参加理由は「周囲の子どもの目を気にしなくてもよい」から

今年、このような高い登校率が維持されているのはなぜなのか。スクールカウンセラーを介して、遠隔授業に参加し、現在も登校している子どもに聞き取りを行いました。その結果、まずは「登校しないのが自分だけでないことで少し気持ちが楽になった」という声がありました。

次に「新しい学習形態に興味を持った」こと。そして、最も多くの子どもが話したのが、「周囲の子どもの目を気にしなくてもよい」ことでした。さらに、聞き取ったカウンセラーが強調していたのが、「これらの子どもは決して勉強が嫌いではない」ことです。このような子どもの気持ちに、遠隔授業がちょうどフィットしたのかなと考えています（写真7）。

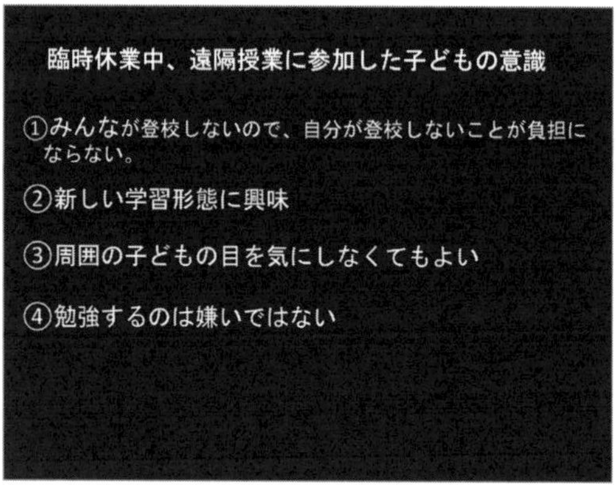

臨時休業中、遠隔授業に参加した子どもの意識

①みんなが登校しないので、自分が登校しないことが負担にならない。

②新しい学習形態に興味

③周囲の子どもの目を気にしなくてもよい

④勉強するのは嫌いではない

写真7　遠隔授業に不登校の子どもが参加した「4つの理由」

過去3年間の不登校の要因を分類した結果では、「友人関係をめぐる問題」がありました。おそらく、ここに該当する子どもたちは前述の「勉強が嫌いではない」「新しい学習形態に興味がある」「周囲の子どもの目を気にしなくてもよい」の3項目に該当し、そのことが登校意欲を刺激したと考えております。

スクールカウンセラーや担任との面談もオンラインで

このような調査結果を受けて、すでに次のような取組を始めています。まず、これまで主に学校で行ってきた「スクールカウンセラーとの面談」を、可能ならその前段階としてオンラインで行うこと。これは、臨床心理士会の協力のもと、先日ガイドラインを作成したところです。

次に、「学級担任との面談」を、家庭訪問や学校以外にオンラインでも実施することを検討しています。さらに、夏休み中に再び実施する「遠隔授業」のみならず、「通常授業」のオンライン配信も実現することで、子どもたちが参加しやすい授業環境の整備を目指しています。

最後になりますが、不登校とされる子どもの80%以上が登校を始めたとはいえ、まだ取り残されている子どもは40人ほどいて、学校が遠隔授業の働きかけを続けています。彼らのうち、遠隔授業の取組に参加した6人ほどは登校を始めていると報告を受けておりますが、残りの子どもについては、まだ、遠隔授業に参加する段階に至っていません。一人ひとりの子どもの対応についてはなかなか簡単にはいかないな、という印象を持っているところです。

DIALOGUE 対話

ポイントは対面授業とオンラインのバランス

石戸　はじめに、現在の青森市のICT環境の整備状況を教えてください。

成田　青森市の場合、各小・中学校へのパソコン配備台数は、最大でも「人数が最も多い学級の生徒数分」で、これを概算すると生徒9人に1台の割合になります。したがって、今回の遠隔授業で子どもたちが使ったパソコンの多くは、学校のものではなく各家庭のものです。

また、今回、最も大きな問題だったのは通信速度です。これまでは100Mpbsの通信回線でもそれほど不自由していませんでしたが、遠隔授業を実施した段階ではもはや、「顔を見ながらの授業は難しい」という判断に至りました。そこで、全校にモバイルルーターを配備し、それによって遠隔授業がかなり円滑に行えるようになりました。

夏休み中の7月27日から再開される遠隔授業に際しては、まず、「自宅にパソコンはあるが、Wi-Fi環境がない」という118人の子どもの家庭に、地元の企業の協力を得てモバイルルーターを配備しました。また、「通信環境は整っているが、パソコンは兄弟姉妹共用で1人しか使えない」、あるいは「パソコンを両親が職場に持っていってしまう」という子どもには、青森市で約2000台所有しているノートパソコンのうち、約800台を学校経由で各家庭に貸し出しております。これでもなお900人近くが登校して学校のパソコンで遠隔授業を受けることになりますが、62校に分散されますので、それほど「密」の状態にはならないと考えています。

石戸　学校も再開しましたので、今後はオンラインと対面型の授業を組み合わせていくことになると思いますが、そのバランスはどのように考えていますか？

成田　授業はオンラインと対面型の両方が必要と考えています。青森市は7月27日から8月7日までの2週間、小学5年生～中学3年生を対象に、休校で不足した授業時間を補うための遠隔授業を実施します。また、青森市では、いじめ対策として「夏休み明け直前から2学期開始直後までの2週間」に「気になる子どもへの面談を徹底してその変化を読み取る」ことを重視しています。夏休み後半の1週間は、子どもたちの顔を見てその状況を把握する必要があることから、対面型授業を実施します。

また、5月25日から再開した通常授業では、多くの学校で変化がありました。従来は、1組が「数学」なら2組は「国語」など、同じ時間帯の授業はクラスごとに異なりましたが、全学年同時に同じ教科の授業を行うようにしたのです。具体的には、遠隔授業のノウハウを使って、ある学級で授業している先生が各教室のモニター上にも登場します。中学校なら1教科に3～4人の先生がいますので、他の先生はいわゆるチームティーチングの「T2」の役割を担います。

この方式は、今後、コロナの第2波、第3波が来た時にも、学級による学習進度の差が生じないというメリットがあります。また、従来の授業は、1人の先生が1つの学級に責任を持ってすべて教える、言うなれば「抱え込む」形でしたが、今後は、複数の先生が担当を分け、1つのチームとして学年全体の子どもの学習に責任を持つように、学校システムを切り替えていく必要があると考えています。

石戸　87.5%の家庭が遠隔授業に参加したということですが、どういう端末が使われていましたか？

成田　パソコン、タブレットのほか、スマホでの接続事例もありました。端末の種類に関する全家庭調査は実施していませんが。1校をサンプル調査した結果では、約25%がスマホ経由での参加でした。

臨時休業期間中は、携帯電話の通信事業者側で通信容量を保障してくれる制度がありましたが、それでもスマホで参加する家庭には使用容量に制限があります。また、現在、120台ほどのモバイルルーターを借りて家庭に配布していますが、これも夏休み期間中までのものです。2学期以降これらの課題をどうするか、なかなか悩ましいところです。

石戸　オンライン授業を導入することで、通信料や端末の負担などについて保護者から不満の声などはなかったのでしょうか？

成田　ないわけではありませんが、Twitterなどの書き込みを見ても、多くの保護者には好評であったと思います。実際、5月22日時点で80％を大きく超えていた「家庭からの遠隔授業の参加率」も、現在はさらに上がっているようです。

授業のほか、これまで保護者に来校してもらっていたPTA例会等の参加行事についても、多くの学校がオンラインで実施しております。保護者が帰宅してから参加できる夜間の開催によって若干参加率も上がっていて、その中で通信料や端末をどう負担するかという話も出ています。簡単に解決できないこともありますが、少なくとも端末については近々1人1台体制になりますので、今後は家庭に持ち帰って使うことも可能と考えています。

石戸　遠隔授業に参加した不登校の子どもにスクールカウンセラーがヒアリングして得た4つの回答の中で、「皆が登校しないので自分が登校しないことが負担にならない」や「周囲の子どもの目を気にしなくてもよい」は、オンラインならではの感想です。登校が再開すれば元に戻ってもおかしくないのに、結果的にそのまま登校できているのには、何か他の理由が考えられますか？

成田　まだ登校再開から2か月程なので、本当のところはよく分かりませんが、登校が長期間になれば、再び周囲の目が気になって登校できなくなることは十分考えられます。もしそうなっても遠隔授業に参加させることで再び学校に戻れるよう働きかける、そういう繰り返しの中で、より良い方向に持っていきたいと思っています。

石戸　先生の働き方改革に関して、組合などから「オンラインは教員の負担を増やす」とか「夏休み中のオンラインはやめてほしい」という訴えもあると聞いています。実際、先生方からどういう声が上がり、どう対処したのでしょうか？

成田　「オンライン授業は負担」とか「オンラインをやめて登校日をもっと増やすように」という意見は確かに届いております。これは、多くの先生にとってオンライン授業が全く初めての取組であったために、負担が大きかったことがあると思います。しかし、これから子どもたちが1人1台のパソコンで学んでいこうという時に、「先生の限界」を「子どもの限界」にしてはいけない、と思います。

実は、今回の措置を受けて学校内で存在感を増しているのは、比較的若い先生です。これまでは、ある程度年配の先生の存在感が大きかったのですが、遠隔授業が始まってから若い先生の発言に重きが置かれるようになってきました。多くの先生が見ている前で授業を行う「チーム制」は、若い先生にとってある程度の緊張感があると思いますが、先輩の上手な授業を常に見学して学べる「研修」の側面もあります。オンラインをうまく使えば、集計や採点の時間削減にもなります。

石戸　成田教育長のお話を伺うと、ICTや新しいテクノロジーの利便性に対する理解が深く、積極的、前向きに活用していると感じられますが、一方で小中学校のパソコンが9人に1台しかないなど、青森市のICT整備の遅れとのギャップを感じます。これまでなかなか環境整備が進まなかった理由はどこにあるのでしょうか？

成田　理由はいくつかありますが、最も大きいのは予算面の制約です。青森市は昨年度、2000台以上のパソコンを更新しましたが、パソコンは定期的な更新が必要なため、本市のような地方都市では相応の財源がなければ、なかなか導入に踏み切ることができません。

今回、国の「GIGAスクール構想」の前倒し実施で補助金が出ますので、秋から「1人1台」に向けた取組を始めますが、本市の場合、2000台を更新した前年にも、「校務支援システム」の導入に伴い教員用パソコンを大量に導入していますので、そういう意味で今後も国の支援が欠かせないと考えています。

石戸　端末の買い替えに関しては、今回整備したところも将来的には買い替え時期がやってきます。例えば、今回家庭の端末を使ったようにBYODを検討されるとか、現時点で何かお考えはありますか？

成田　ご指摘のように買い替え時期が間もなく来ることは、青森県内40市町村の多くの教育長が共有しています。ついては、国には新規導入時だけで終わらず、将来の買い替え時期にも対応する手厚い支援が必要と訴えているところです。

石戸　ネットワークが不十分だったとのことでしたが、今後通信回線を増強する具体的な計画はありますか？

成田　現在、通信環境、通信速度を向上させる工事に着手しています。まず、早い学校では8月中旬には、コンピュータ室までの通信を高速化します。これは、通信速度を従来から10倍の1Gbpsに上げたうえで、これまで62校が1本の線でつながっていたものを5本に分けて、1本あたりの負担を減らす工事です。並行して、全教室でWi-Fiが使えるようにする工事も進めていて、今年度中にはすべての教室でストレスを感じない速度でのICT利用が実現する予定です。

石戸　ネットワーク環境に関して、先生からの提案でZoomを取り入れたということでしたが、セキュリティポリシーの問題でそういうツールが使えない自治体もあります。青森市でも何かネックがあってルールを変更したようなことはありましたか？

成田　青森市のパソコンも、コンピュータ室のルーターにしか接続できない設定など、必要ないところでは使えないセキュリティが施されていて、これでは家庭に持ち帰って使えません。セキュリティの手法に関しても、端末1台1台に設定するのか、クラウド上で一括管理するのかなど、さまざまな方法があります。

いずれにせよ、セキュリティを強固にするほど使い方の柔軟性は損なわれます。私自身、明快な回答を持っているわけではありませんが、ある程度セキュリティを緩める方向に進めないと、なかなか発想豊かな使用法になっていかないと思っていて、この辺りは今後の重要な検討課題と考えています。

石戸　予算に関する質問が2つ届いています。まず「予算がかかるのは当然ですが、誰一人取り残されない教育が必須であると考えています。教育に関するSDGsをどのように考えていますか」というもの。もう1つは「予算は大きな問題ですが、想定より低い予算で対応できるケースもあり、予算問題に集約されることには違和感があります。コスト面を含めたIT教育のコーディネーションが必要ではないでしょうか」というもの。いかがでしょうか？

成田　私たちにとって最大の課題は予算面だったという印象は持っていて、そのために使う側、指導する側の教員の研修も十分には行えなかった、という思いがあります。OECDの試験でも「パソコンでの試験結果が比較的弱い」と評価されていますので、青森市の子どもたちも、ICTを使って問題を解決できるようにしていく必要があると思っています。今回、一番印象に残っている予算面の話をさせていただきましたが、もちろんそれがすべてではなく、将来を踏まえた子どもたちの教育を、さまざま考えていく必要があると考えています。

石戸　不登校問題は全国的に大きな課題です。そこにオンラインがどのように機能していくか。どういうオンライン教育を導入すれば、すべての子どもたちが取り残されずに学びを継続できるのか。今回は、そんなヒントを数多くいただきました。今後も取組を続けられる中で、また新しいデータが出てきたら全国に共有いただけますよう、よろしくお願いいたします。

休校初日から全校児童にオンライン学習を実施

学校現場の声
～千葉大学教育学部附属小学校の休校対応

［日時］2020年7月9日（木）12時～ 13時

［講演］大木 圭（千葉大学教育学部附属小学校副校長）
小池翔太（千葉大学教育学部附属小学校教諭）

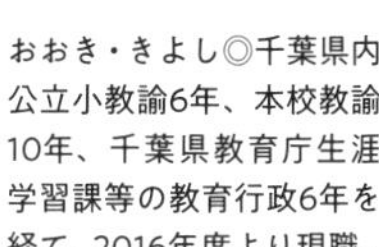
おおき・きよし◎千葉県内公立小教諭6年、本校教諭10年、千葉県教育庁生涯学習課等の教育行政6年を経て、2016年度より現職。

こいけ・しょうた◎立命館小学校講師などを経て、2017年度より現職。千葉大学大学院人文社会科学研究科博士後期課程在学中。

千葉大学教育学部附属小学校は、ICT環境整備は決して十分とは言えない中、1人1アカウントのTeamsを活用することで、臨時休業初日から全校約640名のオンライン学習をスタートさせました。授業のみならず、学級開きなども滞りなくオンラインでしっかりと実施。分散登校中も、オンライン中継を活用することでクラス全員が共に学べる環境を実現させました。

そして7月13日からはオンライン通学期間を設置する決断をします。アフターコロナにおいては、教員の働き方改革のためにも、夏休みを大幅に短縮し、学校に通学しないオンライン通学期間を導入すべきではないか。それが提案です。今回はそれに向けた第一歩。

「転ばぬ先の杖」ではなく「転んだ時の支え」が大きな方針です。つまり、教員の主体性を最大限尊重する方法で、休校中も全国の見本となる対応をしました。

また、PTAによる「お助け隊ITツール相談窓口」の設置、行政や企業との連携など、学校全体の一体感の創出、学校を核とした地域連携体制の構築も素晴らしく、TEAM千葉大附属小の力強さを感じました。

大木副校長は休校となった瞬間に「チャンスだ！」と叫んだそう。そのような前向きな姿勢が、児童、保護者、先生、地域の共感を呼び、一丸となった対応へとつながったのでしょう。（石戸）

臨時休業の初日3月2日から、全校児童約640名対象のオンライン学習を実践

【小池】

千葉大学教育学部附属小学校では、「Microsoft Teams」（以下、Teams）というグループウェアを全校一斉に導入しました。このグループウェアを使ってオンライン学習を実施しました。

本校のオンライン学習の取組みが注目された理由は3つあると考えています（写真1）。1つは、新型コロナウイルス感染症の影響で臨時休業となった初日の3月2日に、試行的導入としながらも、全校児童約640名を対象にオンライン学習を開始できたことです。

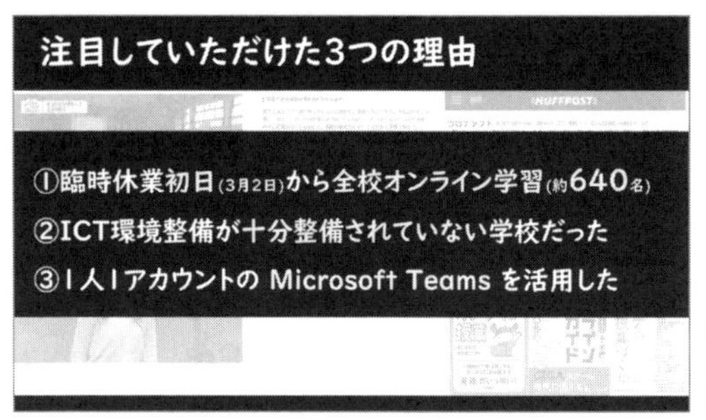

写真1　千葉大学教育学部附属小学校のオンライン学習への取組は「3つの理由」で注目された

次に、本校が、ICT環境が十分に整備されていない学校であったにもかかわらず、オンライン学習を迅速に開始できたこと。もう1つは、今回、教育ソフトではなくグループウェアのTeamsを活用したことです。

Teamsを活用できたのは、本校が大学附属小学校であり、千葉大学がマイクロソフト社と包括契約を結んでいたからです。Teamsのアカウントを小学校の全児童向けに発行してもらうことができました。

実は、臨時休業直前の2月末、大木副校長と話し合い、「もし休校になってもオンライン学習ができるように、そろそろアカウントを発行しておいたほうがいい

だろう」と、千葉大学に発行申請をしました。その直後に、政府から一斉休校の要請がありましたが、全校児童へのアカウントの発行が間に合ったために、3月2日の休校開始と同時にTeamsによるオンライン学習を開始できたのです。その経緯を時系列で示します（写真2）。

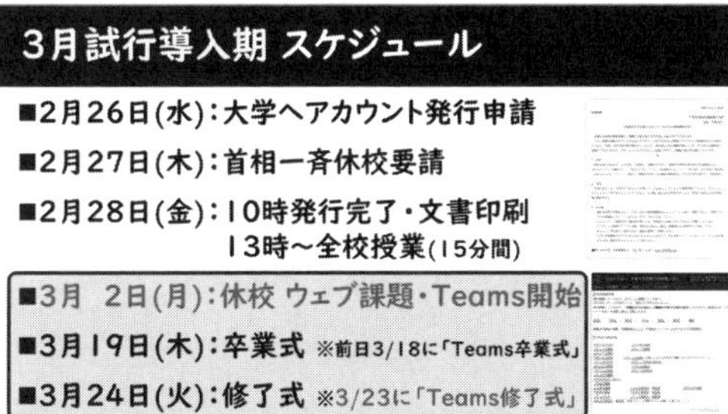

写真2　3月試行導入期のスケジュール

「Teams卒業式」「Teams修了式」も実施

本校における試行導入は、「強制的な一斉導入」ではなく、「必要に応じて活用できますよ」と教員に告知する形でスタートさせました。授業だけでなく、子どもたちとの交流に活用して教員からフィードバックをもらったり、学校のホームページにPDFの課題をアップして、自由に使ってもらったりしました。

その他にも卒業式・修了式の前日に、大木副校長の発案で「Teams卒業式」と「Teams修了式」を実施、子どもたちに心の区切りをつけてもらって春休みに入りました。

この試行導入期に感動的なことがありました。卒業生のタイムラインに、「Teams卒業式」に感謝する「ありがとうTeams」や「ありがとう みんな」といったメッセージが並んだのです。急な休校を余儀なくされた子どもたちは、寂しく辛い思いをしたはずですが、オンラインでつながりを確保することができていたのです（写真3）。

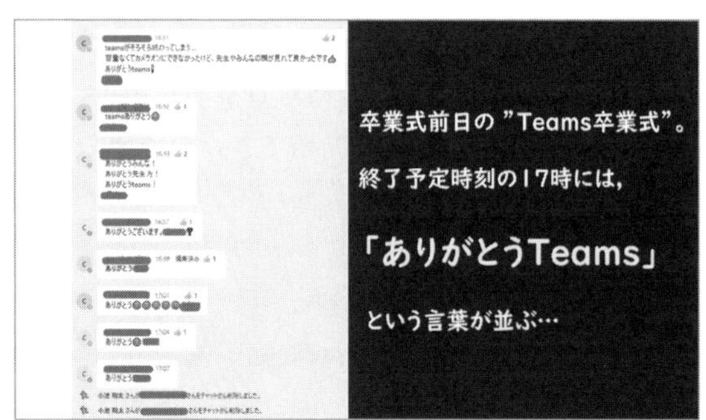

写真3　Teams卒業式に寄せられた児童からのメッセージ

子どもたちにとって学校は学びの場であると同時に、それだけではなく、かけがえのない友人との時間を保つ場所でもあります。今回はそれをも保障できたという手応えがあったと感じています。

分散登校期間中も3密を避けた教室をオンラインでつなぐ

4月には新しい学級になり、新任の教員も増えました。3月は「やりたい人はぜひ活用してください」という試行的運用でしたが、4月は子どもたちのためにどう戦略的にTeamsを活用できるのかについて考え、体制を整えていきました。

4月13日にTeamsで「オンラインで学級開き」をして、翌日14日から私も在宅でオンライン授業を始めました。保護者にも「Teamsで学習をしていきます」と説明をして、本格導入に突入しました。その間の取組を時系列で示します（写真4）。

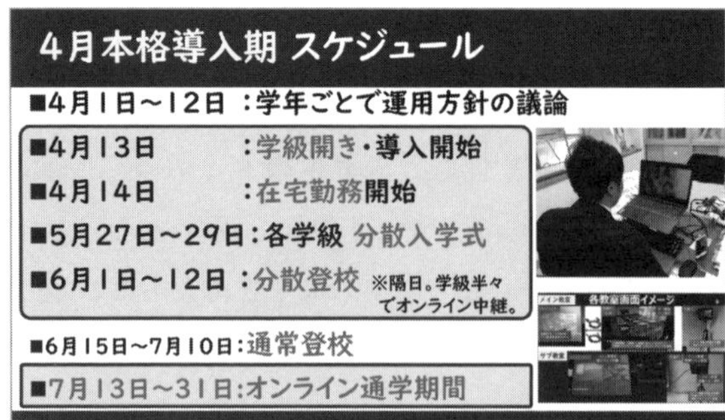

写真4　4月本格導入期～7月オンライン通学期間のスケジュール

6月1日から6月12日の分散登校で、ようやく子どもたちとリアルに会えました。分散登校でも、Teamsを使い授業を工夫しました。クラス単位の隔日登校とし、3密を避けるために、ある1つのクラスの子どもたちを2つの教室に分け、Teamsを使って2つの教室で同じ授業を受けられるようにしたのです。

6月15日から現在は通常登校していますが、7月13日からは「オンライン通学」という新たな試みを始めます。これについては、発案者の大木副校長より詳しくご説明します。本校は学区が広く、千葉市全域から公共交通機関で子どもたちが登校しています。安全性という視点でもオンライン通学は有効であると考え、準備をしています。

オンライン学習の開始にあたり大きな助けとなったのは、保護者の協力でした。有志の保護者と「お助け隊IT相談窓口」を開設し、オンライン学習に関連するICT環境のサポートをしていただいています（写真5）。

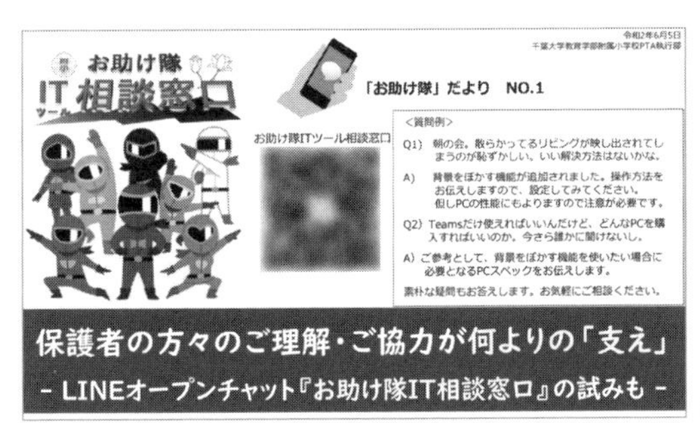

写真5　お助け隊IT相談窓口

夏休みを大幅短縮し、来年度以降も「オンライン通学期間」の導入を検討

【大木】

今回のオンライン学習の経験を踏まえて、アフターコロナを見据えた新たな通学方法、「オンライン通学」のご提案をさせていただきたいと思います。

本校は、4月13日からオンライン学習を先行実施したことにより、新年度の学習を少しずつ進めることができました。そして、7月13日から31日、通常の夏休みになる8月にも、4～5月のように自宅にいながらオンラインで学習を進めていく「オンライン通学」ができるのではないかと考えています（写真6）。

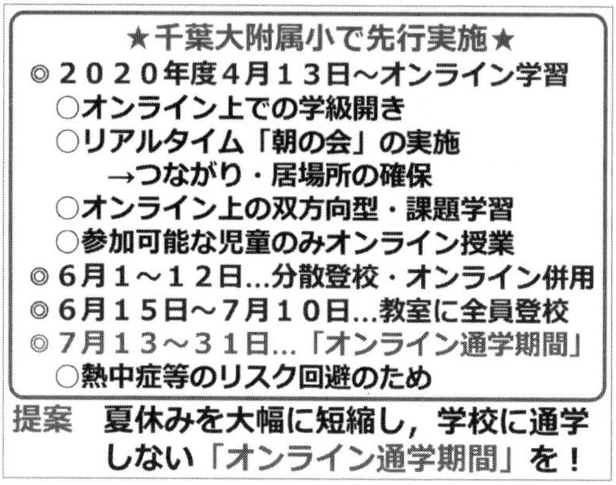

★千葉大附属小で先行実施★
◎２０２０年度４月１３日～オンライン学習
○オンライン上での学級開き
○リアルタイム「朝の会」の実施
→つながり・居場所の確保
○オンライン上の双方向型・課題学習
○参加可能な児童のみオンライン授業
◎６月１～１２日…分散登校・オンライン併用
◎６月１５日～７月１０日…教室に全員登校
◎７月１３～３１日…「オンライン通学期間」
○熱中症等のリスク回避のため
提案　夏休みを大幅に短縮し，学校に通学しない「オンライン通学期間」を！

写真6　オンライン学習（実績）とオンライン通学（提案）のスケジュール

具体的には、2021年度以降も、夏休みを大幅に短縮し、学校に通学せずに自宅で学習する「オンライン通学期間」を教育課程上に取り込んではどうかと考えています。

現在は、ウィズコロナ期にあたり、4月と5月は休校期間でオンライン学習をせざるを得なかった期間です。これを踏まえて、今後アフターコロナ期には、7月と8月の夏休みの期間で、7月中旬以降や8月下旬を最初から「オンライン通学期間」

ビフォーコロナ期の教育課程
4月 5月 6月 7月 8月 9月 10月 11月 12月 1月 2月 3月
ウィズコロナ期（現在）の教育課程
4月 5月 6月 7月 8月 9月 10月 11月 12月 1月 2月 3月
アフターコロナ期の教育課程（案）
4月 5月 6月 7月 8月 9月 10月 11月 12月 1月 2月 3月

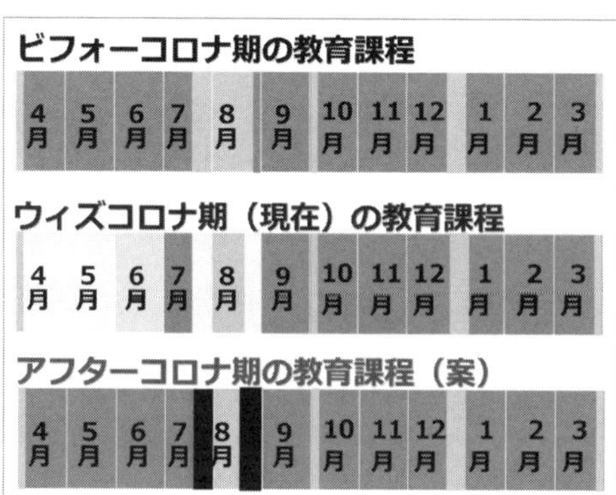

写真7　アフターコロナ期の教育課程案。黒い部分がオンライン通学期間

としてしまう教育課程にしてはどうでしょうか（写真7）。

「オンライン通学期間」の導入で広がる新たな可能性

家庭でのオンライン学習の時間が確保できると、学校は従来6時間授業だったのを5時間や4時間に短縮できます。子どもたちが早く帰ることで、教員は日頃から勤務時間内に授業準備や研修の時間を確保することができます。本校ではこれから7月13日～31日のオンライン通学によって、年度当初に計画していた年間指導計画のうち、何時間をカバーできたのかを検証します。良い結果が得られれば、アフターコロナ期には「オンライン通学期間」を組み込んだ教育課程を提案していきたいと考えています。

オンライン通学は、全国的に問題になっている不登校の子どもたちの問題を解決する一助になることも期待できます。さらに、急な休校、例えば自然災害に関する警報が出て休校となった時などにも学習機会を提供することができます。新

写真8　オンライン通学から広がる、新しい学びの場と働きやすい社会

しい学びの場を提供できる可能性も広がるのです（写真8）。

「学校でしか学べなかったこと」とは別に、「オンラインでも学べるもの」を整

理することで、学校にとどまらず、公民館や学童保育など、新たな学びの場を創出できます。同時に教員も、そして保護者の方々にとっても、働きやすい社会を創出していけるのではないかとも考えています。

休校期間中のオンライン学習の経験は、こんな構想がどんどん膨らむほど、魅力的な機会でした。今後も本校では検証を積み重ねつつ、千葉市教育委員会などにも声をかけながら、少しずつできるところから進めていきたいと思っています。そして、ひいては千葉市と共に全国に向けて、新たな教育の形をご提案できたらと考えています。

DIALOGUE 対話

アフターコロナ時代に新たな学びの場の創出を

石戸　家庭にICT環境がない児童の対応は、どうしたのでしょうか。また、家庭の負担など、保護者の反応はいかがでしたか？

小池　例えば、児童が3人いる家庭では、保護者のスマートフォンなどを使っても対応しきれないことがありました。そのようなケースでは、企業から支援をいただいたり、本校の端末も貸し出したりしました。文部科学省からも「従来のセキュリティの方針にとらわれず」との通知があったこともあり、積極的に支援しました。

グループウェアの長所は、家庭にある端末やスマートフォンで最適に動作し、活用できるところです。ただし低学年ですと子ども1人で使うことはできないため、もともと保護者の端末を使うことが前提でした。このため、保護者を集中的に支援しました。

大木　国からの休校要請が来て、すぐにオンライン学習を実施できましたが、もともとの伏線があったことが抵抗なくIT化を進められた大きな理由だったと思います。

本校では過去4年間に、例えば学校から出す文書のWeb化を検討したり、保護者の学校評価アンケートをWebで回答してもらったりしてきたために、ほとんどの家庭がスマートフォンやパソコンを学校教育に活用することに抵抗がなかったのではないかと感じています。

3月にオンライン学習を始めた時にも、強制ではないのに、初日で6～7割のアクセスがあり、あっという間に9割を超えていくような状況でした。そのため、例えば子どもの多い家庭に学校から機器を貸し出すなどの対応もできたのです。

ただし、低学年生のオンライン学習は、家庭の負担が大きすぎることも顕在化しました。特に、小学校1年生は、「学校とは何か」が分からない状態から、いきなり休校、そのままオンライン学習となったので戸惑いと危機感が大きかったと感じています。これは保護者も同様です。それらの問題も家庭の協力のおかげでなんとか対応することができたと感じています。

石戸　実践を通じて、オンラインが向いている授業はどういう授業でしたか？

小池　国語の例だと「話す・聞く」「プレゼンテーション・発表する」ということがオンライン授業に向いていると感じました。写真を見せて発表することなら教室でできますが、自分の家にあるものを生で手に持ちながらというのは、やはりオンラインでなければできなかった主体的な学びであったと思います。

また、Teamsの活用に慣れてきた子どもたちが、少人数のグループでチャットで話し合いながら成果物を作る取組をしていました。これは、オンラインだからこそ新たにできた「対話的な学び」だと思います。

さらに、Teamsのプライベートチャネルを使い、子どもと教員が1対1で、テキストでやり取りできる「子どもの相談部屋」を作りました。これまでは、教室に他の子どもたちがいる中で、「先生、ちょっと」と1対1で、小部屋で話すことなどできなかったのですが、それがかなり気軽にできるようになりました。これもオンラインならではのメリットです。その他にも、連絡帳のように保護者と教員がつながれるツールにもなっています。

大木　プライベートチャネルは、児童の指導上もよい効果を得られました。通常の学校生活では、周りに見られて「あいつ、言いつけた」と言われてしまいかねないようなことでも、誰からも見られず先生と児童が1対1でつながる場があるので打ち明けられる。かなりセンシティブな悩みも話せるようになります。プライベートチャネルは有効活用できるでしょう。

石戸　オンライン教育での学習の効果に関する不安の声をよく耳にします。今後、効果検証もしていくのでしょうか？

小池　評価研究は難しいところではあります。我々が「学力観」のマインドセットを変える必要もあると思っています。オンライン学習とは、「今日は漢字ドリル何ページから何ページまでやりましょう、できたら写真を撮って送ってください」といったものではないはずです。別の観点が必要です。

大木　学習の理解度などについては、まさに7月31日までのオンライン通学で検証していきたいと思っています。

休校期間中、教員に「ビフォーコロナ期の通常の授業と比べて、オンライン学習という指導法にどのくらい満足しているか」というアンケートを実施したところ、教員全体の満足度の全体の平均は44％でした。ただ、今後の検証結果を待ってではありますが、現時点の手ごたえとしては、習熟度が伴っていないわけではないと感じています。「子どもたちが100％習得できていないのだったら意味がないじゃないか」というご意見があるとしたら、「では、これまでは、できていたんですか？」という話になってしまいます。そういった視点ではなく、「オンライン学習を通じて、どう個別指導をしていくか」が問われていくのだと思います。プライベートチャネルによる個別指導なども活用し、どんな指導が効果的かについて、今後考えていきたいと思います。

ただし、やはり一番の問題は、子どもたちの「学ぶ意欲」です。課題を出すだけではなかなか意欲を持って取組むことはありません。一方の教員は、なんとかしてライブで授業をやりたいのです。実際、ライブ授業のクラスでは、かなり多くの子どもたちが参加しています。学ぶ意欲を喚起するための手立てについては、今後も検討していかなければならない重要な点です。

また、ただ課題を出すだけではなく、「家庭で学習に協力する保護者向け」の資料まで作った教員もいます。オンライン学習では、学校は積極的に保護者をもサポートをしていかないとならないと考えています。

石戸　オンライン学習による学力格差拡大の懸念も指摘されていますが、自力での学習が難しい子どもたちへのケアはどのような形がよいでしょうか？

大木　これから検証するオンライン通学の中で、少しずつ問題があがってくると思います。例えば今回、期間中に家庭で対応できないお子さんは本校で預かることにしています。今のところ140人ぐらい応募があります。この子たちは登校しますが、我々がタブレット端末を貸与して、学校でオンライン学習に参加することになっています。

これ以外にもさまざまな懸念はあると思いますが、まずはやってみて、私たちが個別具体の問題に対応していくうちに、どうやら、あらかじめこういうことを用意しておけばよさそうだという、本校なりのオンライン通学のやり方が見えてくるだろうと考えています。

石戸　アフターコロナ教育は、社会全体で連携して進めていかなければならないと思いますが、自治体からの支援、企業との連携はどのようにしたのでしょうか？

小池　ICTを活用する、企業と連携した授業づくりは、私が学部生の頃から長年研究をしていまして、そのご縁もあり、企業からタブレット45台を寄贈いただきました。本校からは実践について企業に情報提供し、お互いウインウインとなることを目指して実績を積み重ねています。

大木　私は以前、千葉県教育委員会の生涯学習課学校・家庭・地域連携室という部署にいましたので、今回の構想もその時の経験が下支えになっています。家庭や地域と連携していかないと、なかなか学校だけでは難しいところがあります。

すでに市の教育委員会には、千葉市内の公立学校でのオンライン通学についての提案をしていますが、その際には「少しずつ連携して進めていきましょう」との回答もいただいています。今回の検証結果データを提供しながら、次は、公立学校ではどれくらいできるだろうか、というふうに、ひとつずつ進めていけたらいいと思っています。

石戸　夏休み短縮などによる先生方の負担もあるかと思います。試行中の先生方の反応はどうだったのでしょう。また、保護者の反応もどうだったのでしょう。

大木　4～5月の時には、保護者もちょうど在宅勤務だったからご協力いただけたのだと思っています。7月のオンライン通学ではそうはいかないかもしれない。また、家族皆が在宅で、パソコンを奪い合うようにしていたご家庭が、どうなるかについてもこれからの検証になります。

小池　教員は、研究としてどこまでできるかやってみることが大学附属小学校としての使命であると思っていると感じています。使命感を持って取組むことについて、教員はかなり肯定的です。

石戸　今は、大改革のチャンスとも言えます。これまでの課題を改善し、ぜひアフターコロナ教育を先導し、未来の学校のあり方を実現していただきたいと思います。

Chapter 4

コロナ休校で、民間の教育産業はどう動いたか？

塾・IT企業・テレビ放送から保護者の反応まで

ファシリテーター
石戸奈々子

※本章の内容は、超教育協会が2020年5月20日から不定期で開催したオンラインランチシンポの記録が元になっています。書籍に収録するにあたっては、最新情報や動向を盛り込み、大幅に加筆修正を行いました（2020年8月末現在の情報です）。
オンラインランチシンポには延べ3779人の方に視聴いただき、多数の質問・意見をいただきました。登壇者との対話は、視聴者の質問・意見を踏まえたものであり、登壇者・視聴者・ファシリテーターによる共創の場でした。視聴いただいた皆様にも心より感謝申し上げます。

コロナ休校への学習塾の対応

英進館社長に聞く ～オンライン授業の取組と AI活用事例

［日時］2020年6月17日（水）12時～ 13時

［講演］筒井俊英（英進館株式会社代表取締役社長）

つつい・としひで◎東京大学工学部を卒業後、英進館勤務を経て九州大学医学部に合格。内科医として勤務した後、2002年に英進館へ復職。2004年より現職。

学校休校に伴い、全国的にほとんどの塾が休校となりました。塾にとっての休校は大きな経営問題。実際に、対面授業がなされないなら退塾したい、受講料を返金してほしい、そのような声が多数届いたと言います。

また、デジタル＝無料／安いという印象が強く、オンライン授業の提供をはじめた後も、初めは不安・不満の声はおさまりません。そこで英進館はボリューム勝負に出ます。対面授業では時間の制約から問題を抜粋して解説していましたが、オンラインではいくらでもコマ数を増やせる。だったら全問解説だ！ というわけです。学年によって違いはあるものの2倍近い量の授業を提供しました。もちろん慣れないオンライン授業、カリキュラムのゼロからの組み直しでミスも続出しましたが、必死の対応の結果、多数あった退塾・返金希望連絡が次第になくなり、たくさんのあたたかい声が届くようになったのです。

全国でICT環境の整備不足が原因でオンライン授業対応できない学校が多数ありますが、対面授業を中心に行ってきた塾も状況は同じでした。英進館もオンライン授業のための環境を急遽、特急で整えることとなります。

カリスマ先生によるライブ授業配信、クラス単位での完全双方向型授業を通じて、先生たちの授業をしっかりと届けます。学習管理システムを導入し、学習ログも取れるように改善。さらに、「やる気を引き出す！」仕掛けとしてのオンラインホームルーム、オンライン激励会、オンライン自習室、オンラインテスト。次々と手を打ちます。

子どもたちの学びを絶対に止めない、学びの成果にコミットする。強い意思を感じました。

（石戸）

不可避だったオンライン対応

英進館としての新型コロナウイルス感染拡大への対応についてのお話をします。新型コロナウイルス感染拡大により、2020年3月2日から全国の小中高校が一斉休校となり、それに合わせて英進館だけでなく、国内のほとんどの学習塾が休校しました。

その時点では、まさかコロナの影響がここまで大きくなるとは思ってもいませんでしたが、それでも授業の振替をどうするか、授業料の返金をどうするのか等、頭を悩ませました。そうした中、春休みからはほとんどの塾が対面授業を再開し、4月からの通常通りの授業ができると信じていた矢先、3月末から日本全体でコロナ感染者数が爆発的に増え、4月7日には緊急事態宣言が出されました。これは、どんなに早くとも4月、5月の大型連休明けまでは対面授業が一切できないことを意味し、塾で働く者としては非常に衝撃的なことでした。学校・塾ともに、教育に携わる者として、「子どもたちの学びを止めないことが最も重要」という点では思いは共通です。しかし、学校と我々、民間の教育機関＝塾で決定的に異なる点は、塾の場合、授業ができなければ生徒たちの即時退会、休会を意味し、授業料収入がストップするということです。一方で、その間も家賃や人件費などの固定費は払い続ける必要があり、日本全国の塾の経営者は、このままでは半年ももたない、倒産するという恐怖の中で、もがいてきたと思います。

そんな思いを抱きながら4月が始まったわけですが、英進館は従来対面授業を前提としていたため、オンライン授業をすぐに配信できる準備はできていませんでした。ただ、先述したとおり授業料収入を得るにはとにかく授業をするしかない、完璧な形でなくともいいから、手元にあるリソースを駆使して可能な範囲でオンライン授業に切り替えなければならないと考えました。そして全く授業ができなかった4月の第1週に突貫工事で準備を始め、翌週には動画配信にまでこぎつけました。しかし、当初、保護者の方々のほとんどが動画に対して抵抗感をお持ちで、「対面授業できないのに、動画で正規の授業料を取るのか」というお怒りの声も非常に多くいただきました。

圧倒的ボリュームの授業動画を配信

こうした不満を解消するために、私たちはまず配信するオンライン授業動画の分量を、普段の対面授業よりも圧倒的に増やすことにしました。いわゆる「物量作戦」です。例えば小学6年生や中学3年生の受験学年でも、通常の対面授業は週3回程度なのですが、オンライン授業動画はそれを週5回毎日（日曜日と英進館の定休日の月曜日以外）へと配信を増やしました。学年によっては通常の対面授業の2倍以上にまで動画での授業コマ数を増やしたのです。

この取組は非常に意味がありました。対面授業では授業時間、コマ数の制約があり、教科書のすべての内容を解説することはできません。つまり、どうしても重要事項の「抜粋型」になってしまうのですが、動画での授業ならコマ数をいくらでも増やせます。「省略なし」ですべての内容を解説できます。教師総動員で、動画を「撮りまくって」大量に配信したことで、「授業料を半額にしてください」「塾を辞めさせます」といった声は急激に減ってきました（写真1）。

写真1　動画を大量に収録・配信し、学年によっては対面授業比2倍以上の授業をオンラインで実施

オンライン学習の予定表を全学年・全クラス別に作成・発行

動画の収録・配信と合わせて取組んだのは「学習予定表」の作成です。動画は「いつでも視聴できる」ので、視聴するのを後回しにしてしまうと、結果的にオンラ

インで授業を受けなかったということになりかねません。そこで、「この時間帯には、この動画を視聴してください」という学習予定表を全学年・全クラス別に発行しました（写真2）。

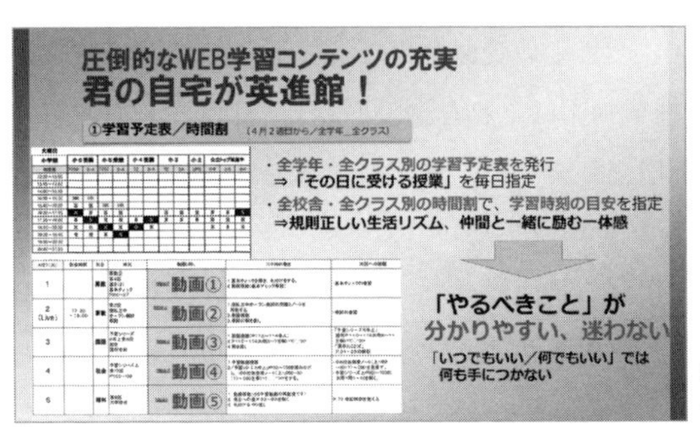

写真2　オンライン授業でも、生徒が「やるべきこと」が分かるよう学習予定表を作成

さらに、学習予定表には、「まずは問題集でこの問題を解いて、この時間帯にはこの動画を視聴してください」などと細かい注意事項や指示も入れました。単に動画を配信するだけではなく、1コマ40分の中で子どもたちが動画を観ながら何をすれば授業を効果的に受けられるのかを考えて、その指示を細かく記したのです。具体的には、授業の1コマを5分単位、10分単位に区切り、「ここでマルつけをする」「ここで動画を観る」「ここで小テストを解く」「ここでプリントをやる」というような指示です。

こうした取組をゼロから短期間で、全学年・全クラス・全カリキュラムで実施しました。その結果、小学5年生、6年生では毎週1000分、小学2年生、3年生でも毎週200分の動画配信と、学習効果を高める明確な指示が可能になりました（写真3）。

同時双方向授業の実施に向けZoomを導入

動画配信に取組む過程で明らかになってきたのが、一方通行の動画配信だけでは、授業に「参加している」という一体感が足りないということでした。やはり、

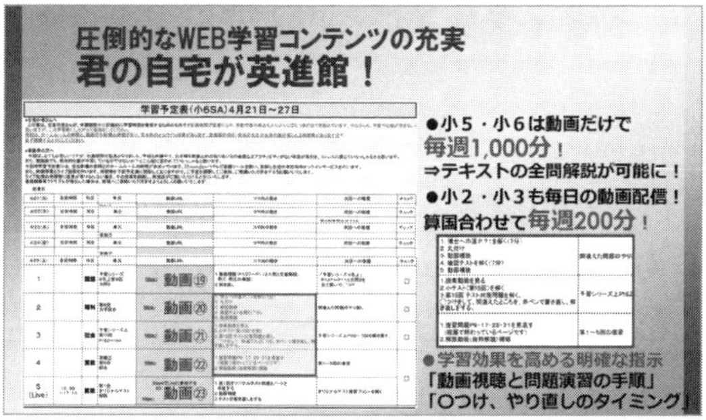

圧倒的なWEB学習コンテンツの充実
君の自宅が英進館！
学習予定表(小6SA)4月21日～27日
●小5・小6は動画だけで
毎週1,000分！
⇒テキストの全問解説が可能に！
●小2・小3も毎日の動画配信！
算国合わせて毎週200分！
●学習効果を高める明確な指示
「動画視聴と問題演習の手順」
「〇つけ、やり直しのタイミング」

写真3　小5、小6は動画だけで毎週1000分の動画。小2、小3でも算数と国語を合わせ毎週200分。具体的な学習手順も1コマごとに明記

「同時双方向」のオンライン授業を実現できる環境を一刻も早く整えようとZoomの利用を検討しました。

しかし、英進館全校舎へのWi-Fi導入と全授業でのZoom使用を一気に行うことはできません。そこでまず取組んだのは、Zoomを活用したホームルームです。週に1回か2回、30人単位のクラスごとにホームルームをZoomで実施しました。私もホームルームに参加しましたが、この取組はとても良かったです。内容うんぬんではなく、生徒と教師が、あるいはクラスメイト同士の子どもたちが、久々にお互いの顔を見ながら話をすることができました。子どもたちにとっても私たち教師にとっても、本当に「感動の一瞬」でした（写真4）。

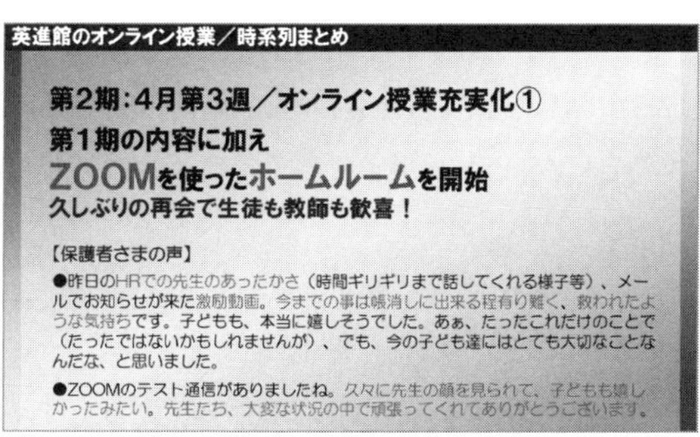

写真4　4月第3週からはついに、Zoomを使用したホームルームが開始される

Zoomでライブ授業を開始、校舎・クラスごとの工夫も

次に取組んだのがZoomを活用してのライブ授業一斉配信です。総本部の1校舎から九州全県の英進館生に向けて配信する、参加者数が1000人単位となる大規模授業です。各学年・クラス別に、英進館を代表する「カリスマ先生」によるライブ授業を配信し、例えば中学3年生の「県立高校受験用クラス」には、約1800名が参加しました。

リアルタイム授業ですので、録画の授業動画配信とは違って、火曜日の午後2時から午後2時40分というように時間が決まっています。参加できなかった生徒用に3日後にはライブ授業の収録動画も配信しましたが、90%以上の生徒はライブで視聴しました。「その時間しか観られない」という条件も重要なのだと感じました。

一方で、「双方向のライブ授業を期待していたのに1対1800人では質問もできない」といったご意見もいただきました。そこで、ZoomのWebinar（ウェビナー）機能を使い、約30人の代表生徒をパネリストに選び、双方向で質問などをやり取りできるようにしました。代表となる30人以外は自分から質問などのコミュニケーションは取れないのですが、パネリストの生徒が当てられたり質問したりのシーンが画面にアップで表示されると臨場感があり、動画配信だけの単調さからは一歩前進したと思いました。

そして5月の大型連休明け、4月7日の緊急事態宣言から1か月弱かかりましたが、各校舎にWi-Fi環境が整い、クラスごとにZoomを利用してのオンライン授業が可能になりました。

この頃には各校舎の教師や生徒に、Zoomを使って色々な試みをしてもらいました。その中でも評判が良かったものをいくつか紹介します。

まずは「オンライン自習室」です。各校舎のクラスごとに30～40人の生徒が入れるオンラインの自習室です。毎週火曜日の午前10時から午後3時までの5時間、Zoomのギャラリービューでクラスの友だちの顔が見える形で自習できるようにしました。サボって寝転がっていたりするとクラスメイトに見られてしまいます

し（笑）、友だちが勉強している姿も分かるので、「自分もやらなければ」という緊張感も保てます。

教師もただボーッと見ているだけではなく、10分、15分おき程度に声かけをしました。「○○くん、すごいね！ 気合いが入っているね」とか、「××くん、寝てないかな？」などという声かけが非常に効果的でした。

オンライン激励会も教師から提案のあった工夫です。授業だけでなく、昨年の生徒さんのエピソードや成功例、失敗例などさまざまな話をオンラインで伝えて、生徒と語り合いました。

その他にオンラインテストも実施しました。中学生を対象に、事前に模擬試験を郵送しておき、指定した日の午前10時に一斉スタート。受験者をすべてZoomでつなぎ、画面共有した状態で午前10時50分まで試験を実施し、10分間休憩を取るといった形です（写真5）

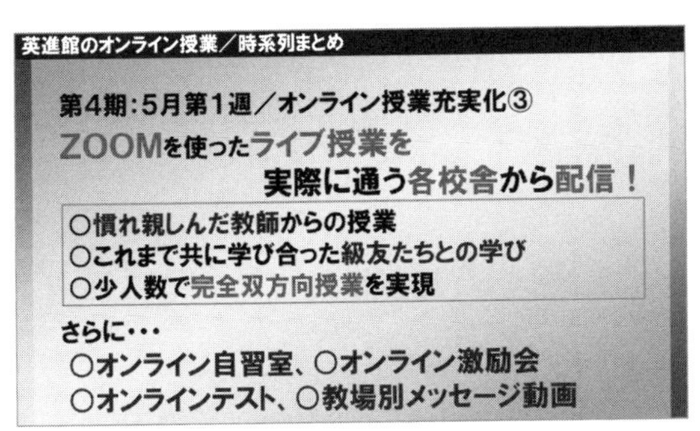

写真5　Zoomによるライブ授業、オンライン自習室、オンライン激励会、オンラインテストなど各校舎、各クラス独自の試みも実施

また、オンライン授業の充実化の取組では、5月第2週から「ELNO」というシステムを導入して、すべての受講ログを記録できるようにしました。それにより「この生徒は、どの動画をどれだけ視聴しているのか」といった確認ができるようになり、的確な声かけや自宅への電話かけがしやすくなりました。

自宅受験でも99%以上の生徒が正しくテストを受験

英進館は進学塾です。子どもたちの成績把握、そして学力向上のためにもテストは非常に大切です。今年は登校自体ができず、3月、4月、5月と全く通常のテストができない状況でしたが、「たとえ自宅受験でもテストをきっちり実施し、成績順位の集計や志望校判定もやるべきだ」ということで、自宅受験形式でテストを実施しました。

特に英進館ではテストを頻繁に実施していて、受験生ともなるとほぼ毎週のペースです。週ごとの学習カリキュラムやテストの受験をスケジュール通りに進めてもらうために、毎週金曜日の午後5時までに約3万人の全生徒分のテスト問題と解答用紙、数十枚のプリント教材を郵送準備しました。これは、全校舎の社員総出での作業でした。

土曜日に郵送をして、翌週の火曜日には生徒の自宅に届きます。そして、木曜日までにテストを解き封筒に入れ、木曜日の消印までの期限で返送してもらい、その後英進館で採点と成績処理を行いました。通常と同様に順位や志望校判定も算出しました（写真6）。

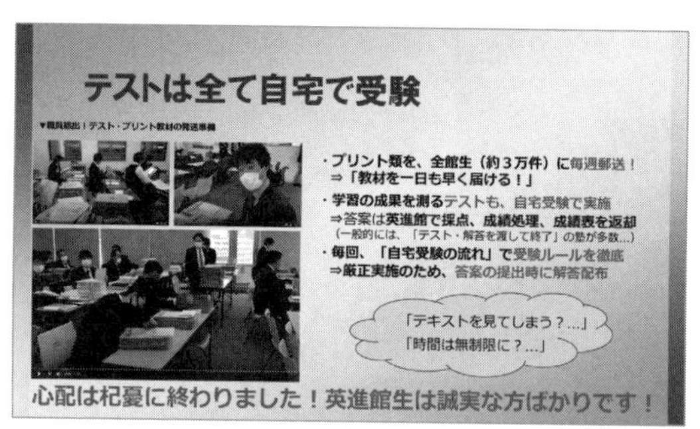

写真6　社員総出で約3万人の全館生にテスト問題やプリントなどを発送

実は自宅受験でテストを行うことは、生徒保護者にとっても大きな負担をおかけすることになります。タイトなスケジュールの中で問題を受け取り、提出いただかなければなりませんし、ご自宅でテストを実施している間は、ご家族やご兄弟が静かにしておくといった周囲のサポートが不可欠です。それでも結果的には95%の生徒が期限までに解答を提出し、自宅受験にもかかわらず99%以上の生徒が公正にテストを受けてくれていました。

こうして実施してきた自宅受験のテストデータを分析してみると、英進館で2019年に模試を受けた生徒の成績と比較しても、ほぼ近い結果が出ています。つまり、オンライン授業の効果として、対面授業をやっていた時とほぼ同程度の学力が身についていると考えています。

ここでもう1つ、英進館における人工知能AIの活用事例についてもふれておきましょう。英進館では20年以上前から、福岡県で3月に行われる県立高校の入試が行われた当日に、各学校の合格ラインと全受験者の平均点を予想して公表しています。AIを使わずとも英進館の予想精度は驚異的です。トータルで30点、その誤差はわずか1%です。ただ、この高い精度は、科目の知識はもちろん過去のデータや出題傾向にも精通した経験豊富な精鋭教師たちが30人集まって、3時間の奮闘の末にようやくたどり着ける領域でした。

AIを使い始めたのはここ3年です。何より劇的な変化は作業負担を圧倒的に効率化できたことです。30人で3時間、のべ5400分を要していた算出作業が、わずか2名の担当者によって10分でできるようになりました。しかも、肝心な予想精度は従来と同じかそれ以上で、2019年の各高校合格ボーダーライン予想においても、発表した予想得点と実際のボーダーライン得点との誤差は1点以内になりました。

このように、英進館はオンライン授業だけでなく、入試の平均点やボーダーラインの予測などにもICTを活用しています。新型コロナウイルス感染症の拡大で、図らずも学校・塾を問わず、教育の現場においてはオンライン学習が推進されました。今後のさらなるICTの進化、教育コンテンツの充実で、対面授業では実現できないメリットをもったオンライン授業を実施できるでしょう。

この2～3か月間、対面授業が一切できずにオンライン授業をせざるを得ないという環境に置かれたことで、生徒、保護者に「オンライン授業には対面授業よりも良い部分が数多くある」ことを実感していただけました。動画の授業であれば自分が分かっているところは、1.5倍速や2倍速で視聴することができます。分からないところは繰り返し聞けるし、通学や通塾の非効率さも省けます。オンライン授業ならではの良さを再認識していただけたと思っています。これは社員も、そして私自身も強く感じていることです。

DIALOGUE 対話

対面授業をベースに、オンライン授業も併用

石戸　オンラインでの双方向授業で、うまくなじめない生徒さんへのケアはどうしましたか。コミュニケーション面でのトラブルの有無などを教えていただけますか？

筒井　ホームルーム機能でみんなと一緒の画面に入りたがらない生徒には、個別にZoomを立ち上げて対応しました。また、直接のアドバイス、質問、保護者との面談などの個別フォローもZoomで実施しました。「質問は電話でもOK！」とホームルームで呼びかけていたため、電話での質問も多数ありました。高校生では、画面オフでの参加を許可しているほか、チャット機能や画面共有機能はオフにして指導をしています。

これはほんの一例です。日々さまざまな要望やトラブルが発生しましたが、それらをすべて本部の幹部も共有し、現場と一緒になって改善策を講じてきました。その中で何よりも心がけたことは、一つひとつ丁寧に対応することでした。

石戸　コーチングやコミュニケーションの場の提供など、教科指導以上に、その周辺の指導を強化していかれたのは素晴らしいと思います。そのような点に配慮できたのは試行錯誤の結果でしょうか。もしくはICTに詳しい教職員がいらっしゃったのでしょうか？

筒井　オンラインでの指導を決めた4月当初に、「どんなに良いコンテンツを提供しても、生徒がそれをやらなければ全く意味がない。大事なのは、いかに生徒が勉強に対するモチベーションを維持し実行するかである」という大原則を再確認しました。その原則のもと、オンライン授業に関する会議を毎日毎日、1日も欠かさず開きました。

生徒のモチベーション維持のため、何をすべきかを考え実行していく中で、英進館高等部で導入している「東進衛星予備校」での経験は大きかったと思います。超一流講師が展開する授業を提供しても、受講するかしないかを生徒任せにすると、生徒の勉強に対するモチベーションは持続しないのです。生徒が高いモチベーションで勉強を続けていくには、その生徒の学習状況を十分に把握し、その生徒の心に最も響く言葉をかけるコーチの存在が重要であることを、英進館の社員一人ひとりが高等部を通して身をもって経験し、知っていました。

このような背景もあり、家庭への電話かけ、Zoomを利用してのホームルームや自習室の提供など、英進館の社員がそれを行う意味をしっかり理解して取組めたのだと思います。

石戸　オンラインで授業ができる環境をこれだけ整えられましたが、今後はどうされるのですか？

筒井　今は対面授業に戻っていますが、インフラ面では完全にオンライン授業の準備が整いました。新型コロナウイルス感染症の第2波、第3波が来たとしてもオンライン授業にすぐに移行できる体制になっています。

ただし、公共交通機関を使って通わなければいけない校舎、遠方から通う生徒が多い校舎は、やはり新型コロナウイルスへの感染が心配で、「オンライン授業を継続してほしい」という意見も一定数あります。そこで、今後も対面授業を中心に、オンライン授業を同時並行で進めていく考えです。

石戸　今回の新型コロナウイルス感染拡大による休校対応で、「学校の役割はなにか」「教育とはなにか」「学びとはなにか」ということを社会全体で考えるきっかけになったと思います。そのうえで受験は今後、どのようになっていくと思いますか。変化しますか？

筒井　大学入学共通テストは2021年1月に実施されることになりましたが、大規模な試験というものは確実に「三密」ですし、1月、2月はインフルエンザも流行する時期です。そのため、時間の問題だと思うのですが、テストを一律に実施するのではなく、オンライン型に変えていかざるを得ない時期に来ているのではないかと感じています。

いまだに紙の教材が重視されるのはリアルな試験が紙だからですが、今後、入試がオンライン式のテストになれば、学校や塾の授業のオンライン化は一気に進んでいくと思います。ただし、テストにおいて小論文も含め自由な発想をみる記述式のものが増えてくると、今すぐにオンライン対応は難しいと考えます。

「学びを止めない」を実現するために今、必要なこと

Google for Educationが創造する「学びの場」

［日時］2020年8月4日（火）12時～ 13時

［講演］スチュアート・ミラー（Google for Education マーケティング統括部長 アジア太平洋地域）

谷 正友（奈良県域GIGAスクール構想推進協議会調整部会会長）

Stuart Miller◎米国ユタ州生まれ。小学校でコンピュータを活用する教育を受ける。大学卒業後に来日。MBAを取得し、Google に入社。2018年より現職。

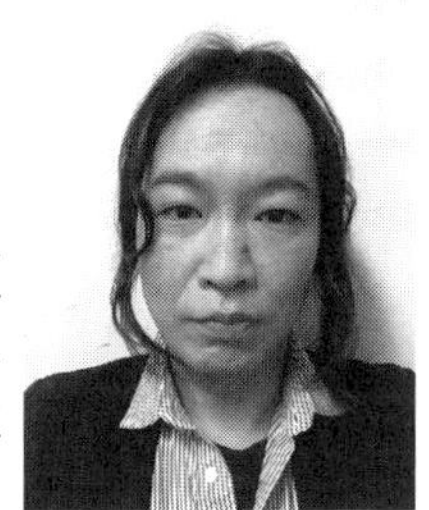

たに・まさとも◎1999年同志社大学卒業。大手SIerを経て、2013年より奈良市役所勤務。学校ICT担当。2020年より文部科学省ICT活用教育アドバイザー委員。

奈良県は、県内の約8割の市町村が参画する共同調達を実現しました。「住んでいる地域や学校の規模や家庭の環境に関係なく、奈良県内の学校に通うすべての子どもたちに最新の質の高い学習環境を整える」という理念をもとに議論した結果として導きだしたのが「共同調達」という手法だったのです。そして、共同調達に参加した市町村の96％がChromebookを選択しました。スチュアートさんは、「Google for Education」の特徴として、「簡単」「手頃な価格」「高い汎用性」「高い効果」をあげます。教育現場に徹底的に寄り添うことで世界中の教育現場でChromebookの導入が進んでいます。現状では日本は学校ICT環境においては後進国と言えますが、日本のGIGAスクール構想は世界でも注目を浴びていると言います。

奈良県は共同調達までのプロセス等、多くの情報を共有しています。このように良い事例を日本中、そして世界中に発信し続けることで、工業化社会において世界に誇る教育を構築した日本が、Society5.0時代の教育においても世界を先導できるようになることを期待します。

（石戸）

「学びを止めない」ための遠隔学習支援プログラム

【ミラー】

GIGAスクール構想、そして新型コロナウイルス感染症の拡大により、教育業界は新しいチャレンジに挑むことが求められています。目指すべきは、「学びを支える、学びを止めない」ことです。児童・生徒のみならず大人の私たちも学び続けなければなりません。そして「学び方そのものが変わってきている」ことを理解しなくてはなりません。

Google は、GIGAスクール構想の実現と合わせて、新型コロナウイルス感染症拡大による休校中の学びを止めないために、2月末から「遠隔学習支援プログラム」を提供開始しました（写真1）。

写真1　Google が提供する遠隔学習支援プログラム

政府からの依頼で、3月より「Chromebook」端末を無料で、各自治体や学校に貸出しています。

また「家から教えよう」というWebサイトや、ウェビナーを通じ Google for Education を活用した遠隔学習の方法をエキスパートの教師たちと一緒に学ぶ機会を提供しています。私が管轄するアジア太平洋地域だけでも、同Webサイトを14か国18の言語で提供し、ウェビナーの動画は YouTube で配信しています。また、学校が再開したことを受けて「家から教えよう」というサイト名を「これからの学び」に変更し、教師、学校、家庭向けのコンテンツを追加しました。「これからの学び」のURLは、https://teachfromanywhere.google/intl/ja/ です。

GIGAスクール構想に最適な「Google GIGA School Package」

一方、GIGAスクール構想の実現を支援する取組として、Google では「Google GIGA School Package」を提供しています。無償提供しているクラウドベースのプラットフォーム「G Suite for Education」と、Chromebook を活用してオンライン教育などを簡単に実現できる仕組です。導入方法や授業での活用方法が学べる無料研修、「Kickstart Program」も合わせて提供しています。

奈良県、仙台市、姫路市、札幌市、藤沢市、福岡市、横浜市、静岡市をはじめとした、たくさんの自治体にすでに Google GIGA School Package の導入を決定または検討いただいています（写真2）。

写真2 「Google GIGA School Package」の概要

なぜ、多くの自治体が教育現場で、Chromebook の活用を選択しているのでしょうか。それは Chromebook が、教育現場での利用に適した端末だからです。文房具のように簡単に使え、クラウドベースなので端末の共有も可能です。軽くて強く、すぐに起動します。バッテリーも長く持ちます。シンプルで使いやすく、セキュリティ面でもさまざまな機能を搭載し、安全にお使いいただける端末です（写真3）。

写真3　Chromebook が教育現場で選ばれる理由

また、「G Suite for Education」は無償のツールキットです。児童・生徒の主体的・対話的で深い学びの実現にも、そして教員の働き方改革にも最適です。休校によって利用者が増えている「Google Classroom」や「Google Meet」も「G Suite for Education」のツールの一部です。

「G Suite for Education」の特長は、学校全体でリアルタイムに協働作業ができることです。ドキュメント上で、教師同士、児童・生徒同士意見を交わし、その意見をもとに一緒に何かを作り上げる協働学習も可能です。学びがより対話的になり、理解が深まります（写真4）。

写真4　時間や場所を問わず、教師同士や児童・生徒同士で共同利用できる「G Suite for Education」

「Google for Education」が世界各国で選ばれている理由

「Google for Education」は、日本のみならず世界各国で選んでいただいています。その理由は大きく分けて4つあると、私たちは考えています。まずは、管理が簡単であること。去年、第三者の研究機関であるIDCが、日本を含め世界各国のGoogle for Educationを利用している学校で研究調査をGoogleからの委託で行いました。Google for Educationを利用したことで、管理にかかる時間そのものが、平均59%減ったとの結果が出ています（2019 IDCによる白書）。

2つめは、手頃な価格です。同じ調査で、他の端末やソフトと比較してChromebookを使うと、総合的なコストが平均57%削減できたとの結果も同調査で明らかになりました。Google for Educationは無料無制限でデータをお使いいただけますし、Chromebookはオールインワンの端末で、ソフトやサービスの追加購入、追加のウイルス対策ソフトが必要ないため、コストパフォーマンスがいいのです。

3つめは高い汎用性です。クラウドかつアカウントベースで利用できますので、いつでもどこでも使えて、1つの端末を複数の児童・生徒で共有することも可能です。

そして、4つめは、高い効果。学校全体で児童・生徒の成績が上がった、授業がより主体的・対話的になった、教員の時間やコストを削減できたといった効果が報告されています（写真5）。

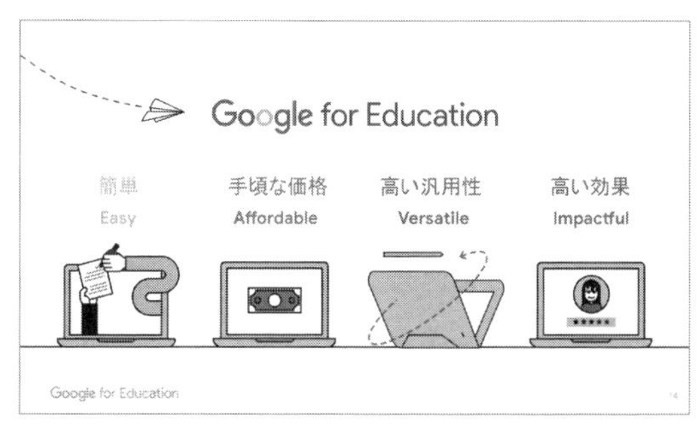

写真5 「Google for Education」が選ばれる理由

私にとって何よりも印象的なのは、数字では測れない効果です。教師の方々から「児童・生徒の目の輝きが違う」「積極的に学習に取組んでいる」「勉強がすごく楽しくなった」といった話をよく伺います。例えば、東京都町田市立町田第五小学校では、校長先生から「5年生6年生はほぼ毎日使っており、その効果を実感している」、先生から「これからは情報活用が基盤となって新しい学びが展開するのではないか」といった感想をいただいています。また、児童からも「1つの班（4人）でスライドをまとめていくと、1人でやるより速くできる」「難しいより楽しいほうが大きい」といった声を聞くことができました（写真6）。

写真6　東京都町田市立町田第五小学校での活用事例

https://www.youtube.com/watch?v=jBmzYpNPgZQ

奈良市・奈良県のICT環境の現状

【谷】

奈良市では、2019年の文部科学省の概算要求の時点からGIGAスクールに関わるICT環境整備の検討を始めていました。また、奈良県では、文部科学省の統合型校務支援システム導入実証研究事業から、各市町村共同の取組として、3年前から検討してきた経緯があります。

GIGAスクール構想については、国から説明があった12月23日の翌日には県内の全教育長が集まり、タブレット端末などの共同調達への取組を始めました。参加自治体は8割を超え、児童・生徒の97%にタブレット端末を配置できるように共同調達ができたことになります（写真7）。

共同調達したタブレット端末のOSの割合は、Chromebook が96%、iPad が4%、Windows が0%です。いい意味で、奈良県内の環境が統一された状況です。

写真7　奈良県の共同調達規模

共同調達の実現に向けて考えた4つのポイント

共同調達の実施は「なかなか難しい」という声が全国の自治体から聞こえてきますが、奈良県では共同調達に取組む前に、GIGAスクール構想に向けて取組むための「大切なこと」を考えました。そして、「奈良県内の学校に通うすべての児童・生徒に、住んでいる地域や学校の規模、家庭環境にも関係なく、最新の質の高い学習環境を提供すること」「子どもが自分で学べる環境を作ること」を基本としました。県内の約40の自治体で共通してこの意識を持ちながら、議論を重ねて出した答えが共同調達だったのです。

共同調達実現に向けた考え方のポイントは4つあります。まずは、徹底的にクラウドを活用し、端末にはソフトを入れない。2つめは、子どもが自由に学べるように、安心・安全に使える環境をしっかり管理する。3つめは、次の「スタンダード」として「個人所有」を考える。4つめは、3年後や5年後には普及が進みインフラの1つとなることを見据えながら、「1人1アカウント」を実現し、どのような状況であっても学びを継続できる環境を作るということです（写真8）。

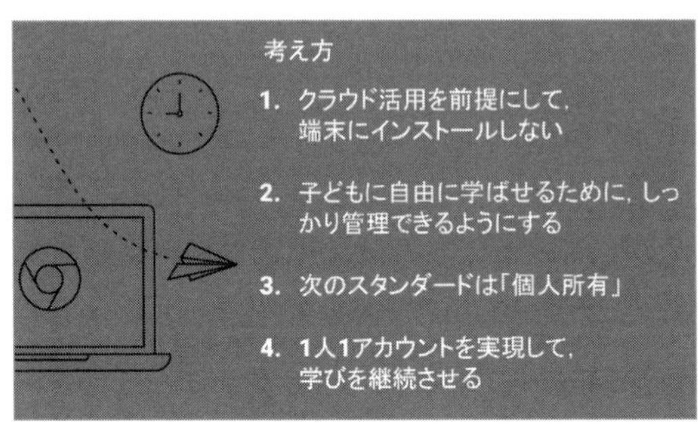

写真8　共同調達実現に向けた考え方

端末の選定の比較表など共同調達の情報を公開

次に具体的な取組の経緯を説明します。奈良県では新型コロナウイルス感染症拡大の影響だけではなく、災害時などの急な休校の時でも学びを継続できる環境を提供するために、奈良県域GIGAスクール構想推進協議会（以下、協議会）を作りました。県や市町村の教育長、行政、有識者、大学教授の方々にも入っていただき、教育委員会と行政が一体となった組織を作り、予算的なバックアップや具体的な実現方法について議論を重ねました。

協議会の調整部会では、3OSに関して議論、ヒアリング、資料の比較などを実施し、各OSのメリットやデメリットを明確にし、比較表としてまとめました（写真9）。

この3OSの比較表は奈良県立教育研究所のWebサイトで公開しています。重点4観点と詳細48観点、良いことも悪いことも書いています。これから検討される自治体の担当者の方には、共同調達のプロポーザルの質問などにぜひ使っていただければと思います。

写真9　3OSに関する調整部会の検討結果

端末とあわせてネットワーク環境も整備

実は、共同調達の実施で困ったのは、「県域共同調達をすると、端末の納品が遅くなる」という声があることでした。文部科学省が目指す8月や年度内の納入ができないというのです。このような声が聞こえてきましたが、結果そんなことはありませんでした。奈良県の実例をご紹介します。

奈良県での各自治体への端末納品時期は、7月に1自治体で奈良市は8月の予定です。そして11月までに各市町村に順次、納入されます。納入後の準備に数週間～1か月かかりますが、年度内どころか年内には奈良県の各自治体にGIGAスクールの環境が整います。

このように、奈良県ではタブレット端末を県域共同調達で調達しました。一方、各学校のネットワーク整備は各自治体が行います。奈良市では4月に学校休業期間中の家庭オンライン学習の支援で、Wi-Fiルータの貸出を開始しました。奈良市のネットワークはセンター集約で、ツリー型になっています。この末端部分がボトルネックになりがちでしたので、4～6月にこれまでの10倍の10Gbpsの帯域に変更しました。今後、インターネットとの接続部分は、1Gbpsの帯域保障から20倍の20Gbpsの帯域確保に変更し、すべての端末が1Mbps程度の接続速度を得られるようにしていきます。これで子どもたちの11インチ程度の画面で、動画視聴が可能になるだろうと考えています。

小中学校の校内のネットワークは国の補助事業を活用して整備します。学校の規模によっては5日から2週間程度の作業がかかりますが、7月から2021年3月までに順次、整備し稼動させていく計画です（写真10）。

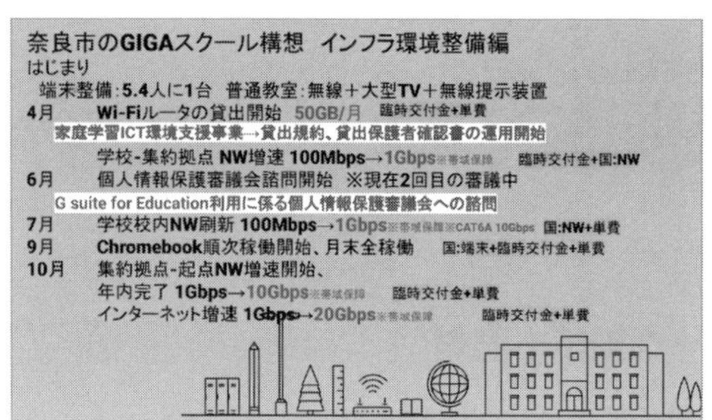

写真10　インフラ環境整備の予定内容とスケジュール

また、GIGAスクールの取組でよく議論になるのが、個人情報保護条例との関係です。「個人情報保護条例があるから、クラウドは使えない」とよく言われます。しかし適切に審議会に諮問すれば通れる道です。奈良市では先月2回目の個人情報保護審議会が開催され、前向きな議論をいただけたと聞いております。近々、良い方向の答申が出ると思います。国では「クラウド・バイ・デフォルト」とずっと前から言われていますし、各自治体でも十分対応できると思います。

低学年の子どもが端末を使えるのか アンケートで見えてきた可能性とは

今回の奈良県での取組のように、ICT機器を小学1年生から中学3年生まで一気に整備しようとすると「低学年の子どもが端末を使えるのか」と、よく言われます。令和2（2020）年6～8月にかけて、奈良県立教育研究所教育情報化推進部の小崎誠二氏が実施したアンケート調査（奈良市・生駒市・大和郡山市・橿原市在住の就学前の5歳児、小学校1年生、2年生209名を対象）をもとにお話しします。

5～7歳児を対象にした調査では、「文字が概ね読めますか」の設問に、2年生になると7割以上の子どもが読めることが分かりました。「10日間使ってみてiPad と Chromebook どっちが好きですか」の設問では、5歳児は半々でしたが、年齢が進むにつれて「Chromebook が好き」と答えた児童が多くなりました。

「子どもたちがパスワードを決められるわけがない」という声もよくあります。やはり自分1人で決めるのは難しい傾向があります。一方で、保護者や教師、誰かと一緒に考えて、自分で忘れないパスワードを決めることは、1年生でも2年生でもできるということも分かりました。

その他にも、音声認識ができること、故障や電池切れでは「電源が入らない時には電池がない」と認識できること、充電すればいいことも、2年生になれば十分理解していることが分かりました。

また、自分でログインできることも分かり、「家庭でのオンライン学習は、必ずしも保護者が横につく必要がない」ということが推察されます。最初のレクチャーさえしっかりできれば可能になるのではないでしょうか。

さらに、プログラミングを学べる教育ツールの Scratch も最初に使い方を教えれば、あとは自分たちで使えるということが分かりました。このアンケートの結果から、大人のほんの少しの頑張りで、子どもたちはどんどん新しい世界に入っていくのではないか、そんな思いを感じているところです（写真11）。

写真11　アンケート調査では、子どもたちが新しい学びに慣れていく可能性が見えてきた

奈良県では、ようやく端末とネットワークと整備について目処がつきました。これがスタートラインで、GIGAスクール構想は、これからが始まりです。GIGAスクールは「あれもこれもやってみよう」の積み重ねと繰り返しです。教師にとっても一番やりがいを感じられて、学びの形がどんどん変わっていくのではないかと思います。

DIALOGUE　対話

「GIGAスクール構想」は世界的にも注目される取組

石戸　ミラーさんにお伺いします。Google には世界中から教育環境に関する情報が入ると思います。文部科学省の調査によると、日本では4月時点で5%しか双方向型のオンライン教育が導入されませんでした。この日本の状況は世界と比較してどうなのでしょうか？

ミラー　具体的なデータはありませんが、各国の話を聞く限りでは、どの国も突然の休校対策には困っていて、1人1台を実現できている国は少ないように思います。アジアの国々でも、政府が端末配備への取組を検討したり、端末はなくても G Suite for Education のアカウントだけ付与したり、また学校によっては家庭のパソコンでなんとか対応したり、とさまざまです。

世界的に特に日本の導入率が低いという話は聞こえてきません。逆にGIGAスクール構想についてすごいと、アジア圏の国で話題になっていると聞いています。

石戸　谷さんにお伺いします。県域の共同調達を実現するにあたり苦労したことや、これから取組む地域へのアドバイス、県域共同調達のメリットなど教えていただけますか？

谷　共同調達は、各担当者の信頼関係がすべてです。奈良県もICT導入は遅れていて、3年ほど前に県域で校務支援システムを導入するプロジェクトを始めました。その業務仕様を決める中で、担当者が何度も顔を合わせ、「校務支援で一緒にできた」ことが、共同調達を成功できた背景にあります。担当者同士が信頼関係を築けたことが大きかったと実感しています。

県域共同調達のメリットとしては、県内どこの学校に教師が異動しても、4月の一番大変な時にインフラが異なることでの負担がありません。整ったインフラで、よりよい教育活動を実践してくことができます。

石戸　ネットワーク環境の質問です。校務システム含めて Chromebook をうまく使うための、ネットワーク整備の考え方について聞かせていただけますか？

谷　校務システムと Chromebook の直接連携は、奈良市でも、正直悩んでいます。将来的には連携をしたいと考えますが、ネットワーク接続先の制限やセキュリティ確保の問題があり、バランス次第です。また技術的な対策もさることながら、最終的には利用者のモラルやスキルも重要になります。それらを合わせて一番スムーズにできる方法の模索が、現時点での課題です。

ミラー　ネットワークの面で付け加えると、GIGAスクール構想が目指すのは「クラウド・バイ・デフォルト」、インターネットが当たり前の環境です。文部科学省もネットワークに関するガイドラインを出していますので、それも参考に整備されるとよいと思います。

谷　1Gbpsのベストエフォート回線の利用はよく検討されていますが、実測値は異なります。大画面の動画視聴でなければ、それほど高速でなくても視聴は可能です。ですから、ご自身の経験も参考に「いける」可能性を考えていただくとよいと思います。

石戸　海外での Chromebook の利用実態や、海外で選ばれている理由を教えていただけますか？

ミラー　世界的に ICT 教育が進んでいるスウェーデンやニュージーランド、アメリカ、カナダなどでは Chromebook が教育機関で使用されている端末として一番多く使われています。主な理由は2つです。1つは管理しやすい点。何千、何万もの台数の端末がクラウドにつながっていても、管理者は1つの管理端末から一括管理ができることが評価されています。

もう1つは、学びの邪魔にならず汎用性が高い点です。例えば、アメリカの学校教育は、教育制度そのものが学校や地域によって自由で統一されていないことが特長です。にもかかわらず、Chromebook が選ばれているのは、いろんな学びのスタイルに柔軟に対応できているからだと思います。

石戸　端末の家庭への持ち帰りに関する質問です。家庭でのオンライン学習の運用の考え方をお伺いしたいです。

谷　端末は持ち帰り前提で、各家庭のSSIDとパスワードで、家庭のネットワークに接続できる構成になっています。普段学校で使っている G Suite for Educationにログインすれば、学校の Google Classroom が見えて、そこから Google Meet につなげたり、課題をこなしたりできるという環境です。

通常の対面の授業で何度か使い方を説明しておけば、例えば新型コロナウイルス感染症の影響で急に学校休業になったとしても、Webベースのコンテンツには、シングルサインオンでいつものIDとパスワードでそのままログインできる環境となるでしょう。そうすれば、学校と同じ感覚で家庭でも学習できます。

石戸　これまでは「学校で、ICTで学ぶ環境を整備しましょう」だったのが、新型コロナウイルス感染症の拡大で、「学校でも家でも同じ学習ができる環境を整えましょう」と論点が大きく変わりました。Google として方針が変わったことはありますか？

ミラー　特にありません。当社は、いつでもどこでも学べる環境とツールを、文房具と同じように使っていただけることを目指しています。筆箱同様、誰でもどこへでも持って行け、学習に取組めることが理想だと思います。

石戸　学習効果はどのように測定されていますか。国内外問わず調査事例があれば教えてください。

ミラー　各国や自治体の結果を伺うことがあります。例えば3年前から Chromebook をお使いの埼玉県で、授業で Chromebook を使うクラスと使わないクラスで違いが出るかを調査したところ、平均して15ポイント試験結果に差が出たとの結果を聞いています。他国の例では、アメリカのノースカロライナ州シャーロット市で1人1台端末を実現したところ、全国の学力テストで、全学年で平均を超える結果が出たそうです。

石戸　奈良県のこれからのコンテンツ導入の考え方、コスト負担に関する考え方があれば教えていただけますか？

谷　教材費として家庭に負担いただく部分と、公費で賄う部分が重複するのではないか、公費で十分なら家庭負担はなくしたらよいのではないか、というご質問ですね。行政的な回答をするならば、「これから丁寧に詰めなければならないと思っています」という回答になるところです。一方、「子どもが端末を使っている＝遊んでいるのではなく勉強している」の考え方が浸透すれば、費用分担の議論もおのずと前向きな方向でできると思います。これまで紙の教材は家庭負担であるべきとの形でしたが、この形も変わっていくきっかけになるのではないかと思います。

ミラー　他国を見ても、教材に何を使うかは自由なところが多く、教科書だけでなくコンテンツも、学校や教師に選ぶ権利があります。私どもはオープンソースのプラットフォームとして、どんなコンテンツでも見られるようにすることを1つのミッションだと考えています。

4-3

アフターコロナ時代のオンライン授業を「共創」する

オンライン授業を学べる「ロイロ超スクールfor teacher」

［日時］2020年7月13日（月）12時～ 13時

［講演］**杉山竜太郎**（株式会社LoiLo取締役COO）
野中健次（ロイロ超スクールリーダー）
和田 誠（ロイロ超スクール校長／愛光中学・高等学校教諭）

すぎやま・りゅうたろう◎2007年株式会社LoiLoを設立、取締役COO。2013年より協働学習授業支援アプリ ロイロノートを開発。学びの可能性を追求。

のなか・けんじ◎教育ICTコンサルタント、イベントクリエイター。「ロイロ超スクール」「ロイロ超スクールfor teacher」「オンライン授業ノウハウサイト」の発起人。

わだ・まこと◎愛光中学・高等学校の社会教諭。ロイロ認定ティーチャー、シンキングツールアドバイザー委員長、Google認定イノベーター。

国内外の小中学校大学塾等5000校以上に導入されている授業支援アプリ「ロイロノート・スクール」。休校期間中、子どもたちの学びを継続させるためにロイロノート·スクール（以後、ロイロノート）を通して、さまざまなチャレンジが行われました。

まず、全国の有志の先生たちによって、校種、学校、学年の枠を超えて授業が受けられるネット上の学校「ロイロ超スクール」の実現です。超教育協会としても、全国の学校・自治体・企業が連携して作成した動画を教科書・学年・単元ごとに共有する「超小学校」を構築できないかと話をしていたところ、ロイロ超スクール開校の話を聞いて、すぐに杉山さんにコンタクトを取りました。学校の枠を超えた先生方の連携で超スクールを実現したところにアフターコロナ教育の芽生えを実感します。この「ロイロ超スクール」では、全国のスーパーティーチャーの授業を誰もが受けられます。

さらに感銘を受けるのは、オンライン授業のノウハウを全国の先生に共有したこと。全国の先駆的なオンライン授業を実践している先生から、オンライン授業のノウハウを伝授いただくべく実施した「ロイロ超スクール for teacher」には、全国から約1800人の先生が集いました。そして「ロイロ超スクール for teacher」でのノウハウをベースに全国の160人の先生と共創して、オンライン授業ノウハウ特設サイトを構築しました。

全国の先生方の熱意も、そんな先生方が集う場づくりを行っているLoiLoも素晴らしいですが、それはこれまで長い時間かけて築きあげた信頼関係が導いた共創だったのだろうと思います。

（石戸）

休校対策で注目が高まる オンライン授業でのマストツール「ロイロノート・スクール」

【杉山】

ロイロノートは、双方向の授業を実現する授業支援アプリです。ブラウザでも使用でき、写真・動画・音声・PDFデータが自動的にクラウドにアップロードされます。クラウドへの保存容量に制限がなく、ノートやプリント、英文の音読動画などを先生から生徒へ配信したり、生徒同士で簡単にやり取りすることができます。

例えば、生徒が自分のノートを撮影し、それを「カード」とすればクラス全員で共有できます。他の生徒のノートを参照しながら勉強を進めることも可能なので、学び合いが促進され、授業が理解しやすくなります。データの共有は、カードをデスクトップ上の「送る」ボタンにドラッグするだけなので、ICT知識の少ない先生でも簡単に使いこなせます（写真1）。

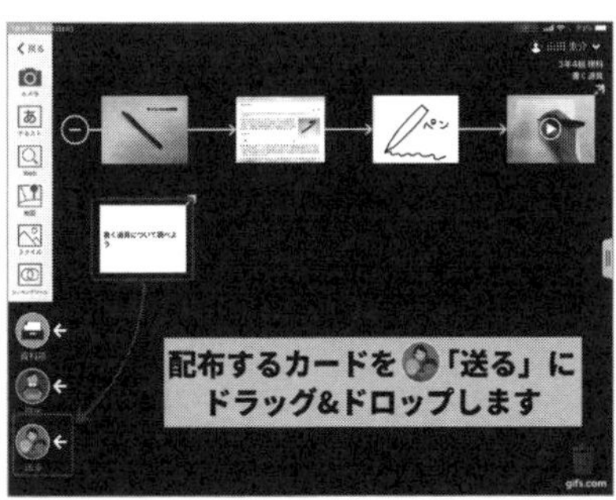

写真1　直感的な操作でデータのやり取りができる「ロイロノート・スクール」

ロイロノートの特長は「指でつなぐだけでプレゼンテーション資料を作成できる」ことです。デスクトップ上の資料を指で順番につないでいくだけでプレゼンテーションを作成できます。あらゆる教科で「自分の考えを発表する」のに活用できるのがロイロノートの魅力です。

もう1つ、ロイロノートには「シンキングツール」としての機能があります。ロイロノートに蓄積された膨大な過去の学びのデータの中から、自分の考えをまとめるために必要なデータを生徒がうまく選び出し、「情報を収束させていく」ことで自分の考えを作り上げていくことができます。個別のシンキングツールを活用すれば、学びのデータが自分の手元にあるので、小学校低学年の児童でも自分の考えをしっかり持てるようになります。

ゲーム感覚で何気なくカードを仕分けしているうちに、蓄積された学びを「自動的に振り返っている」ことになるのです。過去の学びを「勝手に振り返る」ことができるのが、ロイロノートを活用するメリットです。シンキングツールの機能については、7月31日、8月7日、14日の全3回の日程で「夏のシンキングツール祭り」と題した先生向けの授業案作りのオンラインイベントを開催します。ぜひご参加ください。

それでは、次に休校期間中、全国の子どもたちを対象に開講したオンライン授業の「ロイロ超スクール」、先生たちを対象としたオンライン授業のノウハウを学べる「ロイロ超スクールfor teacher」の実施、先生向けの「オンライン授業ノウハウ特設サイト」の開設について、ロイロ超スクールリーダーの野中健次、ロイロ超スクール校長で愛光中学・高等学校教諭の和田誠から説明します。

日本中のスーパーティーチャーが大集結！
全国の子どもたちに向け「ロイロ超スクール」開講

【野中】

今回、全国160名の先生方との共創で実現した、先生向けの「オンライン授業ノウハウ特設サイト」について、なぜこのようなサイトを作ろうと考えたのか、どのように実現したのかを説明します。

開設までの経緯は3段階に分けられます。まず、生徒向けの「ロイロ超スクール」の開校、そこから派生した先生向けのイベント「ロイロ超スクールfor teacher」の開催、そして「超スクール for teacher」での学びをもとにオンライン授業のノウハウページ作成に至りました。

まず「ロイロ超スクール」は、2月末に出された全国の学校への休校要請を受け、翌週の3月5日から19日の期間に実施したオンライン授業です。全国の私立・公立学校から約40名の先生が全49コマの授業を受け持ってくださり、「子どもたちのために普段の学校ではできない学びを提供しよう！」を合言葉に、手弁当で思い思いの授業をしてくださいました。

オンライン授業を受講した生徒は、小・中・高校合わせて1148名です。授業の日時・内容、先生の所属校などが記載されたコマ割表を見て、受けたい授業を自由に選ぶことができるようにしました。「ロイロ超スクール」の開校理由については、校長の和田先生に説明してもらいます。

【和田】

リアルの学校では、生徒は自分たちの学校の先生の授業しか受けられませんが、オンラインの学校なら、全国の本当に素晴らしい先生の授業を受けることができます。LoiLoのスーパーティーチャーの授業が受けられる機会を、多くの生徒たちに与えたいと思いました。また、リアルの学校で才能を発揮している若い先生にも他校の生徒に教えるチャレンジの場を提供できれば、その能力をより伸ばせると考え、この「ロイロ超スクール」を開講しました。

【野中】

「ロイロ超スクール」で実施された授業は、例えば「マスク問題を生徒が解決⁉」「折り紙で数学を楽しもう」「正しい情報はどれ？ 情弱＆フェイクニュース対策」「フィジーとフィンランドに学ぶ、幸せな国選手権！」など、どれもユニークです。多くの先生が、この時期だからやりたい授業、皆に届けたい授業を考えてくださったことが分かります（写真2）。

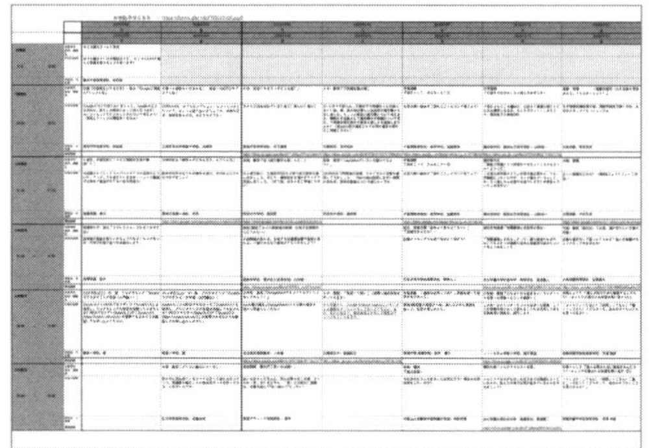

写真2　魅力的なタイトルの授業が並ぶ「ロイロ超スクール」の時間割表

先生がオンライン授業のノウハウを学べる「ロイロ超スクールfor teacher」

【野中】

ロイロ超スクールを2週間続けて、あることに気がつきました。それは、ロイロ超スクールが生徒向けイベントにもかかわらず、受講者の4分の1近くが先生だったことです。「4月からオンライン授業が必須になるため、授業のやり方を学びたい」というのが理由でした。そこで、全国の先生を対象にオンライン授業のノウハウを学べるオンラインセミナー「ロイロ超スクールfor teacher」を開催しました。

具体的には4月24日から5月15日までの毎週金曜日、19時～20時30分の全4回の講座で、定員は国語・数学・英語・理科・社会科・小学校の6教科で各300名、合計1800名です。

Zoomの仕様で1会議の上限が300名のため、1週間で定員に達して締め切りましたが、そのまま募集を続けられれば3000名近くに達していたと思います。講師陣は、和田先生をはじめ、すでにオンライン授業を実践している先生たちです。それぞれの教科で4名程度、全体で20数名が講師陣として参加してくださいました。講師は実績ある先生ばかりですから、具体的な授業内容は講師陣に一任しました。結果的に非常に興味深い講義内容となりました（写真3）。

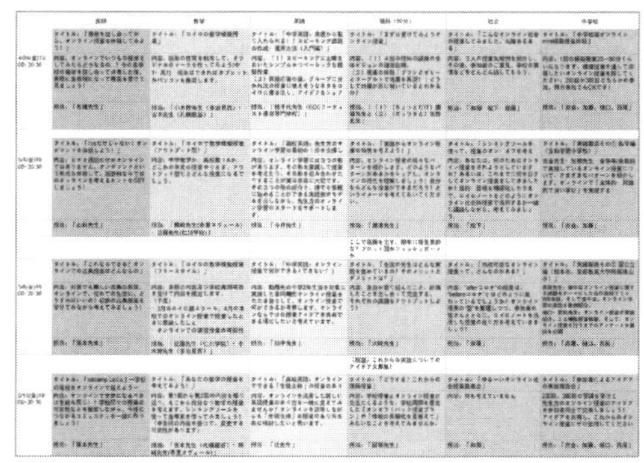

写真3 「ロイロ超スクールfor teacher」の授業内容

【和田】

私が担当した社会科では、参加者がオンライン授業案をアウトプットできることを目的としました。1回目に先生たちによるディスカッションを行い、2回目と3回目が授業案作り、4回目を授業案の「ゆる〜い」発表会としました。

授業の中で特に伝えたかったのは、「生徒にとって良いオンライン授業とは何か」を考えることです。ともすれば、進路の問題やテストの方法など「先生側に都合の良いこと」に目が向きがちなのですが、そうではなく、生徒のためを考えてロイロノートも組み合わせた授業を作りましょう、ということを繰り返しました。

オンライン授業の知見を全国の先生で共有 オンライン授業ノウハウ特設サイトの開設

【野中】

ロイロ超スクール for teacherを開催する一方、受講した先生たちの感想を知りたくて、毎週、授業の後に100名ほどのオンライン飲み会を開き、聞いてみました。「すごく楽しく、実になった」「自分の授業にも活かせそう」という感想が多く、素晴らしい会だったということが再認識できました。

そうした結果を踏まえて、「この成果を講師と参加した先生だけにとどめておくのはもったいない。オンライン授業のノウハウを全国の先生に届けたいという思いから、この「オンライン授業ノウハウ特設サイト」を開設しました（写真4）。

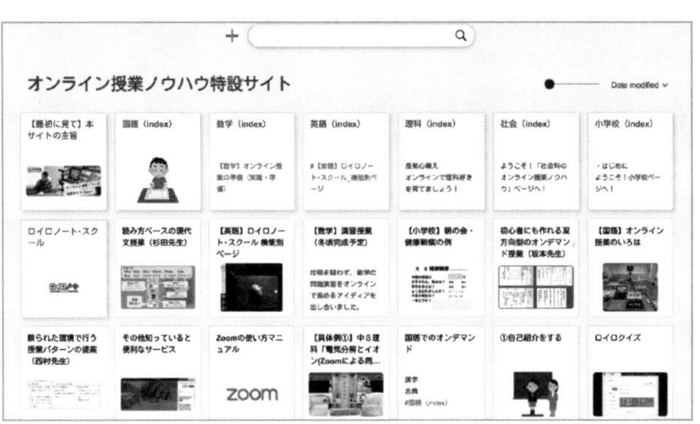

写真4　誰もが再現できるオンライン授業のノウハウが集まった「オンライン授業ノウハウ特設サイト」

このサイトには「ロイロ超スクールfor teacher」での学びをベースに、誰もが再現できるオンライン授業のノウハウがまとめられています。「ロイロ超スクール for teacher」に参加した各教科20名以上、合計160名もの先生とのともに特設ページを創りあげました。

今後もオンラインイベントは定期的に開催したいと考えています。近々、シンキングツールを使って授業案作成を行う「ロイロ超スクール 夏のシンキングツール祭り」も開催します。ロイロノートを使ったことがない先生、シンキングツールが初めての先生も大歓迎です。シンキングツールアドバイザーと交流しながら授業案を作れる楽しい時間となるはずです（写真5）。

写真5 「ロイロ超スクールfor teachers夏のシンキングツール祭り」

DIALOGUE　対話

全国の学校・先生たちでオンライン授業のノウハウの共有を

石戸　当協会でも全国の先生が協力して、全国の子どもがオンラインで学ぶ環境を作る仕組としての超小学校を作るといいのではないかと模索していた時、「ロイロ超スクール」を知りました。その後、先生向けのオンライン授業のノウハウ提供も始められると聞いて、今回のオンラインシンポジウムにご登壇いただきました。

はじめの質問は先生方についてです。ロイロノートのユーザーなどICTに慣れた先生と、オンライン授業は全く未経験で今回の休校に危機感を感じてチャレンジされた先生と、どちらの参加が多かったのでしょうか？

野中　授業によって差はありますが、概ね過半数が初心者レベルの先生でした。各教科の授業が始まる前に1時間ほど、ロイロノートの基本的な使い方や、機種別のZoom接続方法などを説明する「初心者講習」を行いました。

石戸　ロイロノートの導入は、自治体・学校・学級など、どの単位で導入するところが多いでしょうか。また、利用料はどこが負担するケースが多いでしょうか。導入を検討する現場では、非常に気になるところです。

杉山　私立校は学校単位、公立校は自治体単位が多いです。費用は、私立校の場合は受益者負担で生徒の保護者が1人1台の機器とロイロノートの利用料も負担する形です。市町村だと自治体の負担で導入する形が多いですね。ただ、ロイロノートは学校単位でも自治体単位でも、初年度の1年は無料でお試しいただけます。機器についても、半年単位でiPad無料貸出しを行っています。ロイロノート利用料、LTE通信料も弊社負担で実施していますので、ご検討いただければ幸いです。

石戸　これまで教材の自作にこだわってきた先生は、ネット上に開示された他の先生たちの教材の利用には踏み切れないのではないでしょうか。実際どのように活用されているのでしょうか。また、教材作成に対する先生方の意識は変わってきていますか？

野中　ノウハウページの教材をそのまま使うのではなく、それをもとにして「私ならこうできそう」と考えて使っている先生たちが多いです。ノウハウページは、各教科とも2000～3000のページビューがカウントされているので、ある程度の先生がご覧になっているのだと思います。

和田　確かに、教材やプリント作りにこだわる先生は多いですが、今後の教育の「個別最適化」という方向性を考えたとき、１人の先生があらゆる学力層に対して自前の教材を用意するのは難しいでしょう。社会科の授業ノウハウでは、「TTPS＝徹底的にパクってシェア」という造語を使っていますが、ネットに公開されている「良いもの」はどんどん活用すべきだと個人的には思います。

石戸　先生たちがより簡単にロイロノートを使いこなして、授業の質をさらに高めていけるようにするために、今後どのような対応をしますか？

杉山　例えば、ロイロノートのカードやノートの機能では、画面上にデータを貼り付ける操作の自由度をもっと高めるなど、より簡単に共有できるようにしたいと考えています。また、「資料箱」の機能を強化して、より直感的な操作で、ロイロノートで作成したカードを全体で共有できるようにするようなことも考えています。

石戸　「アフターコロナ社会」では、教育も従来の形式や内容から変わらなければならない、という意見が高まっています。ロイロノートの授業案をみると、まさに今後、目指すべき「探究型の学習」がICTを使って具現化されていると感じられますが、先生たちの間で「アフターコロナ教育」へのヒントになるような議論は出てきていますか？

杉山　例えば、オンライン上で探究目標をいくつか設定して、学年の枠を越えたプロジェクトでそれを進めていこうという学校があります。既存の学校の仕組を越えて、オンライン上の新たな組織、あるいはクラスで探究を完結させようという考え方は、個人的には非常に興味深いと感じます。

石戸　今回、オンライン授業に初めて取組んだという学校が多かったということでしたが、実施してみて新たな「気づき」はありましたか？

和田　ICT環境が整備されていたとしても、「オンライン授業は難しい」という「気づき」がありました。それと、「ロイロ超スクールfor teacher」にも、実は「良いオンライン授業を探求する」という裏テーマがありました。アフターコロナに向けて、オンライン授業や学習スタイル、教育活動をどう変えていけばいいのかを、オンライン飲み会も含めて話し合うことも結構重要なテーマだったのです。その答はまだ出せていませんが、その4週間、皆で考えたこと自体がすごく大きいことだと思います。

石戸　特別支援教育とICTの相性の良さはかねてから議論されているところですが、ロイロノートを使った特別支援教育の実例などはありますか？

杉山　ロイロノートのサポートサイトではロイロノートを活用した実践事例をたくさん紹介しています。「特別支援」と検索していただけば、関連する実践事例が掲載されています。特別支援には色々な形があって一概には言えませんが、一般的な実践事例から参考にできることは多いと思いますので、ぜひサポートページを検索してみてください。

石戸　ロイロ超スクールや、ロイロノートを使った自宅学習に関して、保護者と子どもからはどういう反応がありましたか？

野中　ロイロ超スクールでの2週間、ほとんどの授業に参加した子どもがいました。実は、その子は不登校だったのです。オンライン授業で、しかも今回は、今しかできない探究的な学びが多かったこともあり、毎日楽しく、ワクワクしながら参加していたそうです。イベントの最後に実施した「卒業式」では、保護者の方から「こんなに楽しそうに授業を受けているのを初めて見ました」とお礼を言われ、これはオンラインの大きな利点だと感じました。やめないでください、続けてくださいという保護者の声は他にも多かったですね。

このように子どもたちや保護者からも良い感想をいただきましたが、実は3月に実施した「ロイロ超スクール」では、いくつか失敗もあったのです。そこで、ロイロの講師陣は「こうするとうまくできた」とか「これは失敗した」という事例をドキュメントにして共有しました。それによって、少しずつですが全体のレベルが高まっていくのを実感できました。

石戸　まさに緊急事態宣言のまっただ中だからこそ生まれた「共創」の場だったわけですね。オンライン授業は、家庭のサポート具合によって生徒の学習進度に差が出る懸念があります。そのような格差をカバーするための配慮や工夫はありますか？

和田　確かに、オンライン授業では画面の向こうは見えませんし、Zoomに参加しない生徒も一定数いて、取組の差が学力差に出てしまうのが現実です。私たちもオンラインが万能とは考えていません。私たちにできることは、家庭に根気強く働きかけていくことと、コンテンツの質を上げていくことしかありません。時間はかかりますが、少しずつベースを底上げしていく努力をしないといけないと感じています。

杉山　先生方はぜひシンキングツールセミナーにご参加ください。ロイロノートに関しては、ウェブページでの紹介のほか、サポートページにほとんどの情報をアップしていますので、そちらも見てください。

NHKでの 休校対応に関する取組

Eテレ編成責任者に聞く ~テレビの教育メディアとしての可能性

[日時] 2020年6月24日(水) 12時~13時

[講演] 中村貴子 (NHK編成局編成主幹 Eテレ・R2編集長)

なかむら・たかこ◎1989年NHK入局。Eテレの趣味実用・語学番組などの担当を経て、2016年から学校放送番組を統括。2018年から現職。Eテレ・ラジオ第2の編成責任者。

NHKの教育番組には、質の高さ、深い愛、安心感があり、このチャンネルが日本の社会基盤を成していると感じます。今回の全国一斉休校対応に関しても、NHKはその力を遺憾なく発揮しました。3月3日、NHKは、Eテレを中心に、総合テレビ、衛星波、ラジオ、インターネットで、在宅の児童生徒向けコンテンツを特別編成することを発表しました。そのコンテンツの量、そして対応の迅速さが際立っていたと感じます。さまざまなデジタル教育に取組む企業が教材・コンテンツの無償提供を始めましたが、まだ子どものネット環境が整わない中で、すべての子どもたちの学びの機会の継続を考えると、テレビによる放送は最も効果的だと考えます。実際に、休校発表直後から、過去の番組公開等の要望が数多く寄せられたのを踏まえた対応だったと言います。

学習面のサポートのみならず、運動不足対策番組、卒業式コンテンツなど、今、子どもたちや保護者、学校が抱えている困難や感情に寄り添った企画が多数ありました。中村編集長のお話を伺うと、運動不足・体力低下、子どもたちの不安、小学校入学にあたっての心配、学習の遅れへの懸念など、刻々と変わる保護者や子どもたちの声に寄り添って、編成を柔軟に組み替えていったことがよく分かります。

NHK教育番組は、学校の先生と研究者と連携しながら番組制作をしていく仕組があるのも特徴です。日頃の信頼関係があるからこそ的確に先生方の要望、保護者・子どもたちの声を捉えることができたのだろうと想像します。

今後、日本においてもオンライン教育が急速に進むでしょう。これまでテレビの教育的効果の検証をNHKが牽引してきたように、オンライン教育に関しても効果検証のためのデータ収集など、日本の教育を一歩進める後押しを期待しています。 (石戸)

「非日常」の中で「日常」を大切にする

NHKでは、学校の臨時休業に対応してさまざまな取組をしました。まずは、総合テレビの「みんなの卒業式」という番組です。卒業式ができなくなった、あるいは縮小された多くの生徒、児童たちに、番組内で卒業式をプレゼントする緊急特番です。「休校中の君たちへ」という取組は、先生たちが画面の向こう側にいる生徒や児童に向けて「離れていてもみんなのことを思っているよ」というメッセージを伝えるものです。主に地域局のニュースで放送されました。先生たちの思いが胸に迫り、もらい泣きする場面もありました。

こうしたNHK総合テレビでの取組とは別に、Eテレでもさまざまな取組をしました。

Eテレでは、2020年3月2日からサブチャンネルを活用した取組を開始しました。その際、休校中の取組について「3つの柱」で考えました（写真1）。

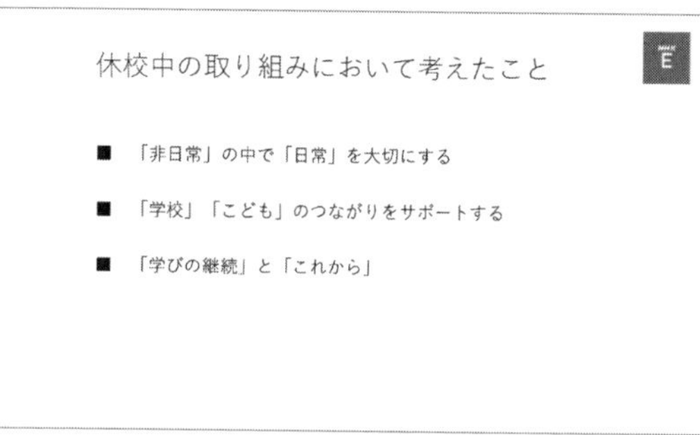

写真1　Eテレでは、休校中の番組編成を「3つの柱」で考えた

まずは、「非日常」の中で「日常」を大切にすること。全国の学校が休校という非常事態に私たちもひどくうろたえ、「何ができるのだろうか」と悩みました。その時、東日本大震災の時のことを思い出しました。東日本大震災の時はEテレでも子ども番組を休止して安否情報や被災状況を伝える放送をしたのですが、それがより一層、子どもたちの不安をあおってしまった側面もあったのではないでしょうか。

当時の編集長が、発災から3日後の2011年3月14日から、7時からのゾーンである「みいつけた！」や「おかあさんといっしょ」「いないいないばあ！」といった子ども向け番組を再開したところ、視聴者から「待ってました！」「子どもたちの笑顔が戻りました」といった嬉しい声がたくさん寄せられたと聞いています。

テレビがいつも通りに放送していることは大切なのではないかと考え、子ども向け番組を放送している朝と学校番組を放送している9時台、高校生向けの番組を放送している14時台については、なんとしても通常の放送をキープしようと考えました。

サブチャンネルで視聴者からの要望にも柔軟に対応

一方で、Eテレではサブチャンネルも活用しました。デジタル放送では1つのチャンネルを2つに分けて放送できる仕組があります。マルチ編成です。特別な事情がある場合でなければ実施しない編成ですが、今回は緊急事態ということでサブチャンネルを活用して多くの番組を放送しました（写真2）。

サブチャンネルで放送した番組（一部）

E

すイエんサー・バビブベボディ・自由研究５５　ムジカ・ピッコリーノ
忍たま乱太郎の宇宙大冒険withコズミックフロントNEXT
JAPANGLE・大科学実験・ざんねんないきもの事典
テストの花道ニューベンゼミ・100分de名著・ららららクラシック

アニメおしりたんてい・なりきり！むーにゃん生きもの伝説・パプリカ
スクールオブロック（海外少年少女ドラマ）・オドモTV
Eダンスアカデミー・おはなしのくに・アニメひつじのショーン

ろうを生きる難聴を生きる　聞こえないセンパイの課外授業シリーズ
ハートネットTV　手話で楽しむみんなのテレビ！

写真2　休校中にEテレのサブチャンネルで放送された番組の抜粋

一番上の段は学習に役立つ、知的好奇心を誘うような番組、その下「アニメおしりたんてい」以降の段は子どもたちの不安を吹き飛ばしてくれるような番組です。3月2日からサブチャンネルでの放送を開始し、外出の自粛が始まった頃には子どもたちの運動不足や体力低下が心配という声がたくさん寄せられるようになりました。そこで、体育番組の「はりきり体育ノ介」、ダンス番組の「Eダンスアカデミー」「パプリカ」を集中的に編成することで、家にいながらにして子どもたちが身体を動かすことを促しました。

さらに月日が経ちますと、子どもたちの様子が「落ち着かない」「不安を抱えているようだ」「安らぎを求めているようだ」という声が寄せられるようになりました。そこで子どもたちにリラックスしてもらえるよう「おはなしのくに」という朗読劇や、子どもが聴いても楽しめるようなクラシック音楽の番組「ららら♪クラシック」も編成しました。

「4月に入学式ができないまま新1年生になってしまう」という保護者からの心配の声もたくさん寄せられたので、2020年4月からは小学校のスタートカリキュラムに対応する番組「すたあと」、生活科の番組の「おばけの学校たんけんだん」を放送しました。学校とはどんなところかに興味を持ってもらうなど、新1年生の子どもたちをサポートするような番組を集中して編成したのです。

さらに日にちが経つと、「学校の学習の遅れが気になる」という声も増えてきました。そこで、3月に学ぶべきだった内容の教科番組を改めて4月、5月に放送しました。特別支援学校も、ろう学校も休校になってしまったことで、「ストレッチマン・ゴールド」という特別支援学校向け番組の放送量を増やしました。

また、いつもは夜の時間帯に放送している「ろうを生きる 難聴を生きる」という聴覚障害者のために情報を提供する番組があります。そこで、聴覚障害者の先輩たちが「将来どうやって生きていったらいいのだろう？」と悩む生徒たちに向けて話をするというシリーズも放送しました。

サブチャンネルを使って柔軟に番組を編成、放送したことで、「Eテレありがとう！」や、「子どもがEテレを見てくれている間は、私のテレワークもはかどります」という声が寄せられたことは番組編成の励みにもなりました。

Webサイトで「学校」と「子ども」のつながりをサポート

Eテレの休校中の取組では、「学校」と「子ども」のつながりをサポートすることも重視しました。そこで、Eテレの学校放送番組のほとんどが見られるWebサイト「NHK for School」を活用しやすくする取組もしました。「NHK for School」では、番組のストリーミング配信以外にも、指導案やワークシート、子どもたちが調べ学習をする時に活用できるクリップなどが見られるようになっています。クリップは約7000本、番組も約2000本、視聴できます。

ただし、コンテンツが多くあるため、子どもたちが見たいものを探すのがなかなか難しいところもありました。そこで、「対象学年ごとに見てもらいたい番組を示す」「家庭学習の方法を示す」、さらに「番組を見た後に交流の場を作る」という3点を意識して、特設ページを開設しました。それがWebサイト「おうちで学ぼう！」です（写真3）。

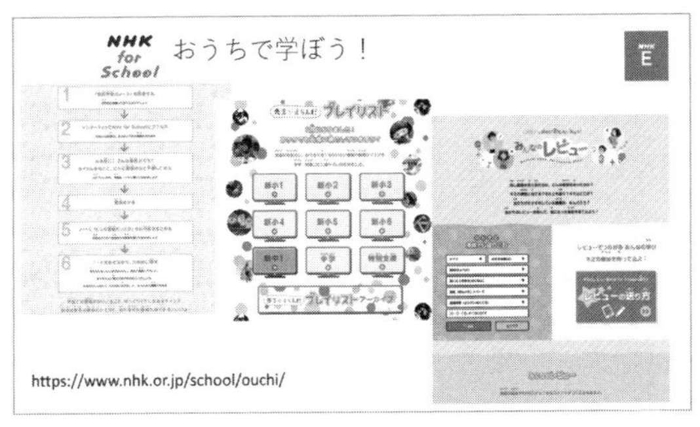

写真3　子どもたちの家庭での学びを応援する特設ページ「おうちで学ぼう！」

「おうちで学ぼう！」では、各学年で見てもらいたい内容や、3月に未履修となってしまった単元を補講できるような番組を「プレイリスト」にまとめました。さらに、番組を見た後の交流の場が、「みんなのレビュー」という取組でした。家でひとりテレビを見ながら学ぶのは孤独な作業ですが、番組を見た感想、番組を見て分かったことなどを「NHK for School」を通じて送っていただき、全国から寄せられた感想などを見たり、協力してくださった先生やスタッフからコメントをもらうなどの交流をできるようにしました。

コロナ禍にあるからこそ、協働的な学習を意識した「新しい学び」について考える

このような試みを続ける中で、「Eテレこそ、公開生放送授業を全国展開するべきではないか」というご意見をいただくこともありました。そこで考えたことがあります。Eテレは全国放送なので全国共通の内容の番組を届けることが役割です。都道府県や市区町村、各学校での個別対応とは役割を分けて取組を考えることが必要なのではないかと話し合いました。

その話し合いを通じて思ったことは、「先生たちにEテレをツールとして使ってもらい、授業をしてもらうのが一番良いのではないか」ということでした。その考えをもとに生まれたのが「臨時開校！フライデーモーニング・スクール」という番組です。この番組もサブチャンネルを活用して放送しています。毎週金曜日9時に先生が現れて、「このように勉強するといいんだよ」ということを教えてくれる授業形式の番組です。「NHK for School」で視聴できる番組を「いかに活用できるか」の実用例ともいえます。

例えば、先生方が子どもたちに「この番組はこのように見るといいんだよ」「見た後にこういうように学びを定着させるんだよ」と伝える時の参考にしていただきたいと考えています。また、オンライン授業を実施する時の参考にもしていただけるのではないでしょうか。

休校中の取組の「3つの柱」にある「学びの継続」と「これから」についても、コロナ禍であるからこそ考えていくべきことがありました。もともとは学習指導要領の改訂が2020年4月から施行されるということもあり、協働的な学習を意識した番組の開発は進めていました。その中で、コロナ禍で「急いで開発するべき」と進めたのが「みんなのch（チャンネル）！」という番組の中の「新型コロナに負けない！」という取組です（写真4）。

この取組は、「教科を越えて課題を解決するための学習を進めていく」というプロジェクトベースドラーニングを意識した番組の開発です。新型コロナウイルスが感染拡大していく中、子どもたちも自分の身を守るにはどうしたらいいのか

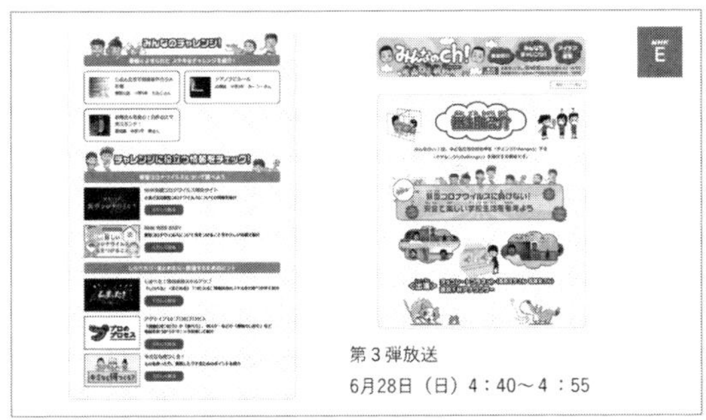

写真4 「新型コロナに負けない！」では、子どもたちが自身で考えた安全で楽しい学校生活を送るためのアイデアが放送された

ということを「自分で考えたいのでは？」という問題意識が制作チームの間にも生まれました。

そろそろ学校も始まるかもしれないという中で、「どうやって学校で安全な生活が送れるのか」ということを子どもたちにも考えてもらおうと呼びかけたのです。自粛中でしたので個別の取材はできなかったのですが、Webサイト上での募集や、お世話になっている先生方から情報をいただき、子どもたちからはさまざまなアイデアが寄せられました。

例えば、「マスクをしているから友だちとなかなか仲良くなれないのではないか？」ということを課題に感じた女の子がいました。そこで、自分がしているマスクに自分の好きな食べ物や嫌いな食べ物をイラストで描くと会話が弾むようになるので、マスクをしていることがデメリットにならないというアイデアを出してくれました。

また、第2回に登場した女の子は、新型コロナウイルスについて調べた全知識を投入してすごろくゲームを作成するという偉業を成し遂げてくれました。気をつけなければいけないことや感染リスクを下げるための行動などを自分たちで考え、それを定着させるアイデアを示すという素晴らしい番組になりました。

新型コロナウイルスというのは世界共通の課題ですので、2020年6月28日の放送では、シンガポールや中国など海外の日本人学校の生徒とつないで、各国の状況を教えてもらいました。同時に、子どもたち同士で意見を言い合うという場も設けました。このように同じ年頃の子どもたちが「何を考えて何をしているのか」

を知らせることができるのもテレビの役割だと考えます。そして、こういった新しい学びの形の開発もEテレとして取組んでいく必要があるのではないかと感じています。

ここまでお話をしたように、教育機関ではない私たちができることは何なのか、ということを常に考えて取組んできました。まだまだ、新型コロナウイルス感染症の影響は継続しています。今後も「何が求められていくのか」ということを敏感にキャッチしつつ、家庭と学校と社会との間で、子どもたちのための効果的な役割分担をしながら、学びの継続、新しい学び方の実現に貢献していきたいと考えています。

DIALOGUE 対話

これからのテレビとオンライン教育の関係性

石戸　Eテレには学校の先生からも、研究者からも、保護者からも、子どもからも声が届くと思います。各々どんな声がありましたか？

中村　必ずしも良い評価だけではありませんでした。例えば、「もっと力を入れて授業を放送するべきではないか」という声は意外と多くありました。保護者からも、オンライン授業が始まるという頃に「パソコンは親が使っていて子どもに渡せない、テレビでもっと力を入れて授業を放送すべきではないか」というご指摘もありました。

一方で、「このようなことがなければ、学校放送ゾーンの番組を見る機会がなかった」という声もありました。つまり、子どもたちが家でEテレを見るようになったから、番組を一緒に見るようになったということです。算数の番組で子どもが「分かった！」と喜んでいる姿を見たりすることで、テレビにも効果があることを再認識したという意見もいただきました。

石戸　保護者が見せたいコンテンツと、子どもが見たいコンテンツにへだたりがあることがあります。そこをどう考えていますか？

中村　子どもは面白いものを見たいが、保護者はより教育効果が高いものを見せたいでしょう。両立は難しいと思っており、番組制作の現場でも議論が白熱します。私たちは、面白そうな演出や人選をとても重視しています。「笑わせるためだけ」に演出や人選をしているのではなく、そこには必ず意味があります。何か発見してもらったり、共感してもらったりということを含んだ演出にしていくことが大事だと考えています。

時にはそれが子どもたちにとっては、「理屈っぽい」「説教くさい」と捉えられてしまいます。そこは何度も何度も調査をかけたり、子どもたちや先生方の意見を伺ったりしながら改善していくしかありません。常にそのバランスの狭間にいます。

石戸　EテレではNHK for Schoolなど、インターネット対応が熱心だと思います。また、NHKプラスのサービスも始まりました。今後のコンテンツの制作比重として、テレビとインターネットのバランスが変わっていくということは考えられていますか？

中村　現在、NHKの方針としては、デジタルは放送の付帯業務という位置づけです。そのため、コンテンツの制作という部分におきましては、放送が第一というスタンスはしばらく変わらないと思います。ただ、放送したコンテンツを放送しっぱなしで終わるのではなく、NHKプラスのような形でより多くの人たちに見ていただくとか、コンテンツ化して見やすいサイズや見やすい場所に編成するというような、再利用の方向性は出てきます。

その再利用先の1つとしてデジタルが選ばれていく可能性はあります。ただし、コンテンツ制作のボリュームが放送からデジタルへと大きくシフトするというのはしばらくないのではないでしょうか。

石戸　NHKはネットの活用等で多くのデータを取れるようになると思います。テレビの教育効果の検証でNHKが担っていたように、オンライン教育の効果検証をするためのデータ収集をする可能性はありますか？

中村　オンライン教育にEテレとしてどう関わっていくのか。EテレでなくNHKが乗り出すのか、NHKがコンテンツを制作してオンライン教育で活用できるようにするのかなど、どういう形で新しいプラットフォームができあがるのか。そして、そこにNHKがどう参画していくか、非常に大きな課題です。その調査研究をしようということで、教育工学の専門家との話し合いが始まっているところです。

石戸　今回は休校対応として、いつものEテレとは異なる編成をしましたが、それは今後も継続をしていくのでしょうか。また、アフターコロナを見据えて、新しい展開があるのでしょうか？

中村　NHK for Schoolは「フォー・スクール」と付いているとおり、学校での学習を前提としたサービスでした。ただ今回、学校に行けなくなったということで発想の転換が必要な事態となりました。これまで学校向けだった番組やサービスを、より個別学習、個人的な学習に結びつけられたらと思います。コンテンツの提供の仕方やコンテンツの開発なども、個別学習に貢献できるようなものにしていく必要があるのではないかという議論は始まっています。

放送については、サブチャンネルを活用したマルチ編成が本当にこれから先も必要なのかどうかということは、もう少し検証が必要かと思っています。というのも、サブチャンネルというのは視聴率で見られ方を測れないチャンネルなのです。視聴者からの反響で、「見ていただいているな」とか、「役立っているな」というのは分かったのですが、量として判断できないのです。そこで、サブチャンネルとして続けていくのか。それとも新たな番組枠を開発するのか。それについても話し合っていく予定です。

石戸　今回、テレビというメディアだからこそできること。逆に、できないことがあったのではないかと思います。改めて、テレビが教育に果たす役割はどのようなところにあると感じられましたか？

中村　テレビが苦手なのはやはり、パーソナルな部分です。一人ひとり事情が異なるのに、「その人たちに対応するようなきめ細かいサービスまでできるか」というと、それが難しかったというのが反省点です。限界を感じた部分でもありました。

放送の役割というと、共時性と言いますか、全国の子どもたちが同じ時間に同じ番組を見て一緒に学ぶということを実現できることだと思います。子どもたちが協働してこれからの社会を築いていかなければいけないので、そういった子どもたちの活動の後押しをできるような番組を制作できるというのは、テレビというメディアならではなのではないでしょうか。

4-5

オンライン教育の実施に向け保護者有志がどう動いたか

保護者の声～学校と保護者が連携する必要性

［日時］2020年7月27日（月）12時～13時

［講演］平井美和（中央区立小中学校オンライン教育を考える有志の会）
吉澤 卓（世田谷公教育におけるICT利活用を考える会代表）

ひらい・みわ◎団体職員。南アジアの防災・保険等の案件を担当。2児の母。
［中央区立小中学校オンライン教育を考える有志の会］
https://note.com/chuo_sfh

よしざわ・たく◎東京都世田谷区生まれ。早大卒業後SEとして勤務したのち、愛知万博市民参加事業、災害復興、地域コミュニティ形成などに従事。
［世田谷公教育におけるICT利活用を考える会］
https://note.com/icteduseta

臨時休業中、多くの学校はオンライン授業が導入されず、毎日時間割通りに配布される紙のプリントに基づき、自宅学習をすることが求められました。そして、その負担の大きさに多くの保護者が悲鳴をあげました。しかし不満を言っていても状況は変わらない。そこで東京の中央区と世田谷区では保護者が立ち上がりました。緊急アンケートを実施した結果、ほぼすべての保護者がオンライン教育導入に賛成していることが明らかになります。

中央区の保護者は、導入に向けたステップとそのスケジュール、必要となるツールなど実現に向けた方法まで具体的に提案しました。この通りに実施すればできる！ そこまで整理して提案したのです。

世田谷区の保護者は、教育委員会や学校の先生も参加するオンラインミーティングなどを実施。当初はあまりにも脆弱な学校ICT環境を目の当たりにし戸惑うものの、個人情報保護条例等に縛られ学校も身動きができない状況にあることを、対話を通じて理解します。ルールの変更なくして自治体や学校の円滑なICT利活用は実現できないと主張されます。そして、今後は良い事例の水平展開をするとともに、保護者や地域もコンテンツ提供可能なプラットフォームを構築し、ハイブリッドスクーリングを実現することを提案します。

中央区、世田谷区の保護者の動きに共通することは、具体的な提案を出し、学校や自治体をサポートする姿勢があることです。アフターコロナ教育は、学校・家庭・地域が連携しながら構築することが肝となるのでしょう。

（石戸）

「中央区はオンライン授業の予定なし」に保護者が危機感

【平井】

中央区では、2月末に区立小中学校の一斉休校が始まり、3月は1日だけ登校し終業、4月に各学校のホームページに休校期間中の家庭学習についての通知が出ました。5月には、各週の課題がPDFで掲載されるようになり、子どもたちはそれに取組みました。そんな状況の中で、オンラインメディアで23区のオンライン授業導入状況を示す記事が掲載され、「中央区はオンライン授業の予定なし」との記事が出たため、多くの保護者が危機感を持ちました。そうした中、「中央区立小中学校オンライン教育を考える有志の会」（以下、有志の会）が任意で立ち上がり、区内の保護者が休校下で何に困り、どのような要望があるのかを探るためのアンケートを実施しました。

アンケートは4月23日から5月6日に実施しました。小学生の保護者1567名、中学生は179名から回答が集まり、オンライン教育に賛成かどうかについては95.1%が賛成という結果でした。賛成する保護者が大多数を占めたこと、アンケート開始からわずか3日で1300件以上もの回答が集まるという、関心の高さにも驚きでした（写真1）。

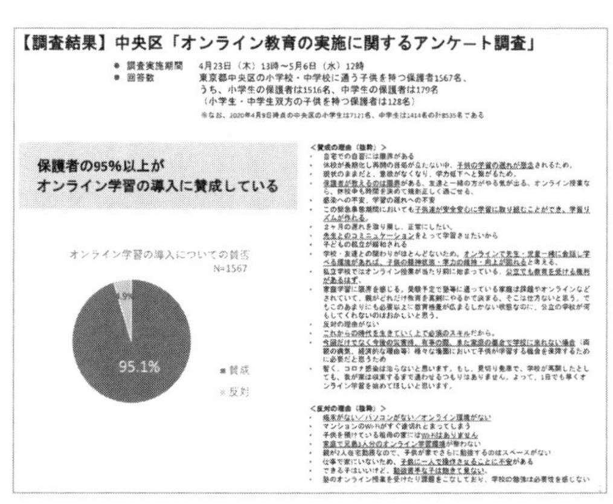

写真1　アンケート調査では、95%以上の保護者がオンライン教育の導入に賛成という結果になった

アンケート調査では、ほとんどの家庭にインターネット接続環境があり、7割強の家庭にパソコンやタブレットがあることも分かりました。

さらに、オンライン教育の内容やアイデアについて、自由記載で回答してもらったところ、「双方向のオンライン学習の実施」や「スピード重視でできるところから取組んでほしい」、また、他の区などでMicrosoft TeamsやGoogle Classroomを使った取組が実施されつつあるタイミングでしたので、「小学生では朝の会や授業の配信など学習リズムの維持と、先生・友だちとのつながりの確保」を求める意見が多く出てきました。中央区に対して早急な対応を求める声も非常に多くありました（写真2）。

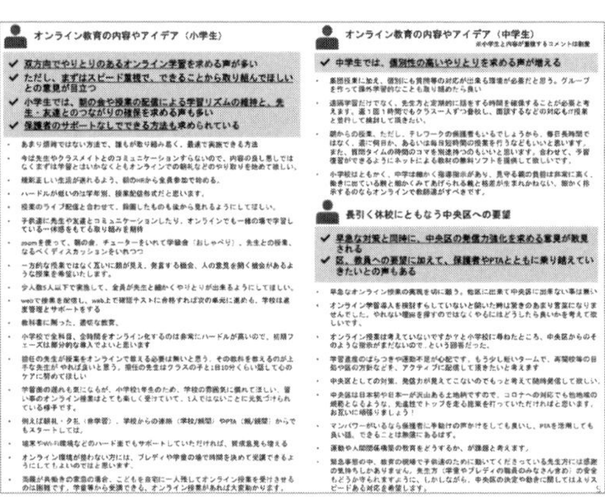

オンライン教育の内容やアイデア（小学生）

- ✓ 双方向でやりとりのあるオンライン学習を求める声が多い
- ✓ ただし、まずはスピード重視で、できることから取り組んでほしいとの意見が目立つ
- ✓ 小学生では、朝の会や授業の配信による学習リズムの維持と、先生・友達とのつながりの確保を求める声も多い
- ✓ 保護者のサポートなしでできる方法も求められている

- あまり煩雑ではない方法で、誰もが取り組み易く、最速で実施できる方法
- 今は先生やクラスメイトとのコミュニケーションすらないので、内容の良し悪しではなくまずは学習とはいかなくともオンラインでの朝礼などのやり取りを始めて欲しい。
- 規則正しい生活が送れるよう、朝のHRから全員参加で始める。
- ハードルが低いのは学年別、授業配信形式だと思います。
- 授業のライブ配信と合わせて、録画したものも後から見れるようにしてほしい。
- 子供達に先生や友達とコミュニケーションしたり、オンラインでも一緒の場で学習している一体感をもてる取り組みを期待
- roomを使って、朝の会、チューターをいれて学級会（おしゃべり）、先生との授業、なるべくディスカッションをいれつつ
- 一方的な授業ではなく互いに顔が見え、発言する機会、人の意見を聞く機会があるような授業を希望いたします。
- 少人数5人以下で実施して、全員が先生と細かくやりとりが出来るようにしてほしい。
- webで授業を配信し、web上で確認テストに合格すれば次の単元に進める。学校は進度管理とサポートをする
- 教科書に則った、適切な教育。
- 小学校で全科目、全時間をオンライン化するのは非常にハードルが高いので、初期フェーズは部分的な導入でよいと思います
- 担任の先生が授業をオンラインで教える必要は無いと思う。その教科を教えるのが上手な先生がやれば良いと思う。担任の先生はクラスの子と1日10分くらい話して心のケアに努めて欲しい
- 学習面の遅れも気になるが、小学校1年生のため、学校の雰囲気に慣れて欲しい。習い事のオンライン授業はとても楽しく受けていて、1人ではないことに元気づけられている様子です。
- 例えば朝礼・夕礼（非学習）、学校からの連絡（学校/家庭）やPTA（親/家庭）からでもスタートしては。
- 端末やWi-Fi環境などのハード面でもサポートしていただければ、賛成意見も増える
- オンライン環境が整わない方には、プレディや学童の場で時間を決めて受講できるようにしてもよいのではと思います。
- 両親が共働きの家庭の場合、こどもを自宅に一人残してオンライン授業を受けさせるのは困難です。学童等から受講できる、オンライン授業があれば大変助かります。

オンライン教育の内容やアイデア（中学生）

※小学生と内容が重複するコメントは割愛

- ✓ 中学生では、個別性の高いやりとりを求める声が増える

- 集団授業に加え、個別にも質問等の対応が出来る環境が必要だと思う。グループを作って課外学習的なことも取り組めたら良い
- 通常学習だけでなく、先生方と定期的に話をする時間を確保することが必要と考えます。週1回1時間でもクラス一人ずつ登校し、面談するなどの対応もIT授業と並行して検討して頂きたい。
- 朝からの授業。ただし、テレワークの保護者もいるでしょうから、毎日長時間ではなく、週に何日か、あるいは毎日短時間の授業を行うなどもいいと思います。また、質問タイムの時間のコマを別途持つのもいいと思います。合わせて、予習復習ができるようにネットによる教材の無料ソフトを提供して欲しいです。
- 小学校はともかく、中学は細かく指導指示があり、見守る親の負担は非常に高く、働きに出ている親と細かくみてあげられる親と格差が生まれかねない。細かく指示するのならオンラインで教師達がすべきです。

長引く休校にともなう中央区への要望

- ✓ 早急な対策と同時に、中央区の発信力強化を求める意見が散見される
- ✓ 区、教員への要望に加えて、保護者やPTAとともに乗り越えていきたいとの声もある

- 早急なオンライン授業の実現を切に願う。他区に出来て中央区に出来ない事は無い
- オンライン学習導入を検討すらしていないと聞いた時は驚きのあまり言葉になりませんでした。やれない理由を探すのではなくやるにはどうしたら良いかを考えて欲しいです。
- オンライン授業は考えていないですか？と小学校に尋ねたところ、中央区からのそのような指示がまだないので、という回答だった。
- 学習進度のばらつきや運動不足が心配です。もう少し短いタームで、再開校等の目処や区の方針などを、アクティブに配信して頂きたいと考えます
- 中央区としての対策、発信力が見えてこないのでもっと考えて随時発信して欲しい。
- 中央区は日本初や日本一が沢山ある土地柄ですので、コロナへの対応でも他地域の規範となるような、先進性でトップを走る施策を行っていただければと思います。お互いに頑張りましょう！
- マンパワーがいるなら保護者に手助けの声かけをしても良いし、PTAを活用しても良い話。できることは無限にあるはず。
- 運動や人間関係構築の教育をどうするか、が課題と考えます。
- 緊急事態の中、教育の現場で子供達のために動いてくださっている先生方には感謝の気持ちしかありません。先生方（学童やプレディの職員のみなさん含め）の安全もどうか守られますように。しかしながら、中央区の決定や動きに関してはよりスピードある対応を希望します。

写真2　自由記載で寄せられた意見

アンケート結果をまとめた資料を作成
オンライン教育実施方法も提言

有志の会では、各自治体のオンライン教育への取組を調べを進める中で、先進自治体との差異が非常に高い状況が分かったため、アンケート結果とともに、各自治体の取組にかかる資料を作り、中央区に説明しました（写真3）。

【参考】他自治体の取り組み

ニュース等によれば、コロナによる休校が長引くなか、2020年度をターゲットに
オンライン教育の取り組みを加速する自治体が増えています

自治体		取り組み	今後の課題等
熊本県熊本市		✔ 市内の公立小中高に対し、2018年から2018年よりiPad整備、電子黒板の整備開始、すでに100校16,500台運用中（LTE常時接続）。熊本地震の経験から先行的に運用。 ✔ 4月以降、全小中学校にiPad23,460台導入予定、3クラスに1クラス分の学習者用コンピューターと教員用1人1台を導入。 ✔ 健康観察、連絡手段として活用→健康観察結果、メッセージ、課題提出→子供同士・担任とのやり取り→ビデオ会議、とステップを踏んで導入を実施	
埼玉県久喜市		✔ 埼玉県内で公立小中に対して、唯一のオンライン授業実施。各学年交代でzoomによる30分の双方向授業等を実施。 ✔ 子どもの預け先にネット環境がない等の場合に備え、授業の録画を残し、校内のコンピューター室を利用できるようにする等参加できる環境を整備。	市教委が端末の無料貸し出しやモバイルルーターレンタルを検討中（現段階は調達が難しく、学内コンピューター室等を利用）
千葉県千葉市		✔ 楽天モバイルと全国に先駆けて千葉市と協定を締結、携帯電話基地局を学校内の敷地内に設置する学校に光回線を無償で提供。楽天モバイルが5Gを活用した学習ソフト、遠隔事業の実施にかかる情報提供を実施	
広島県		✔ 30万人分のGoogleアカウントを確保、遠隔事業やチャット機能を用いたHRを検討	
神奈川県横浜市		✔ 今年度中に27.3万台のタブレット端末を全児童生徒に配布を前倒し	
愛知県東郷町		✔ 塾との連携による授業動画配信の開始	
東京23区	千代田区	✔ 2015年度以降、タブレット・PCの調達、電子黒板、ネットワークシステム、導入機器の補修、授業の指導補助、学習教材の作成支援、教員の研修等を実施中	
	渋谷区	✔ 小中学校で1人1台のタブレット端末を配布 ✔ 2017年9月以降、クラスごとのクラウドボックスを作り、課題の提出やコメント、クラス内での双方向のやり取りができるのが特徴	セキュリティ 端末のフィルタリングのためのウェブ会議・オンライン授業が難しい状況
	港区	✔ オンライン授業の導入、各小中学校にスマートフォン1台ずつを配布し、教師が動画を撮影、Youtubeで限定公開 ✔ 民間オンライン学習サービスのIDも付与	セキュリティ インターネット環境のない家庭のアクセス
	世田谷区	✔ 「せたがや学びチャンネル」を作成、学年に応じた漢字クイズや体操などの動画を公開	
	板橋区	✔ 音読方法の解説などの学習コンテンツ、動画を配信	

写真3　各自治体の取組を調査、資料にまとめて区に提出

あわせて有志の会で、具体的にオンライン教育を実施していくための方法の提言をまとめました。他の自治体の取組も参考にしましたが、まずは「学校から子どもたちにメールなどで声がけをしてほしい」「オンラインホームルームを開催してほしい」、それから「オンライン授業」というように段階的に進め、「子どもたちの学びを止めないでほしい」、という提言を行いました（写真4）。

【提案】オンライン教育を推進するために実施いただきたい事項

調査結果および先行する他自治体の取り組み等を参考に、子供たちの学ぶ権利と社会生活の場である
学校とのつながりを守るため、区及び各校に検討・実施いただきたい取り組みを提案します

検討・実施いただきたい取り組み（実施主体者）	概要 ※各ツールの説明はxページ	時期	実施に関する留意事項
① 声掛け・見守りメールの送信（各小・中学校）	健康や学習に関する声掛け・見守りのため、教員から生徒に向けたメールを送信（日次または週1～2回程度）	2020年5月上旬	・急な休校から2か月が経過し、健康観察、学習指導含めた各児童・生徒への丁寧なフォローが必要な状況 ・区が整備・保有する各校の緊急連絡網等を活用する ・教員が在宅勤務でもできる業務フローの構築（送信内容の集約など）
② オンライン・ホームルームの開催（各小・中学校）	毎朝のホームルーム等を、まずは配信、いずれは双方向で実施 （Step1）ローカルテレビ「ベイネットTV」による配信（Step2）Zoom・Google教室・Teams等を活用した生徒参加型のもの	2020年5月中旬	・まずはローカルテレビ「ベイネットTV」で番組をつくり、定期的に配信 ・生徒参加型のオンラインホームルームは、できる学校、できるクラスで先行的に行い、その知見をふまえて拡大展開する ・当初は、正規のカリキュラムではなく自由参加のものとし、運営にあたって保護者のボランティアを募ることも考えられる（日本橋小学校ではPTA主催で取組み中） ・区として、（文科省の通知も踏まえ）実施の方法・判断を各学校の裁量とすることを区のHP等で明示し、推進環境を整える ・各学校で端末等の整備状況次第となるが、教師の個人端末（スマホ）等の使用を、共通インフラが整備されるまで暫定的に許可する
③ オンライン授業の実施（各小・中学校）	まずはテレビ配信、いずれは双方向で実施 （Step1）ローカルテレビ「ベイネットTV」による配信（Step2）Zoom・Google教室・Teams等を活用した全校参加型のもの	2020年5月中旬	・まずはローカルテレビ「ベイネットTV」で番組をつくり、定期的に配信（区内全校同一カリキュラムで共通動画を配信する、同一動画をWebにも掲載する） ・区として、実施の方法・判断を各学校の裁量とする（高学年から実施する、全クラス同一教員による共通動画の配信など） ・各学校での端末等の整備状況次第となるが、教師の個人端末・ビデオ等の仕様を、共通インフラが整備されるまで暫定的に許可し、早急な取り組み開始を要望
④ オンライン学習環境調査（区教育委員会）	生徒がオンライン学習を受講するための環境に関する調査	2020年5月中旬	・区が整備・保有する各校の緊急連絡網等を活用し、早々に実施する ・子供の数、子供の学年、家庭のIT環境、保護者のITリテラシー（子供のサポートができるか）、塾など代替学習手段の有無等も実態を把握し、施策検討にいかす ・Googleフォーム等を用いれば調査は迅速に行える
⑤ 全教師・生徒への共通端末の配布（区教育委員会）	オンライン教育の格差をできる限りなくすために、共通端末（タブレット）の配布を迅速に行う	2020年1学期	・国・都が予算を計上し2020年度中の実施を決める中で、早急に調達・契約手続きを実施する ・当面は既に各校が有している端末を環境の整わない家庭に優先貸与し、端末リユースの仕組みも整備する（制服リユースや不要品リサイクルの仕組みを参考） ・併せて、教師・児童生徒たちがオンライン教育用に限定して使うgoogle等のアドレス・アカウントを付与
⑥ 学校内Wi-Fi整備・共通プラットフォームの構築（区教育委員会）	各学校のWi-Fi整備を迅速に進めるとともに、区内・学校の共通プラットフォーム（クラウド）構築	2020年1学期	区教育委員会として2020年度内にWi-Fi整備をすることが決定しており、クラウド化とともに迅速に調達・契約を進める。
⑦ 教師のICT教育トレーニング及びサポートデスク設置（区教育委員会）	教師へのICT教育スキルの強化及び各種サポートを行うICT教育ヘルプデスクを設置する	2020年度通年	・教師の負担をできるだけ軽減すべく、ヘルプデスクと契約し、子供や保護者の問い合わせを集約する ・教師のトレーニング環境を整備する ・各校の取り組み内容を区で集め、推進のポイントや課題を横展開する

写真4　オンライン教育実施方法の提言

さらに、中央区教育委員会事務局の皆様が施策を実施する際の参考資料となるべく、政策提言を含めた資料も作成しました（写真5）。

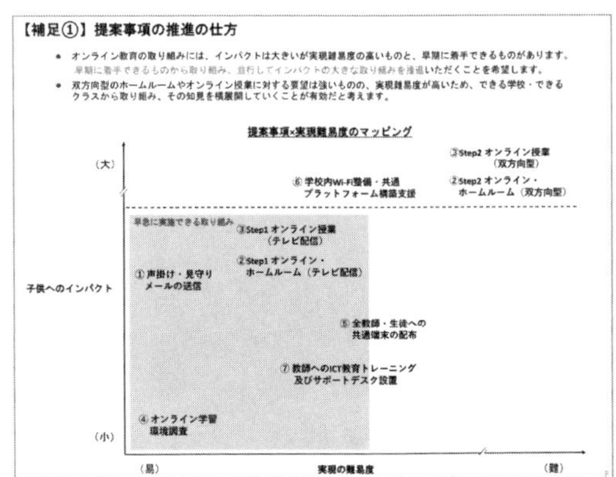

写真5　ネットを活用した学習支援の方策

オンラインで活用できる無償サービスも紹介し、ぜひ活用していただきたいという提案もしました（写真6）。

【補足②】オンライン教育で活用できる無償サービス

ライブ配信
リアルタイムで双方向のやり取りを行うためのサービス（利用用途：授業やホームルームなど）
・Zoom
・Microsoft Teams
・Google Meet

ビデオ配信
録画した動画を配信するためのサービス（利用用途：授業動画の公開）※
・Youtube
・Vimeo
※あらかじめ授業などの動画の撮影が必要
中央区が持つベイネットTVの活用等によるテレビ配信との両輪を期待（インターネット環境のない児童生徒へのアクセスも可能に）。

コミュニケーション
先生と生徒間でチャットやデータの共有を行うためのサービス（利用用途：教材の配信、質問のやり取り）
・Google Classroom
・まなびポケット
・Edmodo

参考リンク集
学習のオンライン化に今すぐ使える手段はどれ？特徴と用途の一覧マップ～授業動画にこだわらないで - ICT toolbox
https://ict-toolbox.com/report/2020/04/3742/
オンライン授業で使える無料のコミュニケーションツール（ビデオ会議編）｜NPO法人eboard｜note
https://note.com/eboard/n/nf53367761c3e
オンライン授業で使える無料のコミュニケーションツール（SNS・チャット編）｜NPO法人eboard｜note
https://note.com/eboard/n/nb343d92a1304

写真6　オンラインで活用できる無償サービスの紹介

また、家庭でパソコンやタブレット端末などを利用できない児童・生徒や、通信環境が整っていない家庭への支援策としては、「学童保育にて提供する」「学校の端末で対応する」「PTAの協力を得て、端末を貸し出す仕組を作る」といったことも提案しました（写真7）。

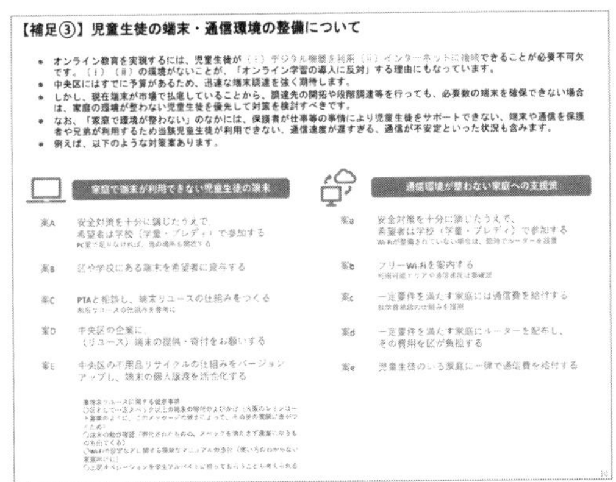

写真7　児童・生徒の端末と通信環境の整備についての提案

そして、この提言の直後に中央区では、オンライン教育の環境調査を実施し、5月中に各学校に対し「週1回はオンライン朝会を開くように」との通達が出され、実施されました。

「学びを止めない」ためにPTAと一体となった取組を

こうした取組を踏まえて、有志の会では中央区のオンライン教育は進むと期待していました。5月上旬に区と対話した際、区としては「まず、端末の整備を優先し、9月末までに対応する」という回答でした。区が課題としていた端末がない家庭へのサポートは、「PTAの協力を得て進めていける」提案もさせていただいていました。そうした中でも、中央区としては、端末の全員配備、小中学校のWi-Fi環境の整備について時間を要している状況が漏れ聞こえてきており、コロナ第2波、第3波、災害時の「子どもの学びの継続」に引き続き不安の残る状況となっています。

有志の会では、学校の取組をサポートしていくべく、PTA等でも一緒にオンライン教育の推進を支援できないかとも考えています。今後のさまざまな災害・感染症等に備え、子どもたちの学びを止めないことが最も大事なことであり、保護者としてどう協力できるかをしっかり考えていきたいと思っています。

「公教育のICT利活用に賛成か反対か」に99.6%が賛成

【吉澤】

私たち「世田谷公教育におけるICT利活用を考える会」(以下、ICT利活用を考える会)でもアンケートを実施しました。以前から、世田谷区のICT利活用には課題があるとの認識でしたので、アンケートのタイトルは「オンライン教育」から少し広げて「公教育のICT利活用」としました。

回答数は1521名、うち保護者は1287名。「公教育のICT利活用に賛成か反対か」との質問には99.6%が賛成、新型コロナウイルスの影響を超えて利活用が進むことを望む声がほとんどでした。

このアンケートのあとの7月25日、世田谷区の教育長、教育指導主事、教育総務課長、小学校と中学校の先生をゲストに迎えて、オンラインミーティングを開催しました。アンケート回答者70名ほどにも参加していただきました。ミーティングのタイトルは、「ICTのCは"コミュニケーション"のC!」としました。オンライン学習をテーマにしたミーティングとなると、コンテンツが重視されがちですが、もっと視野を広げて学校運営の中でのコミュニケーションを大切に考えようという思いを込めました。

公教育においては学習面にとどまらない ICT利活用の可能性がある

こうした取組で明らかになったのは、世田谷区だけではなく、全国の公教育の現場はたいてい同じだと思いますが、学校の職員室には電話が2本しかない、電話もろくにかけられないという実態でした。この件については並行して教育委員会が、こうした状況を打開するために、小中学校にスマートフォンを数台ずつ配布したことで、若干ですが改善されました。

子どもたちへの端末およびモバイルルーターの貸し出しは、学年限定で実施されていました。また、教師が活用するためのモバイルルータも貸し出しされたようです。なお、各家庭のオンライン環境の調査は教育委員会が5月に実施し、世田谷区では、携帯もスマートフォンも含めて何らかの端末を用意して、インターネットにつなげられる家庭が99.96%との結果が出ていました。

教育現場でのオンライン活用の事例は7月25日のミーティングでお話しいただきました。そのミーティング開催準備の過程で、オンライン教育が進まない背景が明らかになりました。それは、個人情報保護条例の「オンライン結合」の制限です。公立の小中学校ではインターネットに接続できる端末が校長室にしか設置されていないというのが一般的です。私たちが普通に使えるZoomやMicrosoft Teamsも、まずインターネット接続が前提ですので、職員室の先生たちの机上のパソコンからは利用できません。それにもまして、この条例は新しいクラウドサービスなどを運用する際には、かならず個人情報保護条例の審議会に具申することが通例となっていました。まずは、ここを変えないと何もできません。

教育委員会もそのことは認識していますが、条例を変えていくこと自体は教育委員会から動くことは難しいため、世田谷では区議会においてもこの条例の改正を行うよう働きかけが始まっています。なお、6月30日には審議会が開催され、現在使用したいサービスの利用については審議会を通過しました。今後、色々な活用を柔軟に行うためには、条例へのアプローチが必要、というのは他の自治体でも同様と思います。

端末の整備に関しては、6月に区議会で補正予算が通りました。世田谷区は23区内で最も子どもが多いので、台数を揃えるのは年度内かかるそうですが、1人1端末、予算28億円で4万8000人分を確保できる見通しです。また、回線の増強も可能な範囲で行うということでした。そして、これはまだ確定事項ではありませんが、小中学校と家庭で自由に使えることを前提に整備を進めているようです。

こうした取組を通じて、公教育において学習面にとどまらないICT利活用の範囲があることが明らかになってきました（写真8）。

今後、ICT利活用を考える会では、保護者たちと状況を把握したうえでさらにやり方を検討し、提案をしていきたいと思います。保護者がしっかりと変化の方向を認識していることが、小中学校にとっても最も健全なアプローチになるだ

学習面にとどまらない公教育ICT利活用の範囲

・学習面と生活面、学校運営面におけるシームレスな利活用

世田谷公教育におけるウィズコロナ・アフターコロナ
ICTの最大限の利活用とは？

最大限の
ICT利活用

オンラインで
できない学び

専科・集団活動
スポーツ・表現

学習面

個別での学び

集団での学び
「授業」

児童・生徒同士の
「学び合い」

生活面・学校運営面

児童・生徒との
コミュニケーション

行事の運営

PTAとの協働

地域との協働

児童・生徒同士の
コミュニケーション

課外活動

保護者との
コミュニケーション

学童機能

給食提供

養護・保健
健康管理

メンタルケア

防災・防犯
交通安全

写真8　学習面にとどまらない公教育ICT利活用の範囲

ろうと思っています。私たちが間に入って、教育現場の取組を保護者に伝えるお手伝いをし、どんなことが必要なのかを一緒に考えていく第一歩として、7月25日のミーティングでは教育長や先生方から発信していただきました。今後もYouTubeなどを活用し、広く拡散させていきたいと思います

保護者が公教育におけるICT利活用のバックボーンとなることが大切

こうした取組から、今後、考えていかなければならないことをまとめました（写真9）。

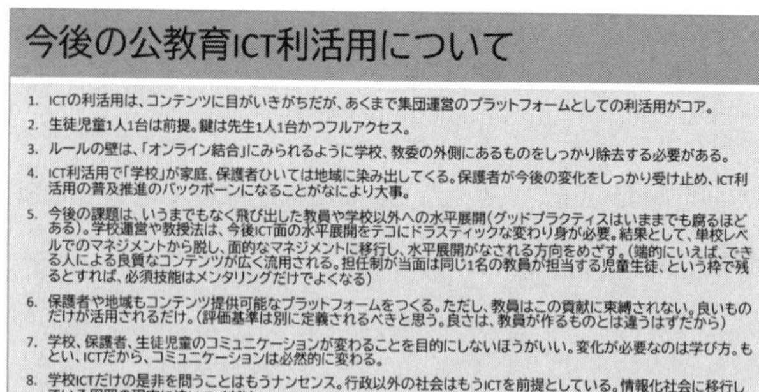

写真9　公教育ICT利活用を促進するにあたっての課題や考え方をまとめた

ICT環境が全く整っていない小中学校の先生方に、ICTの利活用を求めるのは酷

なことだと思います。そこで、まずは先生方がインターネットにフルアクセスできる環境を認めることが重要です。個人情報保護に関する問題では、預けている側の私たちもその問題を認識し、可能なところはオープンにしていくべきだと思います。各自治体が個人情報保護条例を改正しなければ、オンライン教育は実現できません。

繰り返しになりますが、ICT利活用による小中学校の変化を、保護者や地域が受け止める必要があります。特に、端末が学校から家庭へ持ち帰られることが望ましいわけですが、保護者側がその家庭での活用や管理をしっかり歩調を合わせなければなりません。また、新型コロナウイルス感染症拡大による現在の状況に先駆けて、ICT利活用の実践を積み上げてきた小中学校などの好事例をどう水平展開していくかも検討すべきことです。インターネット上にある優れたコンテンツを使い回すことを現場の先生方がどう受け入れるか、先生方のメンタルモデルがどうやったら変わっていくかも考えていく必要があるでしょう。

ただし、ICTによってコミュニケーションが変わると、懸念も増えます。保護者からの学校への意見も多くなるかもしれません。しかし、ツールが導入されることで、必要なコミュニケーションが取りやすくなると考えていくことが大切です。

最後にICTをベースに学習が進むと問題になるのが、目への負担や運動不足といった身体への負担です。しかし、例えばマッチで火をつける時には火傷に注意し、カッターを使う時にはケガに注意します。それと同じように考えていくべきでしょう。

DIALOGUE 対話

保護者も一緒にICT活用に取組むことで学校も変わる

石戸　日本ではほとんどの学校がオンライン教育にシフトできず、大量のプリントが配布されるという対応がなされました。そのような、中央区や世田谷区の保護者の皆様が危機意識を持って動いた背景を知らない方も多くいると思います。休校中の状況を教えてください。

吉澤　世田谷区の中でも私が住む地域では、毎日ではありませんが、学校にプリントを取りに行って、先生から宿題を手渡される形でした。郵送やFAXではありません。時間割が作り込まれていて、これを家庭でサポートしてください、という形でした。4年生はなんとかできましたが、1年生の子どもは「なんのことやら」という感じでした。

平井　中央区では、小中学校のホームページに学年ごとのフォルダが作られ、時間割と課題がPDFで貼られていました。ただ、プリンターがない家庭が多くて、みんな困っていたようでした。また、クッキングしよう、体操しようといった内容の授業も組み込まれていましたが、家庭の状況に応じては負担が大きいのが気になりました。これでは、在宅ワークの保護者は仕事ができない。私は2人の子どもの学習と遊びを見ながらの対応で、密室での親子対応にネグレクトもしくはDVの可能性すら感じた時もありました。一方で、インターナショナルスクールに通わせている同僚の話を聞くと、そちらは完全オンライン対応で完璧にフォローされ、子どもたちは自宅で普通に学習しているようでした。そんなことを耳にすると、すでに子どもの時代で学習環境に歴然と差が出てきていることに気づかされました。

石戸　保護者負担が大きすぎる、という不満の声はありましたか？

平井　課題について、提出・学校からのフィードバックもなく、答え合わせも「親」次第で、「丸投げだ」という不満の声は聞こえてきました。

石戸　日本の学校教育におけるICTの活用は、世界と比較して遅れているという現実を知らなかった人たちも多かったと思います。

吉澤　メールアドレスが学校に1つしかない、インターネットにアクセスできる人が限られている、これではICTを活用した教育ができるわけがありません。個人情報保護に関するオンライン結合の制限については、平成29（2017）年に総務省が地方自治体に解除の通達を出しています。しかし条文を変えた自治体はありません。しかし、ここから立て直さなければ、やりたいことはできないという認識を皆さんが持つことが大事だと思います。

平井　私も、知人の小学校教諭から、Zoomでの朝会議が思うようにできないと聞きました。カメラ1台、動画送信用の回線が1本しかない状況で、思うようにならないと。学校でのオンライン教育推進には大きなハードルがあることを感じました。

有志の会では、学校単位とPTAで協力できることを、まず頑張りましょうと言っています。そして、まずは先生全員にアカウントを設定してあげないと、一歩も踏み出せないと思っています。

石戸　GIGAスクール構想で国がようやく本腰を入れたところですが、一方では未だにICT導入に疑問を持つ声もあります。区にアンケート結果の報告や提言をされて、教育委員会の反応はどうでしたか？

吉澤　世田谷は前向きだと思います。やらなければならないことが多いので歩みは遅いですが、私の子どもからは、「学校で（学習支援アプリの）ロイロノートのテストを始めた」「Zoomの練習をした」といったことを聞いています。できることを現場に通知して、進めていただいていると思います。

平井　中央区でもICT教育の推進の部分は合意が取れていると思います。しかし学校のホームページは活用されていないし、具体的にどんなスケジュールで、学校現場をどう変えていこうとしているかは、確認できていないです。世田谷区は進んでいると思います。

石戸　オンライン教育の必要性について保護者から要望が上がり先生方も感じていることがあると思いますが、先生方の反応はいかがでしたか？

吉澤　7月25日のオンラインミーティングに出ていただいた3人の先生方は、子どもたちとの距離が遠くなってしまっていることを憂慮していました。そういう先生たちが多数派だと思います。

平井　学校の現場では、6月学校再開後も、いかにして今年度の学習を終わらせるかを優先して考えている印象です。もちろんオンライン教育も進めなければいけないんですけど、先生方が忙しい中で、優先度は下がっている印象です。保護者はコロナ第2波、第3波、災害等で長期にわたる休校がまた起きることは非常に心配しています。

石戸　年齢層の高い先生方は学校での決定権を持っているけれど、ICT導入への理解に不足がある、それによって積極的になれない学校もあるのではないか、という指摘についてはいかがでしょうか？

吉澤　校長に理解があって環境を整えられた例をご紹介しましたが、理解不足の学校との差は大きいです。必要性を理解しない、ルールが整っていない、情報が届いていないケースもあるのではないかと思います。

平井　中央区では日本橋小学校が、Zoomでのオンライン朝会を各クラス2日に1回ぐらいやっていたのですが、それは校長先生と教頭先生の理解があったからと聞きます。それと、ICTのヘルパーは数校かけ持ちで来るのは週に1回とも聞きます。保護者でICTのヘルプデスクをできないかという話もしています。

石戸　私たちも、以前から学校ICT化を推進する運動をしています。もっと前にICT環境が整備されていれば、このような状況にはならなかったように感じています。保護者からは、これまでは全く声はあがらなかったのでしょうか？

吉澤　先日お会いした　学校ICT導入に30年来奮闘してきたベテラン教員によると、今までは保護者と連携して導入を進めようということがなかったそうです。それと、ドイツのベルリンに、保護者が運動の核になっている学校の事例があります。それを聞いた時、日本で学校が変わらないのは、学校が保護者を巻き込むことがなかったからだと気づきました。日本でも、保護者は学校に考えをどんどん出していくべきだと思いました。

平井　親として、これまでは学校には元気で行ってくれればそれでいいと思っていました。コロナ後で社会がニューノーマルになっている中で、学校の現場が変わらない現状がよく見えてきます。学校側が実際に何を困っているのか、行政側も保護者側も耳を傾けなければならないと思います。私たちが教育委員会の方と行ったミーティングでは、保護者からの声を伝えた点には意義があったと感じています。きちんと伝えることも大切だと感じました。

石戸　今回、ICTに限らず、150年間変わらなかったとされる学校の、色々な課題が浮き彫りになったと思います。一斉授業はこのままでいいのか、ということも含めて、社会全体で学校とは教育とは何か、と改めて考えるきっかけになったのではないかと思います。お二方から見てICTに限らず、今の学校の課題はどこにあると考えているか、そして今後よりよくしていくために、どんなことをすればよいと考えていますか？

吉澤　今までの義務教育は学校に通わせることが前提ですが、今後それを緩めていくこと、緩め方をどうするかを考えた時、ICTの活用は最適な選択肢だと思います。学校は「学校に行きたくない／行きたい」を超えていかなければなりません。

ただ、本当に大きな変化になります。今でさえ現場は疲弊していると言われていますので、先生方にかかる負担を支える仕組も必要だと思います。

平井　オンライン教育が広がれば、インクルーシブ教育が圧倒的に進むと思います。また1クラスに40人は無理があり、特に低学年は先生の負荷が本当に大きいですが、ICTが入ることで、ハイブリッドを考えていけると思います。ディスカッションはオンラインでやるなどです。ICTの活用は、次の世代の子どものために重要です。中にはさまざまな理由で学校に行くのが難しい子どもたちもいると思いますし、そんな子どもとの学習の格差をICT活用で埋めていただきたいと思います。

コロナ禍の世界各国で、子どもの学びにここまで影響が出ている先進国は日本ぐらいです。全くサポートされず、コロナの中で放置された先生も日本だけだと思います。ICTツールを持つことは、これから当たり前。一方で学校だけの負担にならないよう、行政としても人と予算をきちんと手当てしていくこと、保護者もサポートしていくことが大変重要だと思います。

石戸　このコロナ禍で、教育が変わらなければならない。しかし学校任せにするのではなく、保護者も一緒に取組むことによって、学校も変わっていく、その見本を中央区と世田谷区が見せてくれたのではないかと思います。保護者と学校の連携の仕方が全国に広がっていくと嬉しいです。

経済産業省のコロナ休校対策「#学びを止めない未来の教室」(マナトメ)の90日

経済産業省サービス政策課長(兼)教育産業室長　**浅野大介**

2020年2月27日、政府は全国すべての小学校・中学校・高校・特別支援学校の臨時休業を要請しました。この決定を受けて経済産業省では、所管する教育産業(学習支援業)の皆さんに協力を要請し、学校休業期間中の無料オンライン学習環境を提供する企画「#学びを止めない未来の教室」(https://www.learning-innovation.go.jp/covid_19/)を立ち上げました(写真1)。

写真1 「#学びを止めない未来の教室」のホームページ

そもそも、「未知のウイルスが出現し、感染拡大防止のためにしばらく登校を控えると、子どもたちの学び自体が簡単に止まってしまう」という「今の教室」のあり方そのものに問題があると感じましたので、2018年以来私たちが推進している「未来の教室」実証事業にちなんで、「#学びを止めない未来の教室」と、プロジェクト名を名付けました。関与した人たちは略して「マナトメ」と呼び、この短期決戦のプロジェクトに力を合わせました。

その結果として、5月末までの90日間の間に、学校休業中の児童・生徒や保護者、教師の皆さんからUU（ユニークユーザー）112万件、PV（ページビュー）390万件という大量のアクセスをいただき、EdTech（エドテック）と呼ばれるデジタル教材・オンライン学習サービスを経験していただけたかと思っています。本稿では、この学校休業要請の1日後、2月28日（金）深夜からオープンさせた休校特別企画「#学びを止めない未来の教室」（マナトメ）を振り返ります。

「未来の教室」「GIGAスクール構想」、そして「マナトメ」

経済産業省では、教育産業が生み出すEdTechを活用することで、一律一斉型で工業化社会的な色彩の色濃く残る現在の学校教育システムを、生徒1人1人の主体性・創造性・協働性を引き出し、「誰一人取り残さない・留め置かない」学習環境に変えるべく、「未来の教室」という実証プロジェクトを2018年度から全国で進めてきました。

その大前提は「1人1台パソコン端末の早期配備」でした。（サポート切れの端末やパソコン教室の端末も含め）約6人に1台程度しかない学校ICT整備を「1人1台」まで一気に引き上げる整備予算が、2019年12月に経済対策として閣議決定されました。これが「GIGAスクール構想」です。しかし、年明け1月の国会で可決されたこの予算の執行が緒に就かないうちに、私たち経済産業省や文部科学省は、コロナ休校に対応したオンライン学習環境の整備を進める必要に迫られたのです。

#学びを止めない未来の教室（マナトメ）、最初の3日間

2020年2月27日（木）、新型コロナウイルス感染症対策本部会合での安倍総理による「学校休業要請」を受けて、私たちのアクションは始まりました。メールやSNS上で、経済産業省教育産業室と、業務総括を担うBCGボストンコンサルティンググループ、広報業務を担うICT CONNECT21、そして多くの実証事業の参加企業との間で、以下のようなやり取りが超高速で始まりました。

“2か月程度の無償キャンペーンをやる意思のあるEdTech事業者を集めよう”

“経済産業省「未来の教室」サイトに特設コーナーをつくるなら、1日あればできる。明日2月28日中にはスタートさせて、細かな修正はあとからやろう。スピード重視”

“まずは「未来の教室」実証事業の参画企業にすべて声をかけよう。賛同する企業の取組を特設サイトで紹介していくイメージ”

“一方で、役所が開設したホームページで企業の宣伝活動をしてると解釈されないだ

ろうか、どういう制約をかけようか”

“そもそも個人情報の取扱いで条件をクリアできない事業者を「推薦」してはダメだ。ここで事故るのはホントにまずい。特設サイトに載せる際には、ルールが必要だ”

こんな具合で、「まず始める、不都合が見つかったら、すぐ直そう」というポリシーで、たくさんの組織が協力し合い、プロジェクトは「あっという間」に立ち上がりました。

まずは、普段から「未来の教室」実証事業や自由民主党EdTech推進議員連盟の場でご一緒しているEdTech企業さんたちから続々と賛同のお返事をいただき、無償サービス内容の確定や、このプロジェクトでの個人情報取扱ポリシーの整理をしていきました。

今回のサイト制作を担ったJJS日本ジョイントソリューションズの作業は極めて迅速で、度重なる細かな追加リクエストにも対応いただき、土日を挟んだ突貫工事が進みました。

その結果、2月28日（金）深夜に「マナトメ」ウェブサイトは無事に開設され、週末の間にも徐々に掲載企業が増え、2日後の3月1日（日）の時点では、23社による無償サービス案内が掲載されました（写真2）。さまざまな新聞・テレビによる報道の効果や、政治家や著名人のTwitterなどによる拡散の効果もあった模様で、開設2週間の間に40万UUのアクセス、5月31日時点では前述の通り、112万UU、390万PVを達成す

写真2　マナトメで案内しているサービス

る結果となりました。

3月から5月いっぱいの約90日の間に起こったこの現象が、その後の学校現場や教育産業にどのような影響を与えていったかについては、今後、総括していく予定です。

学校・教育委員会への波及、文部科学省サイトとの「相互送客効果」

行政の立場から見て、この「マナトメ」プロジェクトの面白かった点は、数多くの教育委員会や学校が、自身のHPにリンクを張り、生徒や保護者に利用を促したことでした。この背景には、早期に文部科学省との協力関係を作ったのが大きかったのではないかと思います。「なぜ、経済産業省？」という学校現場の疑問を中和してご利用いただきやすくする意図も込めて、文部科学省「子どもの学び応援サイト」との間にバナーリンクを張り合ったのですが、やはり双方にかなりの「送客効果」があったようです。こうして「マナトメ」プロジェクトで多くの児童・生徒や保護者や教師の方々がEdTechを体験する機会を作ることができました。

そして、EdTech導入補助金へ

しかし、教育産業にいつまでも「無償」をお願いはできません。このため、マナトメに続き、学校側に金銭的負担が生まれない形で学校現場でのEdTechの「長期間の試験導入」の推進を始めました。国とEdTech提供事業者に「EdTech導入補助金」によって必要経費を補助する「EdTech導入補助金」のスタートです。2020年度公募は7月22日に終了しましたが、90社もの教育産業が5200校を超える学校等教育機関とともに応募をしてきました。全国小中高約3万6000校のうちの5200校、これには驚きました。

しかし、EdTechを学校現場がどう使いこなすか、それはまだ未知数です。EdTechを導入した学校でも、それが単なる自習教材の扱いか、授業の基軸としてフル活用されるかについては、学校や教師の方針に違いはあるはずです。学校側における「個別最適化（誰一人取り残さない・留め置かない学び）」に向けた意欲の濃淡によって「活用度の格差」がしばらくは開くかもしれません。しかし、子どもを思う気持ちの強い、わが国の教師の意欲をもってすれば、オンライン上での研修コミュニティを形成していけば、こうした導入初期に特有の格差は縮まるでしょう。すべての生徒にとって平等な学習機会を提供するのが政府の「GIGAスクール構想」の狙いですので、今後も手を打ち続けていきます。

Chapter 5

アフターコロナで広がるAI・教育データ活用の可能性

ファシリテーター
石戸奈々子

※本章の内容は、超教育協会が2020年5月20日から不定期で開催したオンラインランチシンポの記録が元になっています。書籍に収録するにあたっては、最新情報や動向を盛り込み、大幅に加筆修正を行いました。

オンラインランチシンポには延べ3779人の方に視聴いただき、多数の質問・意見をいただきました。登壇者との対話は、視聴者の質問・意見を踏まえたものであり、登壇者・視聴者・ファシリテーターによる共創の場でした。視聴いただいた皆様にも心より感謝申し上げます。

アフターコロナ時代のAIと教育

ギリア社長に聞く ～ AIを面白がる感性の育て方

［日時］2020年6月10日（水）12時～ 13時

［講演］清水 亮（ギリア株式会社代表取締役社長兼CEO）

しみず・りょう◎新潟県長岡市生まれ。プログラマーとして世界を放浪した末、2017年にソニー CSL、WiLと共にギリア株式会社を設立。

「みんなのAI」を標榜するギリアが目指すのは、今のスマホのように誰もがAIを道具として使いこなすことができる世界。AIというのは、人をサポートし、その力を飛躍的に拡張してくれる存在だと考えているからです。

そんなギリアは、教育分野でも人とAIの共生環境を構築する挑戦を始めます。第一歩として開発したのが「学習診断型AI教育サービス」。トライグループとの共同開発です。「診断型」AI教育サービスを使うと、簡単な2択クイズに10分間答えるだけで生徒の現状の学力を診断できます。その診断結果はこれまでの約2時間分のテストを受けた時と同等の正確さだと言います。つまずきを個別に捉えるのではなく、学力を網羅的に測定することで全体像を把握し、生徒一人ひとりの弱点を総括して診断する解析手法を用いることで、従来と比較して約10分の1の時間で正確な学力判断が可能となりました。従来のAI教育サービスでは、数学等のさかのぼり学習が有効な科目を対象とするものがほとんどでしたが、社会等の文系科目にも対応しているのも特徴の1つです。2019年8月より7万人を超える中高生を対象とした実証研究を経て、2020年4月より本格導入されています。

AIを活用して生徒に個別最適化された学びを提供し、それがAI自身の進化にもつながる。「共進化的アダプティブラーニング」がこのサービスの目指すところです。

ギリアが目指すのは教育分野へのAI活用だけではなく、AIがすべての人の基礎教養となる世界です。だからこそAIの威力を理解してもらい、AIの活用領域を広げる必要があると考えています。新型コロナウイルス感染症により、あらゆる領域の人がDXを意識した新ビジネスを構築しないといけないからこそ、今まで以上にスピードアップをしてAI教育を推進することが重要である。清水さんの話から全人類AI人材となる必要性を改めて実感しました。　（石戸）

学力診断にAIを活用

「アフターコロナ時代のAIと教育」をテーマにお話しいたします。まず、ギリア株式会社は、各産業領域への持続的なAIサービスを提供しています。その1つとして、当社の株主でもあるトライグループが実施している学力診断にAIを活用しました。トライグループでは、過去に学力診断を実施した120万人分の学習進捗状況や苦手分野、合格率、偏差値などのデータをすべて保存しています。それらをAIに学習させて、「学力診断にAIをうまく活用できないか」と考えてきました。

本来は1科目あたり2時間のテストを5科目。しかも、1科目あたり200問くらい解かなければならず、学力診断テストに10時間が必要です。これが、AIを活用することで、1科目あたり約20問と10分の1程度の設問数、時間にして約10分間で「この子はどこが苦手なのだろう？」などと推計することに成功しています(写真1)。

写真1　AIを活用することにより、1科目2時間のテストを10分で診断できるようになる

しかも、例えば「マイナス（－）をどこまで理解しているか」「絶対値を分かっているか」など、かなり細かいレベルまで診断できます。ここまで精査できると、きめ細かい教え方ができるようになります。

文系科目にも対応していますので効果的な受験勉強ができます。テストで実際に運用してみたところ、英語が苦手だったある生徒が、英語だけでなく全教科で軒並み成績がアップするなど、AI学習診断は非常に効果があることが分かりました。これについては、日経xTECH EXPO AWARD 2019の「教育AI賞」を受賞し、現在はCMも放映しています。

内閣府の基本方針ではAI教育の取組が明記される

一方、大学の教育現場でもAIの活用が進められようとしています。内閣府が発表したAIの基本方針である「AI戦略2019」では、高校からデータサイエンス分野の基礎となる教育をするということや、「文理を問わず、すべての大学・高専生（約50万人卒／年）が、課程にて初級レベルの数理・データサイエンス・AIを習得」という基本方針が決められています（写真2）。

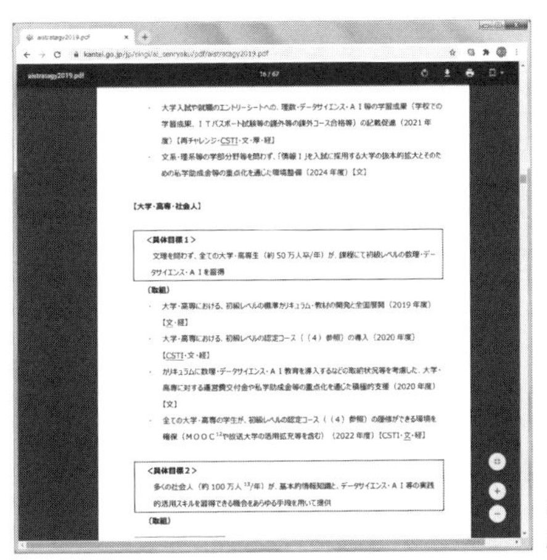

aistratagy2019.pdf

kantei.go.jp/jp/singi/ai_senryaku/pdf/aistratagy2019.pdf

16 / 67

- 大学入試や就職のエントリーシートへの、理数・データサイエンス・ＡＩ等の学習成果（学校での学習成果、ＩＴパスポート試験等の課外等の課外コース合格等）の記載促進（2021年度）【再チャレンジ・CSTI・文・厚・経】
- 文系・理系等の学部分野等を問わず、「情報Ｉ」を入試に採用する大学の抜本的拡大とそのための私学助成金等の重点化を通じた環境整備（2024年度）【文】

【大学・高専・社会人】

＜具体目標１＞
文理を問わず、全ての大学・高専生（約50万人卒/年）が、課程にて初級レベルの数理・データサイエンス・ＡＩを習得

（取組）
- 大学・高専における、初級レベルの標準カリキュラム・教材の開発と全国展開（2019年度）【文・経】
- 大学・高専における、初級レベルの認定コース（（４）参照）の導入（2020年度）【CSTI・文・経】
- カリキュラムに数理・データサイエンス・ＡＩ教育を導入するなどの取組状況等を考慮した、大学・高専に対する運営費交付金や私学助成金等の重点化を通じた積極的支援（2020年度）【文】
- 全ての大学・高専の学生が、初級レベルの認定コース（（４）参照）の履修ができる環境を確保（ＭＯＯＣ[12]や放送大学の活用拡充等を含む）（2022年度）【CSTI・文・経】

＜具体目標２＞
多くの社会人（約100万人[13]/年）が、基本的情報知識と、データサイエンス・ＡＩ等の実践的活用スキルを習得できる機会をあらゆる手段を用いて提供

（取組）

写真2　内閣府から2019年に発表されている「AI戦略2019」

その中には、「多くの社会人（約100万人／年）が、基本的情報知識と、データサイエンス・AI等の実践的活用スキルを習得できる機会をあらゆる手段を用いて提供」という具体的な目標も掲げられています。つまり、データサイエンスおよびAIが今後、日本における基礎教養になっていくことを示しているのです。こうしたことを目指して政府は動き始めています。

ただし、こうした取組は決して簡単にはいきません。小中学校におけるプログラミング教育が2020年度からスタートしましたが、プログラミング教育とAI教育は似てはいるようで、実は真逆(まぎゃく)のことです。また、「AI戦略2019」には「データサイエンス・AI」と書いてありますが、データサイエンスもAIも異なる分野の学問です。数学と物理が一緒に書かれているようなものです。そこをかみ砕いて考えなければいけません。内閣府の方針に書かれているAIが意味することは、基本的にはディープラーニングのことです。だから、データサイエンスとセットで考えられています。

なぜ、あらゆる人々がAIについて学ぶ必要があるのか

そもそも内閣はなぜ、これほど急進的にAI教育に取組もうとするのでしょうか。

1つは、ここ近年のAIの急速な発展は世界各国の政府を動かすのに十分なほどの脅威だからです。わが国は20年前、インターネット化に乗り遅れました。私自身、IT業界に長らく身を置いていますが、私が業界に入った90年代末期は、GoogleもなくYahoo!もない時代でした。日本のゲーム技術は世界を席巻し、ゲーム機のために開発されるコンピュータの技術も世界一と考えられていました。

ところが私は95年頃から、日本はコンピュータ技術において世界から後れをとるだろうという強い危機感を感じ始めていました。というのも、日本語で書かれた書籍や教科書の内容が英語圏で流通しているものに比べて何十年も古い内容だったからです。日本のメーカーは製造こそ一流でしたが、そこで使われているアルゴリズムやソフトウェアの考え方はすべて欧米からの借り物で、独創的なソフトウェア技術の開発にはほとんど誰も注意を払っていませんでした。

その結果、日本は検索エンジンでもゲームエンジンでも欧米に大きく後れをとり、2000年代に突入すると国内ソフトウェアメーカーの競争力の低さが浮き彫りになりました。

わが国が先端分野で大きく後れをとった状況は、それから20年経過しても変わりません。むしろ、よりひどくなっています。わが国には真の意味で独自の先端技術がありません。積み上げ型のアルゴリズムの世界では、我々に勝ち目はないのです。

今再び、わが国は帰路に立たされています。企業がデジタルトランスフォーメーションを指向する中で、AIを企業戦略の中心に据えることができるかどうかが、企業の競争性を決定する時代がすぐにやってきます。

非常に簡単な話なのですが、人間はもはやあらゆる「ゲーム」でAIに勝つことはできません。この「ゲーム」とは、情報化できるすべてのモデルに適用可能なはずです。例えば損益計算書（PL）や貸借対照表（BS）、人事施策、広報戦略、営業戦略といったものです。そうした分野にAIを中心とした質的変化をできる企業は生き残り、人間の直感だけにすがり続ける企業は滅んでいくことが考えられます。この現象は、ビジネスの世界だけではなく、研究や政策など、ありとあらゆるところに及ぶと考えられています。

私の経営するギリア株式会社が3年前に創業した時、創業当初からビジネスのあらゆるレイヤーを変革する戦略級AIの出現を予測し、特に深層強化学習という分野に力を入れることにしました。この時点では誰も深層強化学習を実用化しようと考える人はおらず、当社の顧客を含めてほとんどの人々が画像認識や音声認識など、AIのごく表面的な応用にだけ興味を示していました。ところがそれから3年経ち、現在、当社の収益の柱は深層強化学習をはじめとする戦略級AIです。この変化は全世界的な現象です。もはやAIの判断のほうが人間の直感よりも信頼できる段階に差しかかっています。

だからこそ、あらゆる領域で活躍する人々が、できるだけ早くAIの性質と威力を理解し、社会のさまざまな場面へ活用領域を広げていく必要があるのです。これこそが、わが国の政府がAI教育を急速に推進しようとする理由です。

プログラミング教育とは真逆のAI教育

AIをディープラーニングと考えた時、なぜAI教育とプログラミング教育が真逆になるかについてお話しします。まず、プログラミングとは「積み上げ」で教えていくものです。演繹的に、「AがあってBが起きた時には、Cになれ」と順番にロジック（アルゴリズム）を組み立てていくことを学ぶのがプログラミング教育です。ところが、AI教育はその反対です。「これが起きた時には、こうしてほしい」というのをAIに教え込んでいくものです。どんなロジックで考えるか、どんなロジックに基づいて実行するかは関係ありません。

つまり、プログラム的な積み上げというのは、AIのための土台でしかなくて、プログラムの延長線上にAIがあるのではないのです。それでは、内閣府が学ばせようとしているAIとはどのようなものなのか。当社が開発した製品に深層学習ソフトウェア「Deep Analyzer」があります。例えばAIに画像分類をさせるには、魚の写真を見せたら「これは魚だよ」と教えていくだけです。たくさんの魚の画像をただAIに学習させて「分類しましょう」と指示するだけでいいのです（写真3）。

写真3　ギリア株式会社が開発した深層学習ソフトウェア「Deep Analyzer」

このように、アルゴリズムを必要とせず、アノテーション（テキストや音声、画像などあらゆる形態のデータにタグを付ける作業）さえあれば画像をたくさん学習させて分類できるようになるのがAIで、とにかく原因と結果だけ教えると自分で学習していきます。内閣府が基本方針で示しているAIもこうしたものです。私はこれを「機械化された直感力」と呼んでいます。

AIは「とにかく使ってみて」手数をかけて学ぶ

内閣府では、このレベルのAIを「とりあえず使って覚えよう」と言っているのです。AIを「道具としてどう使うか」という方法を教えるだけではなく、「とにかく使ってみて、活用法を考えてみてくれ」ということなのです。AIの専門家ではない先生や生徒が使ってみることで、AI活用の新たな発見、新たな活用法などのアイデアが生まれてくることが切に期待されています。

ただし、AIを学ぶのに気をつけておかなくてはいけないことは、理論だけでは学べないということです。自動車の運転のように、座学と実習を交互に繰り返す必要があります。座学でいくらアクセルとブレーキの関係を学んでも、いざ運転しようとすると感覚がまるで違います。同じようにAIを使いこなせるようになるためには、実際にAIに触れてみて、実際に学習させ、性能を検証するなど「手数」をかけていかないと学べないのです。坂道発進と同じように、体験的に学んでいくものなのです。

プログラミングは、慣れてくると頭の中で書けるようになるものですが、AIを学ぶには手数が必要になります。「どんな仮説を立てて、どんな学習をAIにさせたら、うまくいったのか」という体験をどれだけ積んだか、どれだけ試したかが大切なのです。

とにかく、教育の現場でAIを学習するには手数がかかるのです。数年前に新潟県長岡市で現地の中学生にAIを教える試みを2日間、実施しました。その時興味深かったのが、「好きなものを学習させていいよ」と伝えると、「ポケモンを分類できるのか」「自分でも知らないポケモンを見たら正確に分類できるのか」と試しだしたのです。大人ではこういったテーマは思いつきません。

東京で小学生を対象にAIについて教えた時も、「レタスとキャベツと白菜を分類できるか」と取組んだ子どもがいました。こうしたちょっとした興味、好奇心、「やってみよう！」という勢いでスタートしてみて、そこから何かが生まれるのだと思っています。

AIとは一般的には、すごく複雑で難しくて高度すぎるものだと思われていますが、原理は簡単ですし、「体験しなければ学べない」という非常に希有な題材でもあるのです。そのため、実用面に配慮した適切な教育カリキュラムの策定はことさら重要です。

AIを通じて「仮説」と「検証」を体験的に学ぶ

そして昨今、新型コロナウイルス感染症の拡大もあって、「大学にキャンパスは必要なのか」「わざわざ大学に行かないと学べないこととは何か」など、多くの人が悩み始めています。その視点では、AIを学ぶには環境や設備、つまりファシリティが必要です。AIについては、とにかく使ってみて、手数をかけてみて、体験的に学ぶ必要があり、さらに「ファシリティがある場所に行って学びましょう」というのが、1つの考え方になります。

確かに大学の授業は、ディスカッションがない授業も多いのですが、AIを学ぶには相手が「正体不明」なので、物理実験のように「なんで、これではうまくいかないのだ」「どうしてこうしたらうまくいったのか」といった発見がとても大切になります。

その事例として、新潟県長岡市でAIの授業をした時、生徒に自分の好きな画像を100枚集めてもらい、それをAIに分類させて正誤を判定しました。すると、あるチームだけ正解率が100％に近かったのです。そんなわけはないと調べてみたら、ある女子生徒がアイドルグループの画像を4万枚もAIに学習させていました。そのチームでは、他の生徒が学ばせた画像が200枚だけだったので、AIにしてみたら、「どんな画像でも女子生徒が持ってきた画像と答えると正解率が非常に高くなる」のです。

そこで、女子生徒が持ってきた画像を4万枚から100枚にまで減らしたところ、正解率が下がり、「正しい結果」となりました。このようにAIは「間違えがないように」と自分で学習してしまうのですが、そのことは理屈では理解できても、この授業のように体験してみないことには学べないのです。このことはAIを学ぶうえで大切なことです。

AIを体験的に学習していくと「こうしたほうが良くなる」ということが、分かるようになってきます。つまり、「仮説の組み立て」と「検証」という、これからの人材に必要とされることを、AIを学ぶことを通じて体験的に身につけていけるようになると考えています。

アフターコロナ時代に求められるAI人材像

こうした教育プログラムを通して、実際にどのような人材を育成したいのか、それは当然ながら、AIそのものの専門家ではありません。英語のように、教養としてAIの知識を身につけ、あらゆる分野へ進出していって、それぞれの専門分野にAIを適用できる人材です。

特に新型コロナウイルス感染症によって生活様式は激変しています。これまでDX（デジタルトランスフォーメーション）といえば、大企業に対して適用されるものと考えられていましたが、今や航空会社から個人経営の飲食店まで、ありとあらゆるレイヤーの人々が否応なしにこれまでとは異なるやり方で新しいビジネスを作っていかなければならない時代です。

AI対応人材は自分の専門分野を持ちながら、同時に教養としてのAIを身につけておかなければなりません。そして新時代に対応する新しいビジネスやライフスタイルを、AIの持つ能力を柔軟に活用して適用できる人物であることが求められます。

そのためには柔軟な発想を持ち、時にはAIと共想しながら新しいビジネスを考えていけるほどAIを使いこなすことも期待されます。実際に当社製品のユーザーの中には、本職はお医者さんや農業研究者といった別の分野の方で、AIを使ってみるうちに新しいアイデアを考えついたり、それを元に論文を発表したりする方も数多くいらっしゃいます。

そのためにはAIがより簡単に使えるようになるという環境からのアプローチが重要で、こうした分野のソフトウェア開発も今後活発化すると予想されます。こうしてAIに対する正しい知識と体験によってのみ得られるスキルを持った人材が社会のさまざまな場面で活躍することが求められているのです。

DIALOGUE 対話

教育現場へのAI導入の鍵は「面白がる」こと

石戸　トライグループとの取組は先生が教える時に活用できるテストの診断ですが、生徒はどのようにAIを活用できるのでしょうか？

清水　トライ式AI学習診断は設問に対して「○」か「×」か「分からない」を選んでゲーム的にやっていきます。そうすると、「ここが苦手だ」と分かるようになります。生徒が自分で苦手なところを認識するのは難しいのですが、トライ式AI学習診断では、自分でも自覚していなかった苦手分野を把握できます。

石戸　生徒の回答と正誤という少ないサンプル数で正しい結論に近づける理由を教えてください。

清水　少ないサンプルで正しい結論に近づける理由ですが、トライはもともと個別指導ですので、細かい学力検査をしてきました。ただそれは年に複数回実施すると生徒の大きな負担になります。なので個別に、この生徒は全体的に英語の成績を上げたいから「英語だけ2時間かけてやりましょう」というテストをしていて、そのデータがあったのです。このような過去の蓄積があるので、これが苦手な生徒はこっちも苦手なことが多いというような相関関係を見つけることができるようになります。

石戸　自由英作文や記述問題もAIで判断できるようになるのでしょうか？

清水　世の中には、自然言語を使った質問と回答のようなタスクはたくさん存在しています。有名なのが、Facebook AI Researchがやっているb AbIというプロジェクトで、「こういう文章があったら答えを当てなさい」と、AIには難しいとされてきた設問にも答えられるようになってきています。自然言語の翻訳が難しかったのができるようになってきているので、AI教育についても記述問題の採点に進化していく可能性はあります。

石戸　学力診断を短時間に行うところにAIを活用していますが、今後、最適出題制御等に取組む計画はありますか？

清水　今後の展開については詳しく申し上げられないのですが、アセスメントで終わりだとは思っていません。最終的には、実際に成績向上にAIが寄与するようになればいいと思っています。ただし、アセスメントをきちんとやるだけで偏差値が劇的に上がったというのは評価できることで、生徒の可能性を広げることに寄与できていると考えています。

石戸　レコメンドされて自分の弱点が分かり、次に解くべき問題が分かるというのは効率的な学習につながります。その一方で、なぜ間違えたのか、自分はどこが弱いのか、どの順番で勉強すべきなのか、というプロセスを自分で考えること自体にも学びがあり、それを奪うことで言われたことだけをやっていくという姿勢になってしまわないかという点についてはどうお考えですか？

清水　AIが教育に寄与するということをどのように捉えるかということも問題だと思っています。もちろん、自分で何が悪いのか内省的に見つけ出せたらそれは素晴らしい学びです。ただ、それでは、偏差値が著しく低い生徒を救うことはできないのです。やはり、自分で見つけることのできない生徒をどうするかをケアするべきであって、もとから勉強ができる生徒はAIに頼らなければいい。AI教育は勉強についていけなくなった生徒を救いつつ、より高みを目指す生徒も救うということがポイントだと思います。今の教育システムの中でやるのであれば、それはより高度な悩み、贅沢な悩みなのでないでしょうか。

石戸　今後、AIに関する基礎素養育成が本格化するにあたり、現時点で教育関係者が身につけておくべきスキルはなんでしょうか。

清水　やはり、AIを面白がるという感性じゃないでしょうか。プログラミングを面白がるのはけっこう難しく、AIのほうが面白がりやすいと思います。何も知らなくてもいいので（笑）。人間は何かを学ばなくてよく、AIに「これやってごらん」と命令すればいいわけです。

ブロックチェーンの活用で教育DXが加速する

ブロックチェーン×教育 ~学歴をオンラインで立証

[日時] 2020年7月29日（水）12時～13時
[講演] 圷 健太（LasTrust株式会社 代表取締役）

あくつ・けんた◎多摩美術大学卒。起業家、クリエイター。
LasTrust株式会社 代表取締役 CEO。

ブロックチェーンを活用して学習履歴を記録することで一発試験の入試は必要なくなるのではないか？ これからは学歴社会ではなく学習歴社会であり、生涯にわたり学び続け、それを示すポートフォリオを持つことが重要ではないか。

そのように言われて久しいですが、国内でなかなか具体的なサービスが見えづらい側面がありました。LasTrustはブロックチェーン技術を活用することで、個人が持つ資格、学位、学習履歴、活動実績を可視化するデジタルバッジを発行する、いわゆるデジタルクレデンシャルに特化したスタートアップです。

これまでの紙の証明書は、信頼性の証明のために透かしを入れるなど高いコストがかかっていました。しかし、改ざんされる可能性が極めて低いブロックチェーンの特性を利用することで、低コストで証明書を発行することができます。

今後はスタディログやライフログを一元管理してポートフォリオ化するサービスの提供を予定されており、教育産業のDXに寄与する！ という意気込みを感じます。デジタル化した学習履歴をAIで解析することで最適なキャリアパスを提示する、もしくはそれに基づき奨学金を一部免除するなど、その利用方法の可能性は大きく広がります。

新しい技術が登場する際には、その利用のメリットが分かりやすく伝わらないと浸透しません。LasTrustのサービスに期待したいと思います。（石戸）

ブロックチェーン証明書を仕組とメリット

私たちのチームの始まりは、経済産業省が2019年2月に主催した「ブロックチェーン技術による学習履歴や論文の改ざん防止」がテーマのハッカソン（ソフトウェア開発を行うイベント）です。そこで「ブロックチェーン証明書発行システム」を発表して2つの賞を受賞し、審査員から「非常に社会実装が近いシステム」と評価されたことが創業のきっかけです。

LasTrustは、ブロックチェーン技術を使った学習履歴や活動実績など「デジタルクレデンシャル」の発行に特化した国内唯一のスタートアップであり、ブロックチェーンの証明機能が、今後の教育産業に非常に大きな影響をもたらし、価値を与えることができることを確信しています。

私たちのミッションは、ブロックチェーン技術を利用して「個人の見えざる価値を可視化」することです。具体的には、個人が持つ資格、学位、学習履歴、社会的実績など「目に見えない」価値を、ブロックチェーン技術で安全にデジタル化していくことで、その実現のために提供するサービスが「ブロックチェーン証明書発行SaaS」である「CloudCerts（クラウドサーツ）」です（写真1）。

写真1　ブロックチェーン証明書発行サービス
CloudCerts（クラウドサーツ）

「ブロックチェーン証明書」の導入メリットを簡単に説明いたします。まず、紙の証明書や資格等の原本性を保ったまま、安全にデジタル化できます。しかも、ブロックチェーンに書き込まれた情報には、「改ざんされる可能性が極めて低い」

という特質があります。ブロックチェーンは世界中どこからでもアクセス可能なネットワークですので、証明書の内容が正しいか、誰でも簡単に検証可能な仕組になっています（写真2）。

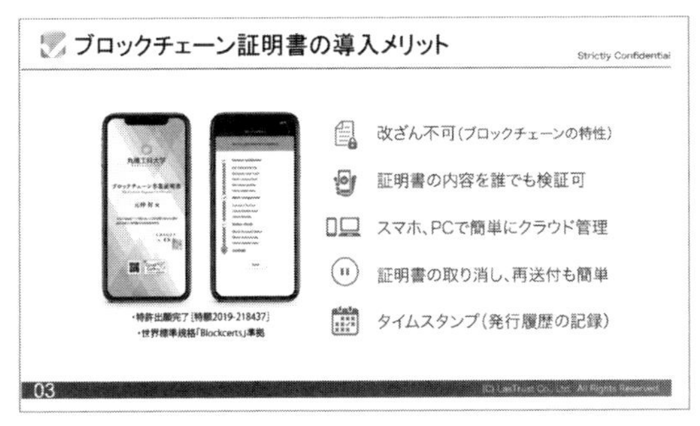

写真2　ブロックチェーン証明書の導入メリット

生徒数の多い学校では、証明書の発行数も数万通〜数十万通にもなるでしょうが、CloudCertsは、ブロックチェーンに記録された膨大な証明書をリストで管理する機能もクラウドで提供しており、証明書の取り消しや再発行も簡単にできます。

発行プロセスがすべて非接触で、オンライン上で完結できるため、新型コロナウイルス感染症の拡大で窓口を開けられず、学生に直接証明書を発行できないという悩みを抱える教育機関から高い評価を得ています（写真3）。

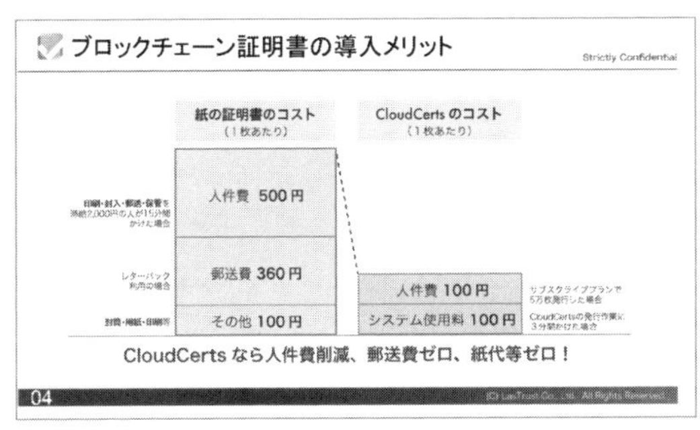

写真3　大幅にコストを削減できるブロックチェーン証明書

教育機関で実務運用されている例として、ビジネス・ブレークスルー社の導入事例を紹介します。同社では、大前研一氏が塾長を務める大前経営塾の卒塾生に対してブロックチェーン修了証書を発行しています。これにより、大前経営塾の卒塾生は、自己の学びの実績を企業と共有したり、自らのブログやSNSに貼ったりして多くの人にセキュアに告知することが可能です（写真4）。

写真4　大前経営塾の卒塾生はCloudCertsを有効に活用している

ブロックチェーンがもたらす教育のDX

私たちLasTrustでは、ブロックチェーン証明書によるスタディログやライフログのデジタル化は、さらに深い広がりを持つ、まさに「教育産業のデジタルトランスフォーメーション（DX）」とでも言うべき価値の転換をもたらすと考えています。そのような使い方を実現する第一歩として、「紙の証明書のデジタル化」に取組んでいるのです。

ブロックチェーンによって発行された証明書は、スマートフォンの画面などに紙の証明書のようなイメージで表示させることもできますが、写真5のように、「デジタルバッジ」の集積をポートフォリオのように表示し、個々のバッジの中身が証明書になるようなアーキテクチャを作ることもできます。これにより学習者は、学習履歴、取得資格、習得実績など自己の学びの実績を低コストで担保していけるのです。

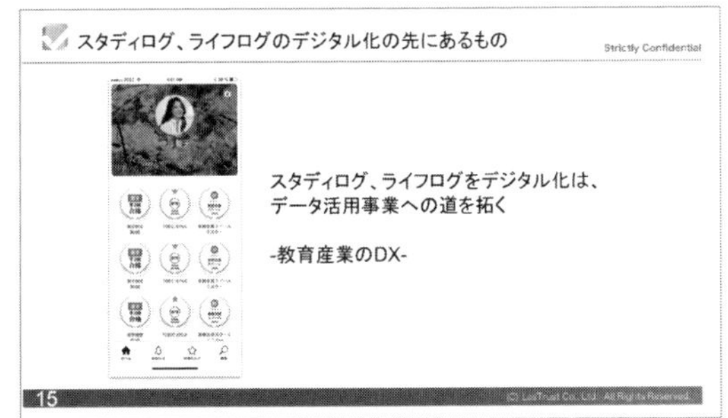

写真5　証明書はデジタルバッジとして一覧表示することも可能

もちろん、プロフィールに文字で書いても同様のことは実現できます。ただ、ブロックチェーンバッジとの大きな違いは、それが「自己申告」の実績に過ぎないか、それとも教育機関がブロックチェーンに書き込んだ「お墨付きのある」スタディログなのか、というところです。

後者であれば実績を数学的に担保できますので、私たちは、このバッチの一つひとつが、社会的信用を担保するアセット（社会的資産）になると考えます。このバッジを集めること、言い換えると学びの実績を集積していくことによって、新たな価値を学習者が享受できるエコシステムが可能になります（写真6）。

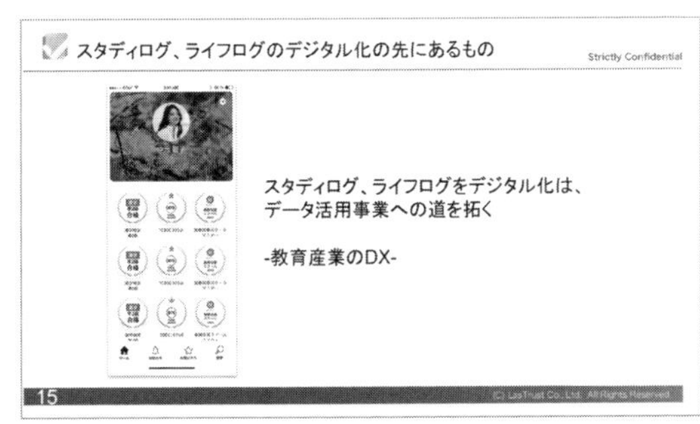

写真6　ブロックチェーン証明書は学習者の一生使える「アセット」

「ラーニングエコノミー」におけるブロックチェーン証明書の可能性

これは弊社だけの考えではなく、アメリカでは「ラーニングエコノミー」活動の一環として、すでに取組が始まっています。「ラーニングエコノミー」は、SDGsの1つである「世界中の教育の平等」の達成を目的とした概念で、2018年に国連で提唱されました。このラーニングエコノミーに則り、アメリカのコロラド州が始めたプロジェクトに「シーラボ（以下、C-Lab）」があります。このC-Labについて簡単に紹介いたします（写真7）。

写真7　コロラドで始まったラーニングエコノミー「C-Lab」

C-Labは、コロラド州の「高校卒業後の進学率が他州と比べて非常に低い」という問題の解決を図るために始められたプロジェクトです。基本的にはCloudCertsと同様、学習者の履歴、卒業証明、あるいはUdemyやMOOCといったオンライン教育プラットフォームの修了証などの学習履歴をブロックチェーンに記録していく取組ですが、デジタル化された学習記録をAI解析することによって、学習者が最適なキャリアパスやアドバイスを得られる「アクティブラーニング」の手法を取り入れています。さらに、一歩進んだ取組として、学習者が自分の学習データをブロックチェーン証明書やバッジとして企業に提供することで、企業側が学習プログラムの費用を肩代わりする取組も実際に始まろうとしています。このように、SDGsの「教育の平等化」に根ざしたプロジェクトとして、教育の無償化まで見据えた形でC-Labプロジェクトは動いています。

ブロックチェーンを使って、このような形で個人の学習履歴を担保することには非常に意義深く、単なる「紙の修了証書のデジタル化」ではなく、デジタル化された学習履歴などの情報をあらゆるプラットフォームと連携させ、奨学金のディスカウントや、適切なキャリアパスなどにつなげていく「インフラ」と考えていただければと思います。

弊社ではすでに、ブロックチェーン証明書の発行サービスを提供しています。ブロックチェーン証明書、あるいは教育のDXに興味をお持ちの教育機関の方は、サンプルを無償で提供していますので、お声がけいただけたら幸いです。

DIALOGUE 対話

ブロックチェーン証明書の教育、その他の産業分野での活用可能性は？

石戸　使われているブロックチェーンとその採用理由を教えてください。

圷　イーサリアム（Ethereum）を採用しています。理由は、高速処理が可能なパブリックブロックチェーンということです。ブロックチェーンには、「プライベートチェーン」と「パブリックチェーン」がありますが、世界中どこからでも閲覧可能とするには「パブリック」の必要があります。そうすると現時点での選択肢はビットコインかイーサリアムになりますが、処理速度の速さでイーサリアムを採用しています。

石戸　「教育」分野に特化したブロックチェーンを作る選択肢もあり得るのではないでしょうか？

圷　おっしゃるとおりなのですが、特定の分野に特化した「コンソーシアム型」のブロックチェーンの場合、参加にパーミッション（許可）が必要となります。不特定多数に幅広く自分の学習実績を共有するなら、パブリックブロックチェーンに一日の長があると考えています。

石戸　通信教育との相性がよさそうですが、国内外での実例はありますか？

圷　現段階で弊社がご案内できる実例はありませんが、eラーニング事業者やSIerからの引き合いは教育機関からと同じくらい来ていますので、多くの通信教育事業者が、デジタルクレデンシャルに興味を持っている状況と感じています。

石戸　重要なのは、ブロックチェーンによって証明される経歴や経験の「価値」だと思います。バッジの価値を、どのように判定していくのがいいとお考えですか？

圷　まさに今、C-Labで研究が進められている分野でもありますし、私たちにとっても個々のバッジの価値をどう計るかは課題です。1つの方法として、データの集積によるAI分析などを考えていますが、一企業がバッジの重みや価値を決める状況は好ましくありません。誰が見ても納得できるバッジの重み付けには、まだまだ今後の研究が必要と考えています。

石戸　これまでは「卒業大学」など学歴で評価されてきましたが、ブロックチェーンのシステムで別の指標が示された時、それをどう評価していくかが新たなポイントになりますよね。

圷　そう思います。バッジの価値は、バッジ自体に「絶対的な価値」があるのか、あるいはそのバッジに価値を感じる企業や人が「相対的な価値」を決めるのかでも変わってきます。それをどう設計していけば最適解となるのか、弊社もデジタルクレデンシャルの専業企業として研究を進めています。

石戸　視聴者から、英検、数検、漢検、ピアノコンクール検定など日本民間教育協議会に加入している複数の検定と連動して記録させたいが可能か、コストはどのくらいかかるかという質問をいただいています。

圷　ご提案ありがとうございます。ブロックチェーン証明書はまさにこういった分野で使っていただきたく思います。ご質問への回答ですが、英検、漢検、数検へのコンタクトはまだとっておりません。コストに関しては、弊社WebサイトからCloudCertsの資料をダウンロードいただけますので、詳細はそちらをご確認ください。

石戸　海外では、このような民間の資格団体でブロックチェーン証明書を導入しているケースはありますか？

圷　海外でも大学など教育機関から利用が始まっていて、資格団体はまだこれからという印象ですね。

石戸　御社がベンチマークとする企業はありますか？

圷　私の知るかぎり、この夏から秋にローンチを予定している発行された証明書を学習者が自分で管理できるアプリ「シルス」のようなブロックチェーンの「証明書ウォレット」を提供している会社は国内にはなく、多くはまだ証明書発行のステップだと思います。弊社は専業企業として、格納アプリの研究開発を重ね、すでに特許も申請済みで、「ブロックチェーンの証明書管理アプリ」として国内初の事例になると考えています。

石戸　現時点では、ターゲットは大学生、ビジネスユースがメインのように見受けられますが、幼少期から生涯にわたって学習履歴をとることが重要だと思います。今後は小・中・高校等の活用も考えていますか。

圷　小・中・高校もターゲットに入ります。ブロックチェーンは、大学を卒業して社会に出ても自分の実績が残ることに大きな意味があります。データポータビリティのある形で小・中・高校・大学・社会人を問わず、リカレント教育も含めて自分の学習履歴を担保し続けられるので、小学生から使い続けて社会人になる頃には実績が「シルス」にたくさん入った状態になると予想できます。

石戸　発行元の社会的信用力が低くともブロックチェーンという技術により信用を担保できる。そのこと自体の社会的認知が広がっていない状況では、大手企業との連携により導入を広げるほうが早いのではないでしょうか。今後、ブロックチェーン証明書の普及に向けてどういう事業戦略を立てていますか？

圷　証明書と発行元の教育機関や企業とがどう紐付けられているかというと、まず教育機関に対して、CloudCertsが自動的に世界に1つだけのブロックチェーンのアドレスを発行します。教育機関はそのアドレスを使って電子署名をした証明書を発行し、最終的に、その証明書が本当にその大学から発行されたものだ、ということを数学的に担保する仕組です。これがまさにブロックチェーンの画期的なところで、たとえ中小企業でもメガバンクでも、社会的信用力の大小にかかわらず同じように信用を担保し、確実にその企業から発行されたことを証明します。

このため、ブロックチェーン証明書はよく「インターネット上の公証役場」と呼ばれます。公証役場のお墨付きがあるため改ざんは不可能で、確かにそこから発行されたものだということを担保できるのです。そして、ご指摘のとおり、弊社だけで旗を振ってもなかなか変わっていきません。弊社としても、大手企業に実際に採用されることが知名度の向上に重要な戦略として、著名な企業への呼びかけ、連携を積極的に進めています。

石戸　ブロックチェーンの教育分野への活用事例として、今回のような「証明」以外の可能性はいかがでしょうか。例えば、「研究」には過去の論文を引用しながら進めていくような側面がありますが、そこにブロックチェーンを活用できる余地がないでしょうか。また、クラウドファンディングとブロックチェーンを組み合わせて、研究資金を世界中から「調達」する仕組に応用できませんか。あるいは、ノートの「共有」や著作物の「権利処理」などもブロックチェーンの活用で、より円滑に行えるのではないでしょうか。他にも、教育や研究のあり方を大きく変える使い方があると思いますが、ブロックチェーンの専門家の目で「ブロックチェーン×教育」の今後にどういう可能性を感じているか教えていただけますか？

圷　クラウドファンディングなどへの活用も十分考えられますが、レイヤーを分けて考えるべきだと思います。ご提案のアイデアは、その前提として「デジタライズ」が必要です。まず学習データやコンテンツの確かさが担保されなければ、その上位レイヤーになる具体的なアイデアやサービス、先進的な取組も進みません。現在はそのために、インフラが整備されつつある段階で、弊社もまずこのインフラ側を提供しています。

そのインフラが整うことで、インフラからの距離感が近い「ジョブマッチング」のような使い方は比較的早く実現できると思いますが、「クラウドファンディング」などはその後の段階になると思います。まずインフラ、次にその上に直接乗るサービスが動き出して初めて、その先のサービスが創造できるというイメージです。弊社としても、近いうちに提案し、第一義的に価値を提供できるのは、ジョブマッチングや奨学金のディスカウントなど、今の教育のあり方、不平等を解消するところだと思います。

学習履歴データ活用の重要性について

九州大学副学長に聞く
～データ×教育の未来形

［日時］2020年7月8日（水）12時～ 13時

［講演］安浦寛人（九州大学副学長）

やすうら・ひろと◎九州大学理事・副学長。専門は情報工学。九州大学のCIOとして、BYODや全学認証基盤の構築を推進。JMOOC副会長や文部科学省科学技術・学術審議会情報委員会委員も務めている。

データの活用は教育分野においても今後の大きなテーマの1つです。超教育協会でも学習履歴データ等により学習者を主体とした学習環境の構築を目指しています。新型コロナウイルスの感染拡大により、図らずも大学も遠隔講義となりましたが、それは教育に関するデータが取れることを意味します。授業の録画、テストの成績、課題への対応、質疑の状況。すべてがデジタルデータとして記録されるわけです。今年は、世界的に教育のDX推進の転換期となると安浦副学長は指摘します。データに基づき教育を科学的に分析して改善できるようになるのです。

九州大学は2013年よりBYODを導入し、教育データを収集してきました。そして、遠隔授業での学生の学習行動をリアルタイム分析し教師にフィードバックする「ラーニングアナリティクス」により授業改善に活かしています。今回の遠隔講義の学習効果への影響は、対面授業と比較して有意差なしという結果が出ているそうです。また、学習活動と教え方のマッチングを最適化することにより、10 ～ 20%の成績向上を見込めることも大規模データによるシミュレーションで検証済みと言います。

そして、現時点では生徒個人の学習効果や教員の授業内容向上の検証にとどまりますが、見据えているのは初等教育から社会人教育、社会全体で活用することで学習者主体型教育を実現すること。もちろんデータ収集に当たって、プライバシー保護は重要です。今後の検討事項としては「他機関とのデータの互換性の確立」「匿名性の担保」「教育データの標準化」をあげます。最終的には国民の学習履歴データベースを構築するとともに、オープンデータによる科学的教育を推進することが安浦副学長の提案です。

超教育協会では安浦副学長にも参画いただき、データ×教育ワーキンググループを設置し、実装に向けて引き続き議論を継続します。（石戸）

遠隔授業で教育データを収集し、教育DXの実現に向けて活用

新型コロナウイルス感染症の拡大により、多くの大学は一斉に遠隔授業を余儀なくされました。まさに「晴天の霹靂（へきれき）」でしたが、遠隔授業ではデジタル化された多くの教育データが、学生と教員の間を行き交います。そうした教育データを収集することが、遠隔授業の実施によって可能になったとも考えられます。

遠隔授業では、オンライン会議システムや教材配信システムなど、さまざまなツールが使用されます。小テストや課題への対応などは、すべてオンラインでやり取りされるのでデジタルデータとして残ります。学生との質疑応答もチャットツールなどを使うとデジタルデータとして残ります。

さらに、学習管理システム（LMS／ラーニングマネジメントシステム）がある大学では、学生の履修履歴、教員の教育の実績もデジタルで記録できます。学生たちにアンケートを取ったところ、当大学では6割くらいの学生が「対面授業ができるようになっても、オンライン授業の部分も残してほしい」と回答しています。他の大規模大学などでのアンケートでも同様の結果でした。

実際、欧米や中国、韓国など、世界的に見ても、これを機に、遠隔授業ベースに教育のデジタルトランスフォーメーション（DX）を実現する方向へと舵を切り始めています。今後は、遠隔授業、オンデマンド配信授業、対面授業の組み合わせが「標準」になると考えています。今年は、まさにその転換点です。

教育データについて、そのデータの「活用者」と「活用場面」でマッピングしました（写真1）。活用者は、「生徒」「教員」だけではありません。「教育機関」や、教育機関を管理・監督する「国または自治体」も活用者です。

活用場面も「個々の授業」はもちろん、学期を通じての利用、学年全体での活用、さらには中学校、高校、大学それぞれの「教育課程の入学から卒業まで」で活用することもあります。また、「初等教育から社会人教育まで」の全人教育における活用、「社会全体」で考えたときの活用など、さまざまな視点でのデータ活用が考えられます。

教育データの活用

活用場面／活用者	個々の授業	1科目全体	1学年全体	教育課程の入学から卒業まで	初等教育から社会人教育まで	社会全体
生徒個人	学習の効果	科目の学習達成度	科目間の関係	教育課程の学習効果	学習履歴	社会的な教育水準
教員	授業の教育効果	科目の教育効果	教育スケジュール	カリキュラム構成	教育体系の中での担当教育役割	教育指針
教育機関	授業効率	科目の教育効率	学年の教育効率	カリキュラムポリシー	教育体系の中での各機関の役割	社会的役割
国または自治体	教育環境教材	教科書科目の学習指導要領	学年の学習指導要領	教育課程の学習指導要領	教育制度	教育行政

KYUSHU UNIVERSITY 4

写真1　活用場面、活用者ごとの教育データの活用例

今、我々が教育データについて考えているのは、ごく限られた「左上の隅」だけの範囲であることが分かります。しかし、現実には、この表のように大きな空間が広がっているのです。

それでは、個々の授業や科目で教育データをどのように使えるのでしょうか。具体的には、「授業内容や質疑応答の記録」や「学生の理解度の確認」に活用できます。副次的な利用では、教育機関やシステム運用者が教育支援システムの改良に活用することも、教員が教育手法や教材を改善していくのにも利用できます。学生が自らの学習法を改善していくことにも役立つでしょう。大きく捉えると、教育体系の改善や教育制度の議論などにも影響してきます（写真2）。

教育データの活用（個々の授業や科目）

- 授業の中では
  - 授業内容や質疑応答の記録
  - 学生の理解度の確認
  - 自習および予習や復習の材料
  - 課題の提示とそれに対する学生の対応
- 副次的な利用
  - 教育支援システムの改良（教育機関、システム運用者）
  - 教育手法や教材の改善（教員）
  - 学習方法の改善（学生）
  - 教育体系の改善（教育機関、教員、カリキュラム設計者）
  - 新しい教育制度の議論と導入（教育工学研究者、国や教育委員会）

KYUSHU UNIVERSITY 5

写真2　個々の授業や科目における教育データの活用例

2013年から「学生1人1台のPC」で教育データに基づく教育学習支援

九州大学では、2013年度から入学した学生全員にある基準のスペックを満たしたPCを購入させています。そのPCにインストールするOSやOfficeのようなツールについては、すべて大学からキャンパスライセンスで提供しています。

教員が学生たちに提供する教材もデジタル教材で、教科書も電子書籍で勉強できるようにし、さまざまなデータを集めています。それを解析する技術「ラーニングアナリティクス」も研究開発し、その分析成果を学生や教員にフィードバックする取組もしています。教育データに基づいた教育学習支援を実施しているのです（写真3）。

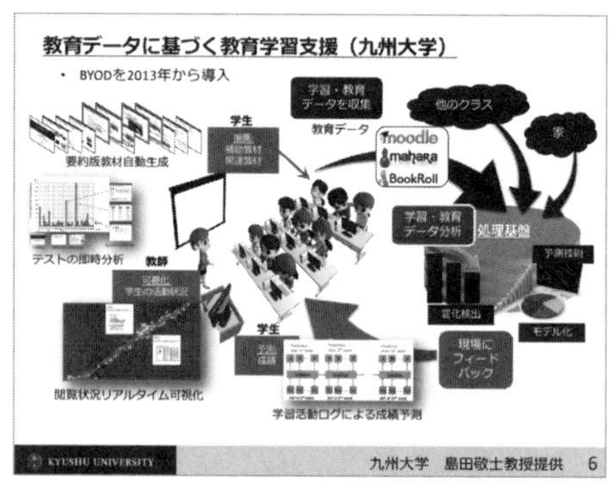

写真3　九州大学の教育データに基づいた教育学習支援を実施している

例えば、「リアルタイム分析ツール」を活用すると、教員は自分が講義をしている様子を確認でき、同時に「学生はどういうページを見ているのか」が分かります。さらに、「今のページの内容は分かりましたか？ 分かりませんか？」と聞くと学生が反応ボタンを押せるようになっていますので、「分かった」学生の数と「分からなかった」学生の数の割合が表示されます（写真4）。

このようなツールを利用しながら遠隔授業を進めていきますと、もし学生が理解していなければ、もう少し詳しく説明するといった臨機応変な対応もできるようになるのです。

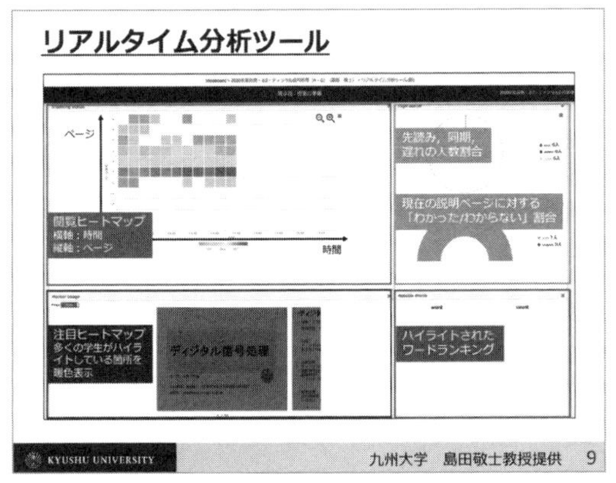

写真4　対面授業よりも学生の様子が分かるようになる「リアルタイム分析ツール」

教室での対面授業では、教員は学生が頷いている様子などを確認できますし、居眠りしている学生が多ければ「もう少し面白く話そう」ということもできたのです。そういった細かな対応も、「リアルタイム分析ツール」を活用することで、遠隔授業でも実現できるようになったのです。リアルタイムフィードバックをした場合と、していない場合で付いてきている学生の割合が随分と異なるというようなデータも実際に取れています。

遠隔授業と対面授業で、学生の理解度に差異はあるのか

九州大学では2013年度以降、対面授業でPCを活用してきました。そして今回、遠隔授業となったことで、その差分を検証できます。同じ授業を対面で行った場合と、事前学習をさせてから遠隔授業をした場合での成績を比較しました。

すると、理解度について統計的には有意な差はないという結論が出ました。遠隔授業でも、学生はしっかりと理解できているのです（写真5）。

さらに、語学や数学などの講義で、複数のクラスに同じ内容を異なる教員が教えた場合、学生たちの学習活動がどう影響を受けているかを分析しました。それによると、同じ教員が教えると異なる内容でも学生の学習パターンが非常に似てくることが分かりました。教員の教え方が学生たちの学習活動にかなりの影響を

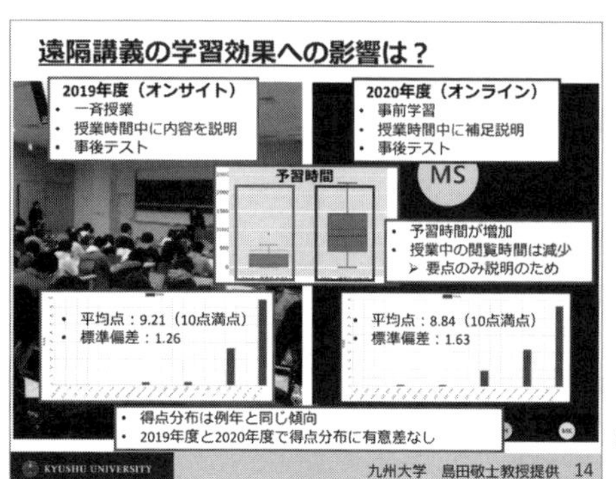

写真5　対面授業とオンライン授業を比べると、理解度で有意な差はない

与えているのです。

また、同じような学習活動をしていても、教え方の順番などの違いによって学生たちの成績が変わるというデータも取れました。学習活動と教え方のマッチングを最適化すれば、10～20％程度の成績向上が見込めることがシミュレーションで検証済みです。

成績分布で「上位層と下位層とでは何が異なるのか」ということをディープラーニングで因子分析できます。その分析により、成績に寄与している学習活動の因子が異なっているということも分かります。そこを意識して、いかに下位層を底上げするか、上位層をさらに伸ばすかということも考えられるようになります（写真6）。

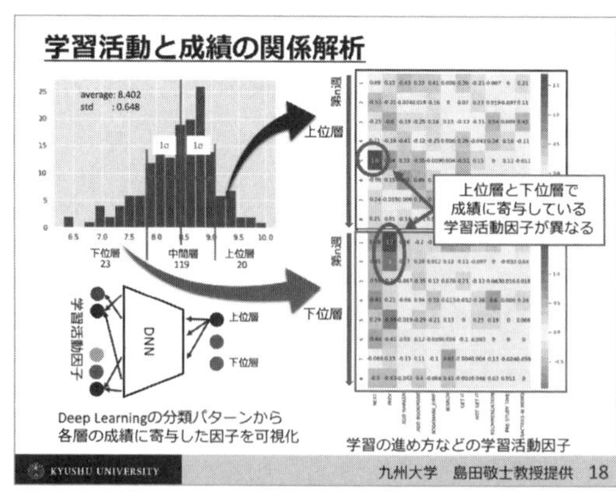

写真6　ディープラーニングにより、成績の上位層と下位層とでは何が異なるのかを分析できる

さらに、「ソーシャル知識マップ」では、教員たちが伝えたいと思った情報が「学生たちに本当に正しく伝わったのか？」「概念間の関係は正しく伝わったか？」といったことの解析ができます（写真7）。

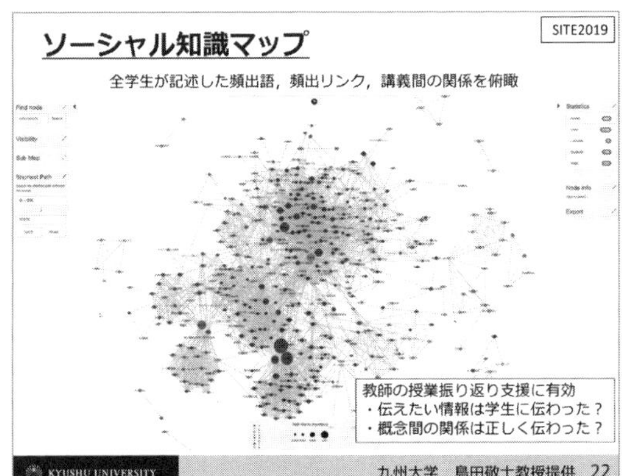

写真7　教育データを分析することで、学生が頻出した言葉やリンクなども分かるようになる

また、教育データを活用することで、補助教材で弱点を補っていくことも学生が自分でできるようになります。「アクティブラーナー」としてデータを活用することで、学生を「学習データサイエンティスト」として育てていきたいと考えています。さらに学生たちを「ティーチングアシスタント」として使えば良い効果が上がって、他の興味がない学生たちの学習意欲を増すことにも使えることが分かっています。

学習履歴データベースの構築は、国の基礎力を高める重要なプロジェクト

教育データは、ある種の個人データですからプライバシーの保護もきちんと考えています。九州大学では、教育データを4つのレイヤーに分けて考えています（写真8）。

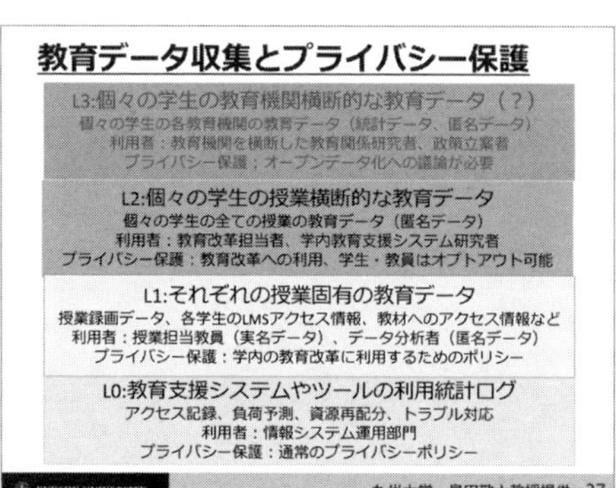

写真8　教育データの取り扱いに関するプライバシー保護のレイヤー

このうち、L1のレイヤーにある教育データは実名でも利用できるようにしています。こうしないと教員が授業の成績評価ができません。L2は基本的に匿名データです。大学の部局や学科が教育・学習の改善を目的とした研究などのために使えるようにしています。

L3は今後検討していかなければいけないレイヤーで、「オープンデータ化をどうするか？」「他機関とのデータの互換性を保ちながら共有していく部分をどう考えるか？」が課題です。L3の教育データの取り扱いにおいては、プライバシーの問題をより真剣に考えなくてはいけません（写真9）。

九州大学の教育データ利用のレベル（検討中）

- L1の利用（実名データも利用可）
  1. 授業担当者による担当授業の教育のための利用
  2. TAおよび本学の教育を担当する学外者
  3. 教育・学習に不可欠なツールの構築者（匿名の場合もあり）
- L2の利用（基本的に匿名データ）
  1. 教員が担当とは異なる授業との関連性を比較分析する利用
  2. 全学的な教育の実施や改善を行うための利用
  3. 部局や学科が教育の実施や改善を行うための利用
  4. 教育・学習の改善を目的とした研究のための利用
  5. 教育・学習支援ツールの開発を行うための利用
- L3の利用は今後検討
  1. 他機関とのデータの互換性の確立
  2. 匿名性の担保
  3. 教育データの標準化

KYUSHU UNIVERSITY　29

写真9　教育データのオープンデータ化が今後の課題

ここまで教育データという言葉を使ってきましたが、これは教育者側や教育機関側がいかに効果的に教育を実践するかという視点をベースにしています。教育をどう改革したらいいかという観点の基礎資料という意味合いでの教育データです。

一方で、それぞれの学生にとっては、自分が何をいつどう学んだかという「学習履歴データ」であり、自分の学び方を改善するヒントに使えます。学生個人が管理・閲覧する権利を持つプライベートなデータです（写真10）。

教育データと学習履歴データ

- 教育データ（教育者や教育機関が管理）
  - 教師、教員、教育機関から見た視点
  - 教育の効果の測定に利用
  - 教育システム改革の基礎資料
- 学習データ（個人が管理・閲覧する権利を持つ）
  - 学習者（児童、生徒、学生）から見た視点
  - 何を、どのように、いつ学んだかの記録
  - 学び方の改善へのヒント
- 学習履歴データ（社会の基盤的個人データ）
  - 社会的な個々人の教育・学習履歴の個人情報
  - 教育機関や資格認定機関による認証が付与される
  - 社会システムとして、健康データと同様の国家の基礎データ

KYUSHU UNIVERSITY 31

写真10　教育データ、学習データ、学習履歴データに含まれる内容

こうしたデータを集めて社会全体で共有できる仕組が作れないかと、「学習履歴データベース」の構築を将来の目標として考えています（写真11）。

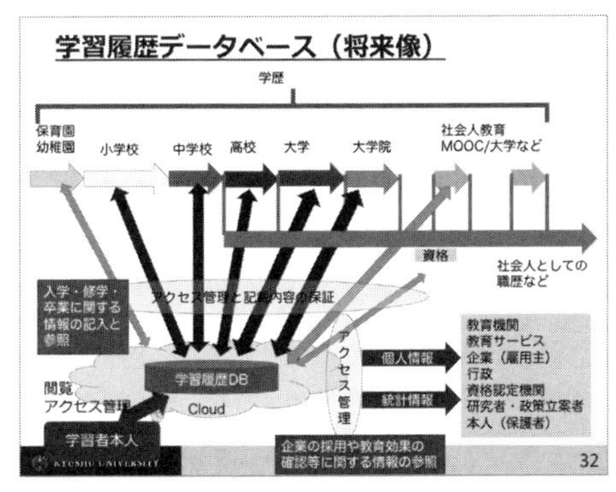

写真11　小中高大から社会人教育まで、すべての教育データを集めた学習履歴データの構築が将来の目標

学習履歴データベースは、基本的には学習者本人が管理し、閲覧する権限を持ちます。ただし、例えば、学校の成績などは本人が勝手に書き換えては困るので、それぞれの教育機関から与えられなくてはなりません。

そうしたデータを教育機関、教育サービス、企業、行政、資格認定機関、研究者・政策立案者、子どもの場合には本人以外の保護者が活用できるようにします。学習履歴データベースに提供されるデータは、個人情報であるべき場合もあれば、統計情報であるべき場合もあります。個人情報の場合には、本人の同意を得たうえで学習履歴データベースに提供できるという社会的な仕組を作る必要があります。

新型コロナウイルス感染症の拡大を契機に、多くの大学が遠隔授業に取組みましたが、このことは今後、教育改革の起爆剤になると考えられます。遠隔授業の実施とあわせて、プライバシーに十分配慮しながら教育データを集め、オープンデータ化していくことが今後、非常に重要なポイントになります。

そして、国民の学習履歴データベースを構築することは、ある意味で国の基礎力を高める重要なプロジェクトになるのではないかと感じています。

DIALOGUE 対話

非認知能力やクリティカルシンキングの評価など、教育データの活用で見えてきたもの

石戸　九州大学の「リアルタイム分析ツール」は、学生からするとすべてモニタリングされている状況です。それに対して学生から抵抗を感じるという声はなかったのでしょうか？

安浦　自分が今、教科書のどこを見ているか、どこにアンダーライン引いたのかということに対しての学生たちの抵抗感はありません。ただ、(我々は推奨して

はいないのですが）学生たちの顔を画面に映し出して授業する教員もいます。それには非常に抵抗感を持つ学生が多かったです。「自分の部屋が覗かれている」という感覚になるようです。

石戸　正解がある内容については理解度を学習履歴データベースから明らかにできそうですが、答えがない双方向的なディスカッションなどの学習履歴についてはどのように扱われているのでしょうか？

安浦　これは非常に難しいことで、教員のスキルの問題だと考えています。内容を理解しているかどうかを考える教員もいれば、科目によっては発言が大事で、その発言がロジカルに成り立っていればいいという教員もいます。例えば、仮説に誤りがあれば「それは間違っているよ」とフィードバックしてあげるといったことを、学習履歴として残していけます。

石戸　学習データと学習履歴データの違いについて、補足説明をお願いします。

安浦　学習データは、講義や科目において「できるところから集めていく」ものです。集めたデータを使って「科学的に教育を改善していく流れを作りましょう」という時には教育データや学習データという呼称になると考えています。

一方、学習履歴データは、小中高大から社会人教育までの結果を総合化したものです。ある種の標準化が必要です。その標準化について、国レベルで議論して形成していくということが極めて重要です。

例えば、A中学校とB中学校とでは異なる学習データを集めています。ただし、それでは社会全体として有効活用できるデータかどうかは分からない。標準化したデータの収集が必要です。

石戸　学習者個人の特性に踏み込んだデータの取得、分析などもされているのでしょうか？

安浦　ラーニングアナリティクスという研究分野ですが、そういう研究をしている教員もいます。特に、障がい者の方々のデータは重要です。例えば、音声をテキスト化するツールでは100％正しくテキスト化できるわけではありません。聴覚障がい者の方に対して、本当に内容が正しく伝わっているのかといったことを研究している教員もいます。その他にも、色を多く使用したスライドは色覚異常

（色弱）の方には読めないということもあります。色覚異常（色弱）の方にも見やすい、ユニバーサルデザインのスライドを作成することを研究している教員もいます。

石戸　テストでは評価できなかった非認知能力の到達目標をデータから把握することは可能でしょうか。あるいは、思考力や表現力、クリティカルシンキングなどのスキルを評価するにあたり、前後のデータ活用で見えるものはあるのでしょうか？

安浦　非常に難しいことですね。それらは対面でもどこまでできるかということが分かっていない、尺度がない世界です。今後の重要な課題だと思います。

ただ、ビッグデータだけで見えてくるものもあります。学生たちが就職活動をする際に書くエントリーシートがそうです。1回記入しただけでエントリーシートのデータを学生が「A社とB社とC社に送ってほしい」と望めば送付する仕組で、学生と大手企業を連携させるサービス（(株) 履修履歴センター）があります。しかし、学生の7割くらいがそれを使うようになると、「この先生は誰にでもAを与えている」「あの先生はSからBまで、厳しく評点を分散させている」ということが分かるようになります。そうすると企業によっては、「分散が大きい科目におけるA」と「誰でもAを付けている科目のA」とは異なるという判断をするようになります。Aの数が同じ学生でも、誰でもAをもらえる科目だけを取っている学生か、BもあるけれどもSもあり難しい講義も取っている学生のどちらを採用するのがいいのかの判断材料として企業も使っていたということがあります。

石戸　成績の上位層と下位層で成績に寄与している学習の活動因子が異なる話がありましたが、具体的に教えてください。

安浦　もっとも分かりやすいのは、教室の前側に座るか、後ろ側に座るかということ。やはり前側に座ると学生というのは先生と対話を求めており、アイコンタクトも多いです。意欲のある学生はアイコンタクトをしながら、「なるほど、なるほど」と頷きます。そうすると先生もアイコンタクトをしてくれる学生の顔色を見ながら授業をしていくということになりますから。小学校のように、1クラス30人とか40人程度の生徒であれば、常にまんべんなく見ることができると思いますが、100人以上の講義室であれば、前側と後ろ側とでは全く異なってきます。

石戸　現時点で遠隔授業と対面授業とでどちらかに優位性は見られなかったということでした。今後、さらにデータを取り、授業改善をすることで遠隔授業のほうが高い効果が上げられる可能性もあると思います。今後の九州大学としては、対面授業とオンライン授業の比率を今後どのようにしていきますか？

安浦　まだ正式に決定したわけではありませんが、遠隔授業は継続することになっています。対面授業をしても、授業を同時にオンラインで配信します。これは、障がい者対策にもなりますし、体調の悪い時には「無理に出てこなくてもオンライン授業を受講したらいいよ」という形で活用していきます。

それから、大教室の授業で後ろ側に座るよりは圧倒的にオンライン授業のほうがいいし集中できるという学生が多くいました。その点がオンライン授業を残すべきポイントになってくるかと思います。

石戸　国内外問わず、データを活用した教育の良い事例があれば教えてください。

安浦　アメリカには、さまざまな大学がITを使って学生をどう育てるのかという議論をしている組織・団体（EDUCAUSE）が活発に活動しています。世界中の20を超える国々にも同様の団体があり、日本では大学ICT推進協議会（AXIES）が活動しています。そういう意味では、アメリカを中心としたこれらの国々の教育機関が今後、データ活用にどう取組むのか、無視できないという気がします。

エピローグ

アフターコロナ教育を構想する

石戸奈々子

デジタル教科書等に関する法制度の整備、プログラミング教育の必修化、さらにはそれらを含む教育情報化推進法の整備、GIGAスクール構想の始動。状況は大きく変わりつつあります。

2019年3月時点でのパソコン整備状況は5.4人に1台。文部科学省資料によると、その当時示されていた3クラスに1クラス整備目標達成ですら25年かかるという試算でした。そして、2019年末「令和5（2023）年度までに1人1台」という閣議決定がなされました。「法律1本できることの意義はこういうことだ」。教育ICT超党派議連総会での盛山正仁幹事長は力を込めます。

さらに、今回の緊急経済対策で一気に本年度中に1人1台を達成。10年来の課題がいっぺんに解決しそうで、半年前までの状況からみると夢のようです。デジタル教科書の提案をしたら「紙のにおいが大事なんだ！」と国会議員先生にお叱りを受けたのは数年前のことです。もうその時点で、ネットを通じて紙のにおいも配信できる技術すら商用化していたのに。

1人1台実現の次にすべきことは、スマート教育の環境整備です。自分の端末を活用して学校でも家庭でも学習するBYODに向かう。BYODでどの端末でも学習できるようになるには、クラウドの利用が前提となります。しかし、そのクラウドはセキュリティが厳しく、学校をクラウドにつなげないという課題もありました。先生方の働き方につながる校務の情報化も進まず、未だファクス文化。クラウド利用はごく一部にとどまります。自治体ごとの条例やガイドラインを改訂すべきですが、国が指針を示し、学校のクラウド化を進めるべき時でした。また、デジタル教科書については著作権法も改正され整備しやすくされましたが、より重要な参考書、ドリルその他の教材は著作権処理も課題でした。超教育協会等民間が著作権処理スキームを整備しようとしていました。

コロナによる休校は、1人1台整備にとどまらず、この動きを一気に高めました。コロナ禍において文部科学省は家庭の端末も積極的に活用しながら、オンライン教育を導入することを求めました。そして実際に導入した自治体においては、クラウドIDを3種の神器の1つとして手配をし、またセキュリティポリシーを緩和することで、学校内外で必要な情報にアクセスできるようにしました。家庭学習のための通信機器整備支援等の予算措置もなされました。教育情報化は学校の環境整備が論点でしたが、コロナを機に家庭環境も主要テーマに浮かび上がってきたのです。

しかし、世界は2周先に進んでいます。PCによるデジタル教育、そしてBYODやクラウドによるスマート教育を超え、IoT、ブロックチェーン、AIなどの超スマート教育、EdTechに突入しています。

中国はAIの教育利用を国家戦略に据え、教室にカメラやセンサーを埋めて子どもの表情や学習履歴などのデータを集め、教育改革に活かそうとしています。その教育環境を世界展開する目論見です。日本はAI開発で米中企業の後塵（こうじん）を拝し、教育情報化で世界の後塵を拝しています。しかし、この分野を海外に依存するようでは国の未来を展望できないのではないか。Society5.0を迎えるにあたり、改めて、教育をリデザインする必要があるのではないか。そしてそれは、すべての学習者を主体としたデザインであり、従来の学校の枠を取り払った学びの場「超教育」を構想する試みではないか。この分野に関心のある多くの産官学、オールジャパンの叡智を集結し、行動を起こすことが重要ではないか。そのような考えから、2018年、31の業界団体の参画のもと超教育協会を立ち上げました。この分野を代表するオールスターの方々に評議員として参画していただいています。

IoT、ブロックチェーン、AIなど超スマート技術の導入は、教科、試験、学校など、学びの内容・環境・評価を問い直す変化をもたらす可能性があります。それを「超教育」と名付けました。

教科面ではAIが教科を横断する超個別学習を実現するでしょう。そのためのカリキュラム再編成も求められます。それは検定や学習指導要領の内容や存在を問うことになり得ます。また、ブロックチェーンで学習履歴をすべて蓄積することで、試験をする必要がなくなるでしょう。入試のあり方を問うことになります。そうした変化により、学年や学校など教育機関の枠を超える学習環境をデザインすることができるようになるでしょう。学校制度のあり方自体も問うことになり得ます。

日本でもベンチャー企業を中心にAIを用いた教材を開発する事例などが活発になってきましたが、まだ初期段階です。教育AIを開発するために学習履歴などのデータを用いる必要がありますが、教育側の認識が低くガードも固いため、AI研究者は教育分野を素通りしています。

そこで、超教科・超試験・超学校を「実装」する産学連携プラットフォームを構築しよう。国内外の幼児教育、初等中等教育、大学、生涯学習を横断する教育機関と、民間企業の連合体により、世界最先端の学びの場を創出しよう。それが超教育協会のチャレンジです。

2020年4月15日。いつもどおり早朝に開催された超党派「教育ICT議連」総会は、普段と様相が違いました。いつも厳格に守られる会議時間が30分以上延びるほど白熱した議論が繰り広げられたのです。それはもう「教育ICT化」議論ではなく「超教育」議論でした。学校に通い、教科書を開いて、先生が教えてくれる。その前提が成立しないアフターコロナ教育を考えるべきではないか。そういう議論です。

議員の先生方から次々とアフターコロナ教育に関する提案がなされます。

「これからはホームスクーリングを中心とした学びを前提にすべきではないか」そのためにも「民間の教育サービスと学習指導要領の接続を検討すべきではないか」「紙の教科書とデジタル教科書の並列から、デジタル中心にシフトすべきではないか」「毎年450億円かけて教科書を配る必要はあるのか？ デジタルにしておいて、紙の教科書は学校図書として設置でいいのではないか」「家庭での通信費を家庭負担にしない方法を検討すべきではないか」「EdTechを活用した家庭学習も成績評価として認めるべきではないか」「標準授業時間数のあり方を再検討し、履修主義から習得主義に転換すべきタイミングではないか」「教育の質を上げるよう学習履歴データを活用すべきではないか」「学年を越えて、教科を越えて学ぶ教材を開発する等、柔軟に対応できるようにすべきではないか」。

これ以上、子どもたちの学びを止めてはいけない。この緊急事態を乗り越えるだけではなく、むしろ危機を希望に変えなければならない。先生方から、強い危機意識と、熱い想いがひしひしと伝わってきました。号砲が鳴った瞬間でした。

現場もそれに応えます。いや、むしろ先導します。本書ではコロナ禍での国内外の自治体・学校における子どもたちの学びの継続を守るための奮闘を紹介しました。それらに共通しているのは「アフターコロナ教育」を見据えていることでした。コロナ禍の休校は、「学校とは何か」「教育とは何か」「授業はどうあるべきか」「評価はどうあるべきか」という根本的な問いを社会全体で考え直す契機となりました。オンライン教育を導入した学校は、それらを、登校の、対面授業の代替として活用するのではなく、多様な環境に置かれた子どもたちが誰一人取り残されることなく学ぶ環境を整備する新たな学習環境構築のツールとして捉えていました。アフターコロナ教育はどうあるべきか。まだ誰も解を見出していません。そもそも1つの正解があるわけではありません。しかし、1つ言えることは、私たちはコロナ前の教育に戻すのではなく、コロナ禍での学びを教訓にSociety5.0時代の教育を構築する必要があるということです。

超教育協会は、キャッチアップである教育ICT化＝インフラ整備と先端改革の両方を推進すべきと主張してきました。先端改革は「超教育」の構築であり、それはまさにアフターコロナ教育と言えます。今こそ、超教育の姿を皆で想像し、創造していかなければなりません。

超教育協会が作成した「20xx年の教育」と題した未来の教育の姿の映像を紹介して、この本を締めたいと思います。この映像は、個別最適化が進んだ教科科目の学習やプロジェクト学習や課題解決型学習の浸透、卒業後の多様化した進路の姿など、超教育協会のワーキンググループメンバーで議論したアイデアを元に制作しました。アフターコロナ教育構築の一助となれば幸いです。

「20xx年の教育」

https://youtu.be/n3ZGAAB1VmA

シーン1　地域コミュニティとして機能する学校

20xx年の学校は、子どものためだけではなく、地域コミュニティとして機能する「学校」になっています。小さい子どもたちや、お年寄り、ペットとの対話を楽しんでいます。

シーン2　教室：登校時、教室に入っていく子どもたちの様子

教室入り口では、顔認証など、自動出席管理システムで出席をとることができます。機械に任せられる部分は自動化し、先生方の働き方改革にもつなげます。タブレットやクラウド活用が進んだ結果、子どもたちは、手ぶらもしくはタブレットのみで登校しています。自分の代わりにロボットが登校することもできます。

シーン3　教室風景

「一人ひとりの学習スタイルに合わせた学びを実現」

カウンターで立ちながら学習する、ソファに座って学ぶ、カーペットに寝っ転がって勉強する、複数人で集まってミーティングをする。さまざまな学習スタイルが受け入れられる教室が実現しています。もちろん1人1台タブレットを持って学習しています。

「先端技術を駆使し、バーチャル理科実験や、海外と常時交流して議論」
教室壁面がすべてスクリーンになっています。あるスクリーンは海外の学校と常時つながり、世界中の子どもたちと議論をすることができます。

「多数のセンサーが表情や動作を感知し、理解の状況を把握して学びをアシスト」
各所にセンサーが設置されていて、表情や動作で学習理解状況等を把握。子どもたちに最適な学びを提供します。

「病院からロボット登校する子どもも」
病院と学校がつながっていて、入院中の子どもロボットを通じて会話をすることができます。

シーン4　AIによる個別最適化されたカリキュラム編成
朝、AIにより個々人に合わせた時間割がタブレットに映し出されます。
ある子は、「分数の計算問題45分　分数の文章問題50分……」
別の子は、「スピーキング30分　英語でのレポート作成60分……」
さらの他の子は、「室町時代のリサーチ60分　レポート作成60分……」
全員一律の時間割はありません。

シーン5　午前中の教科科目の学習 @教室

AIを活用することで今までの半分の時間で教科科目を学ぶことができます。だから午前中で終わります。タブレットで算数を学んだり、VRゴーグルをつけて理科のバーチャル実験をしたり、ロボットと1対1の英会話学習をしたり、先端技術を活用した多様な学びが実現しています。先生は教卓から教える一方向のスタイルではなく、子どもたちとの距離が近い状態でのコミュニケーションを活発に行っています。

シーン6　体育の授業 @校庭

体育の時間は、全員で一斉に逆上がり等をするのではなく、各々が好きな運動を選んで取組みます。バーチャルバッティング、タブレットを使った逆上がり。子どもたちがお互いに動きをタブレットで撮影、分析することで自分たちで改善しながら楽しく上達させていきます。与えられたスポーツをするのではなく、新しいスポーツを作り出す子どもたちもいます。自分が楽しむことができる新しいスポーツを開発するのです。

シーン7　デジタルものづくりの充実＠Fabスペースでの図工

デジタルものづくりの時間があります。3Dプリンター、レーザーカッターなどFabスペース（工房施設）が完備され、ものづくりが活発になっています。怪獣をつくっている子ども、自動車をつくっている子ども、アクセサリーをつくる子どもなど、自分のアイデアを形にする方法を学びます。

シーン8　地域に開かれた学校

カフェテリアや図書館には地域の大人も子どもも集っています。子どもも大人も一緒にごはんを食べています。図書館には勉強や読書をしている大人がいます。

地域の団体がミーティングスペースとしても利用している。紙の本だけではなく、タブレット、パソコン、VR（バーチャル・リアリティ）などさまざまなツールで世界中の知識にアクセスする場となっています。

シーン9　プロジェクト学習

午前中で教科科目の学びを終え、午後は課題解決型・プロジェクト型学習の時間です。一人ひとりがテーマを持ち、各々のプロジェクトに取組みます。プログラミングでアプリを開発する、地域の人にインタビューに行く、会社見学に行く。子どもが先生となって大人に授業をすることもあります。世代、地域、国境を超えて協働で創造しながら学ぶ時間です。

シーン10　働き方改革の進んだ職員室

学校のデジタル化が進み、フレックスタイム制で働くなど先生方の働き方改革が進みます。時間の余裕ができ、先生方の学び直しも活発化します。職員室のレイアウトも自由です。教室と同じように、ソファやゆったり座れる椅子が設置され、ミーティングスペースがあり、先生同士の議論も活発化しています。

シーン11　教員のノウハウや知見のオンラインでの共有

国内外の授業案が共有されています。AIで最も効果的な指導方法が提示されるので指導方法を常にブラッシュアップできます。

シーン12　世界と地域がつながる運動会

世界中の子どもたちによる運動会が開催されます。大きなスクリーンに世界中の子どもたちが映し出され、みんなで徒競走。バーチャル&リアルのハイブリッドで子どもオリンピックが実現しています。

シーン13　世界と地域がつながる音楽会

世界中の子どもたちと一緒に演奏。VR空間上に集まり、さまざまな楽器を持ち寄り演奏します。世界中の音色、リズムを感じることができます。

シーン14　進路指導もAIを活用

興味・関心からおすすめの職業や、それに向かい学ぶべきことを提案してくれます。先生との面談で、子どもたちは自分が好きなことや興味関心に気がつきます。そして、興味関心や好きなことなどから、おすすめの職業やキャリアプランを提案してくれるアプリもあります。なりたい職業を話すと、学ぶべきことを細分化して教えてくれるロボットがいます。

シーン15　地域に開かれた保健室

地域にとっての保健室になっています。おじいちゃんおばあちゃんも保健室の先生と会話しています。音声から心理状況を把握できるロボットカウンセラーがいて、子どもの発話から悩みを感知してくれます。

シーン16　終業式・卒業式

大事なのは学習履歴。タブレットでは、すべての学習履歴がブロックチェーンでアーカイブされ、AIで分析。得意なことや苦手なこと、短期・中期的な目標を表示してくれます。先生から渡されるのは通知表ではなくポートフォリオとなります。1年間その子が学んできたこと、つくってきたことが記録されているのです。

シーン17　家庭での学習

1人1台家庭教師・友だちロボットがいます。スマホを使い、チャットボット（AIによる自動会話プログラム）で宿題をしている子ども。ロボットに、音声で分からないところを質問している子ども。多様な学びが自宅で実現しています。

シーン18　家庭での過ごし方

保護者も在宅勤務の定着など働き方改革が進み、子どもと一緒にいる時間が増えています。自宅で仕事をしながら、子どもと一緒に学びます。また、さまざまな家庭とつながり、いつでもどこでも教え合い学び合うことができます。分からないことはチャットボットで質問することもできます。

シーン19　放課後・休日の過ごし方

自動走行車に乗る子どもたち。会社見学や習い事などに自由に出かけて行くことができます。企業で働く、森で生態系を学ぶなど、学校ではできない体験をする課外活動が活発化しています。

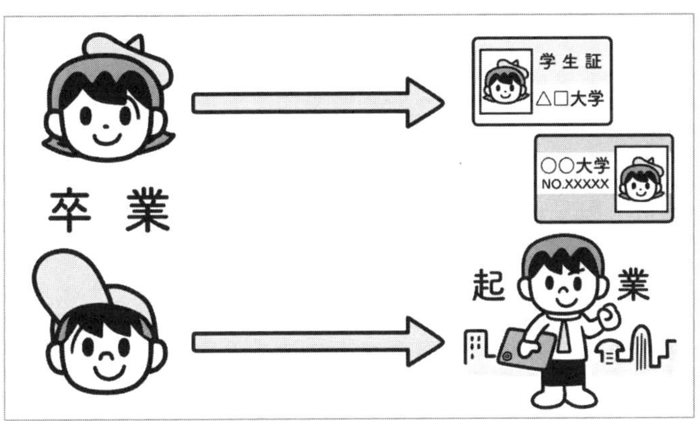

シーン20　進路

大学も複数大学から好きな講座を選択します。たくさんの大学に「入学」する子どもたち。学校を卒業してすぐに起業する子どももいます。

シーン21　明治時代

教育：黒板・チョーク、和服で黒板の前で指導、紙と鉛筆&筆で書く

街：人力車、蒸気機関車、軍人

シーン22　現在

明治と比較をすると、街は変わったのに教育だけが変わっていません。

教育：黒板・チョーク、先生は洋服で黒板の前で指導、子どもは、紙と鉛筆で書く

街：車・飛行機、スマホ、サイネージ、VR

シーン23　未来1

未来はどうなっているでしょうか？

1つ目の街は大きく変わるのに、教育現場だけ今と変わらない未来です。そんな未来に向かいたいでしょうか？

街：空飛ぶ車、店はロボット、電脳で学び・働く人間

シーン24　未来2

もう1つは、街も教育も進化している未来です。

教育：AI、ロボットなどを駆使し、海外ともつながり、多様な教育が行われている未来の教室

街：空飛ぶ車、店はロボット、電脳で学び・働く人間

みなさんはどんな教育の未来を描きますか？ 大事なことは描くだけではなく、形にしていくことです。

日本を教育ICT大国、いや超教育大国にできればと願います。

石戸奈々子（いしど・ななこ）

超教育協会理事長、慶應義塾大学教授、CANVAS代表。

東京大学工学部卒業後、マサチューセッツ工科大学メディアラボ客員研究員を経て、NPO法人CANVAS、株式会社デジタルえほん、一般社団法人超教育協会等を設立、代表に就任。総務省情報通信審議会委員など省庁の委員多数。NHK中央放送番組審議会委員、デジタルサイネージコンソーシアム理事等を兼任。政策・メディア博士。
著書には『子どもの創造力スイッチ！』（フィルムアート社）、『プログラミング教育ってなに？ 親が知りたい45のギモン』（ジャムハウス）、『デジタル教育宣言』（KADOKAWA）をはじめ、監修としても『マンガでなるほど！ 親子で学ぶ プログラミング教育』（インプレス）など多数。

日本のオンライン教育最前線
――アフターコロナの学びを考える

2020年10月1日　初版第１刷発行

編著者　石戸奈々子
発行者　大江道雅
発行所　株式会社 明石書店
〒101-0021 東京都千代田区外神田6-9-5
電　話　03（5818）1171　　FAX　03（5818）1174
振　替　00100-7-24505
http://www.akashi.co.jp

デザイン　清水肇（prigraphics）
印刷・製本　モリモト印刷株式会社

（定価はカバーに表示してあります）　ISBN978-4-7503-5091-2